五島キリシタン史

浦川和三郎著

国書刊行会刊

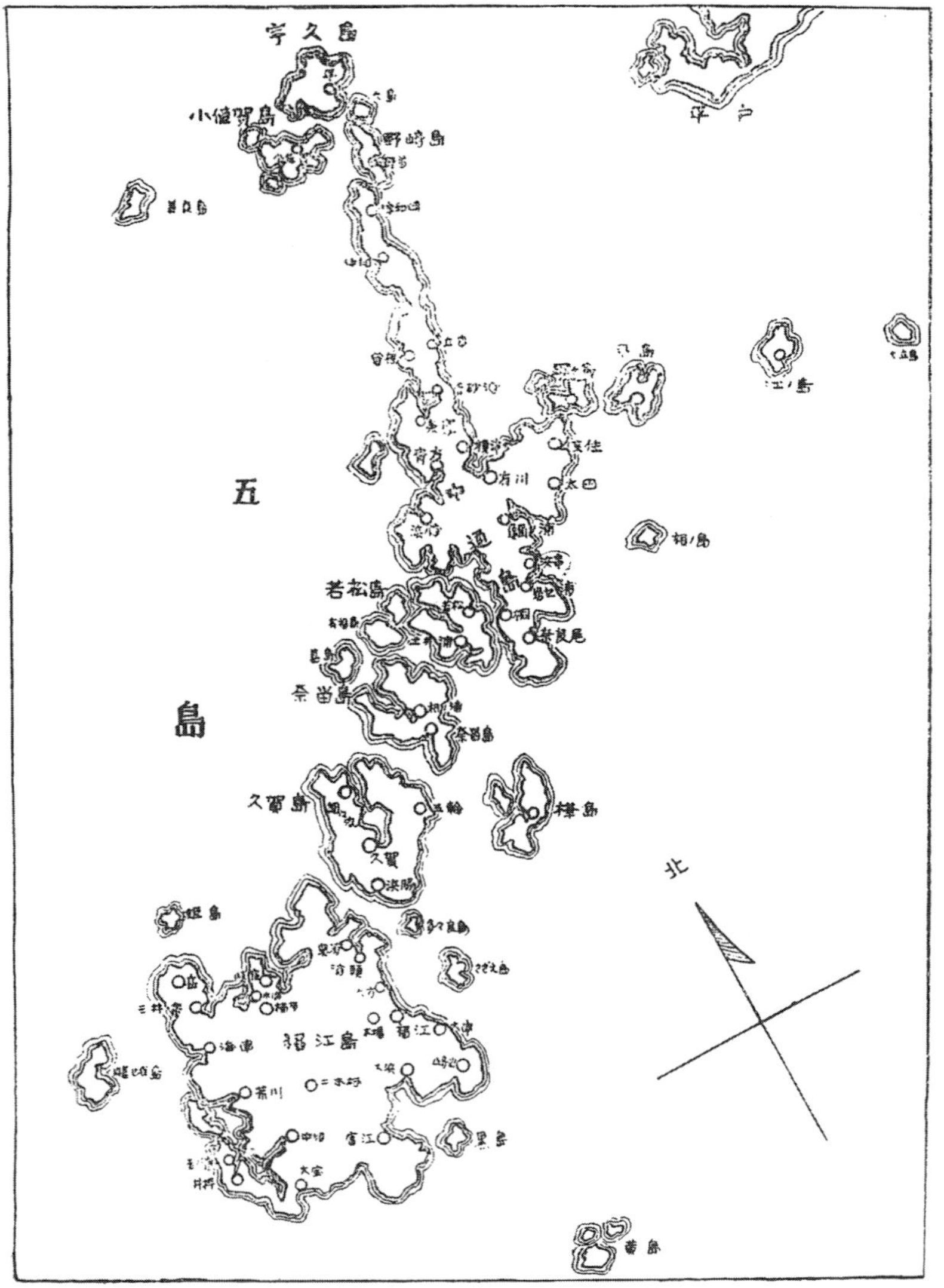

長崎県南松浦郡（五島）地図

五島の聖ジュアン像

五島ドミンゴ森松次郎像

五島キリシタン史

凡例

◎本書『五島キリシタン史』は、小社より刊行された同名書（一九七三年）を新装復刊したものです。
◎復刊にあたり、引用部分以外の本文中の旧字・旧かな表記を新字・新かな表記に改め、明らかな誤植と思われるものを修正しました。また執筆当時の地名、自治体の区分や、現在一般的な書式とは異なる出典の記載方法につきましては、本書の史料的価値を鑑み、そのままとしました。
◎文中、人権擁護の観点から見て不適切な表現が散見されますが、本書の史料的価値と当時の時代背景、著者がすでに故人であることなどを鑑み、原文のままとしました。読者各位におかれましては、諸般の事情をご覧察の上、ご繙読をお願い申し上げます。

序

一五六二年ルイス・アルメイダによって伝えられた五島のキリスト教は、幕府の弾圧下に消滅する。そして一七九七年から大村領外海《そとめ》地方のキリシタンたちが移住、北から南まで大小の島々のいたるところを開拓して居ついた。しかし、一八六五年のキリシタン復活が行なわれた後、明治政府の神道国家主義と、幕府時代の切支丹教観に洗脳された五島藩の士民たちから言語に絶する迫害をうける。英国公使パークスは五島の悲惨な拷問に対し外務省に強硬な抗議をしているが、キリシタンたちがしのいだ惨酷の実相は五島藩、長崎県、外務省などの公文録には現われていない。

本書は多くの記録資料のほかキリシタンなどの体験談を集めて書かれた本である。「近世初期のキリシタン布教」、「大村領からの移住と復活」、「明治の大弾圧」の三編から成り、昭和二十六年初版発行後まもなく絶版になり、こんにちほとんど入手できなくなっている。

本書の復刻刊行を祝して序辞とする。

昭和四十八年三月

純心女子大学教授　片岡　弥吉

はしがき

私はかつて「カトリック誌」に初期の五島キリシタン史を連載させていただき、それからも機会あるごとに内外の史料をあさり、明治初年の迫害談は『切支丹の復活』から抜粋して、どうやら大体のまとまりをつけることができたのでした。しかし出版界不況のこんにち、何とも手の出しようがなく、原稿はそのまま深く箱の中にしまいこんでいたのですが、今回はからずも、五島地区に活躍しておられる神父各位の御所望により、これを公刊することになりましたのは、私としては望外の幸でした。

本書はこれを三編に分かち、第一編ははじめて修士《イルマン》アルメイダが五島に宣教を試みた一五六六年から、五島教会の残滅に及び、第二編は大村藩キリシタンの移住から慶応年間に於けるキリシタン復活に至り、第三編は明治元年から同六年頃までの迫害を詳述したものです。第一編の史料はもっぱらフロイスの『日本史』とゼズス会士の通信文《カルタス》とに拠り、クラッセ、シャルウォア、グスマンなどはただ参考程度にとどめておきました。

第二編は潜伏時代のこととて史料に乏しく、至極簡単です。かえって第三編は明治の迫害に際して、五島キリシタンの堅忍不抜な信仰を物語るなまなましい実感談で、一読骨鳴き、肉躍るを禁じ得ないものがあります。

五島キリシタンに関して、日本側にはほとんど史料らしい史料がなく、わずかに大坪譲《ゆずる》著

『五島通史』、藤原兵衛著『五島近古年代史』、久保清著『五島民族図誌』、大久保周蔵著『通俗五島紀要』に散見するに過ぎません。

なお『日本史』（独文）は長崎神学校で教鞭をとられていた松平金生先生に抄訳していただき、ゼズス会士の通信文（葡文）はドミニコ会のベンチベニ師を煩わし、地図と図版とは中田秀和画伯の労作になったものです。第三編の史料は、マルナス下巻にも多少散見していますが、主として脇田司教様、大崎師、梅木師、片岡吉一師、鶴田師、浜田師、大窄師、立花国三郎師、水ノ浦の聖ヨゼフ院と奥浦の慈恵院などで古老の語る所を筆記したものにより、山ノ田の迫害談は木場田国平氏所蔵の日記にもとづき、鯛ノ浦の六人斬りは森与重氏の談を参考にしました。各位に心からなる謝意を表します。

つぎに、五島は九州唯一の聖人たる聖ジュアン五島宗庵の出身地です。五島の神父様たち、信者たちも、今少しこの聖人を尊敬、愛慕し、男子は洗礼や堅振の霊名にこの聖人の名をえらび、新たに天守堂を建立する時は、それをこの聖人に献げるようにして欲しいものであります。プチジャン司教様は初めてクゼン師を五島にお遣わしになりました時、森松次郎方の仮聖堂を聖ジュアン五島の保護にあずけたいお考えでありました。さすがは二十六聖殉教者に特別の信心を持っておられた司教様だけあって感心だな、と嘆賞せざるを得ないものがありませんか。

一九五一年一月十八日

著者誌

目次

第二編

第一編

一　五島とは

五島とは読んで字のごとく五つの島より成り、明治以前には、宇久《うく》、中通《なかどおり》、若松、奈留《なる》、大《おお》値嘉《ちか》（福江島《ふくえじま》と久賀島《ひさかじま》）の五島を総称したものであったが、一八七八（明治十一）年区町村編成法の実施に当たり、宇久島は北松浦郡に編入せられたので、これをのぞき、久賀島をこれに代えて五島と称するようになった(1)。

主島は五つであるが、所属の島は人の住まぬ小島まで数えると、百数十の多きにのぼり、位置は九州の西端にあり、北緯三十二度三十四分から同三十三度八分、東経百二十八度三十六分から同百二十九度十分に至るまでの海上に羅列し、西南方から北東方へ斜めに細長く走っている。本土よりの距離は長崎から福江まで直行五十五海里。佐世保から有川まで直行約三十五海里である。面積は四三・六五方里(2)で、人口は一九三四（昭和九）年の調査では一一五、一七〇人を数えている(3)。

（1）『五島通史』二ページ

（2）方里＝一里（4キロメートル）四方の面積

（3）『五島民族図誌』一ページ

二　遼遠の昔

（イ）石器時代――五島には石器時代の遺跡が少なくない。福江島の岐宿《きしく》町には、日本でも一、二を争うという大きな貝塚があり、そのほか石斧、石鏃、石匙なども数多く発見されている。そして従来は石斧を「河童の鍬」といい、これにふれるとオコリを病むと信ぜられ、鏃《やじり》は「鬼人の鏃」といって珍蔵されたものである。これが古代住民の遺物なりと一般が知るようになったのは、大正初年のことであるとか。それまでは考古学の知識が皆無であったとは信じられぬほどである[1]。

（ロ）古事記と風土記――古事記にイザナギノミコト・イザナミノミコトが大八州を生んだ後、吉備の児島《こじま》、小豆島《しょうどしま》、姫島、知訶島《ちかしま》、両児島《ふたごじま》を生み給うた、と記してある。この中の「知訶島」こそが今の五島列島で、「知訶島」はまた、「血鹿島」、「智駕島」、「値嘉島」とも書き、肥前風土記には左のごとく記載してある。

> 昔し同天皇（景行天皇をいう）いでましし時、志式の島（平戸島の南端にある半島で、島にはあらず）の行宮にましまして、西の海をみそなわすに、海中に島あり、煙気多に覆えり。勅して部従のあぶみの連《むらじ》・百足《ももたり》を遣わしてこれをあきらめしめ給ひき。島八十余あり。

その中の二島は島別に人あり。第一の島は小近《おちか》と名づく。土蜘蛛大耳《おおみみ》これに居り、第二の島は大近《おおちか》と名づく、土蜘蛛垂耳《たりみみ》居りき。その余の島みな人あらず。……天皇勅りたまわく、この島遠けれども猶近きが如く見ゆ。近島と謂うべし。よりて値嘉の島と曰う。……近島の西に船泊る停《とまり》二処あり。一処の名は相子之停《あいこのとまり》と云う。二十余の船泊つべし。一処の名は川原浦と云う。十余の船泊つべし。遣唐之使、この停より発して、美彌良久《みねらく》の済《わたり》（埼《さき》の誤り）に到る。（即ち川原浦の西の済〈埼〉これなり）これより発船して西を指して渡る。

ここに小近というは、今の宇久、小値嘉、野崎などの諸島にあたり、大近は中通島及びその以南の島々を指すものらしい。続日本紀天正十二年十一月の記事中に、「等保知駕《とほちか》」という文字が見える。「奥五島と云わんにひとしく、一島を指せるにあらじ」と井上通泰氏は解しておられる。相子之浦は続日本紀の「アヒコノタノウラ」と同じで久賀島の田浦を指すのだという説があり、或いは中通島の青方湾に当たり、アヒコノタが青方に訛ったのではあるまいかという人もある。川原浦は岐宿町の水の浦と相通ずる入江で、今も同じく川原浦と称し、美彌良久は今日、三井楽と呼ばれている。

（八）遣唐使の航路——大宝年代（文武天皇の代）の遣唐使は五島航路を選んだものか、玉の浦（福江島の南端）の大宝寺はその当時の建立にかかると伝えられる。延暦年代（恒武天皇の代、七八二～八〇六年）前後になると、おおむね平戸から上五島を経て三井楽（風土記の美彌良久）の柏港を最後の泊とし、そこから順風をまって出帆したものらしく、それに関する文献が続日本紀や続日本後紀などに多く遺っている。ただ美彌良久はミネラクと読むべきを、平安朝末期の京人はミミラクと聞き誤り、また島と誤り伝え、はなはだしきは海外と思い違えていたとみえ、

いづことか音にのみ聞く美みらくの
　島がくれにし人をたづねん（蜻蛉日記）
もろこしも近（値賀）の浦曲《うらわ》の夜の夢
　思わぬ方に遠つ舟人（家隆）
美みらくの我が日の本の島ならば
　げにも御影にあはましものを（万葉集）

などの歌をのこしている。

（1）『五島通史』二〇ページ

三　宣教師の眼底に映じた五島

フロイスの『日本史』には、宣教師の眼底に映じた五島を左のごとく描いてある。

支那から日本へ渡ると、平戸を距ること海上約四十浬《かいり》にして五島と称せる数箇の島がある。漁業と塩とが豊富で、肥前、肥後の両国は鮮魚、魚油、乾魚、塩魚の供給をここに仰ぐ。又鹿を多く産し、島民は頗る狩猟に熟して居る。彼等は他国より遠くかけ離れ、海中の島々に住んで居るにも拘らず、言葉は上品で、相互間の交際にはよく礼儀作法を守り、容貌も卑しからず、共に商取引をする他国人に比して少しも遜色がない。島には殿が居て、一般民衆は勿論、重立った人々も皆之に服事して居る。

島は他の重要地点より懸離れて居り、その幅員の狭小さがゆえに、一般に貧困で、塩、魚油、魚類を売って、米、麦、衣服、その他の資糧を求めて居る、天然痘の流行する時、島民の之を怖れることと云ったら、西洋諸国の黒死病《ペスト》にたいするのに異ならず、これに罹ったものがあると、家から隔離してその回復をまつ。殿の家来たちも、一定の日数を経過するにあらざれば、登城を許されない。又回復した者が外出する時は、先づ斉戒沐浴して身をきよめ、衣服を更えなければならぬ。

今一つ島民の迷信とも云うべきはクシャミを凶兆として、ひどく忌むことで、殿の屋形に参館するか、殿に召されるかした時でも、万一その朝クシャミをしたならば登城の義務を除かれる。そればかりか、登城の途中クシャミをする様なことでもあったら、自宅へ引返して謹慎し、その日は殿の面前にまかり出ることも出来ないのである。

五島は三個（五個の誤りか）の島より成り、各半浬ばかりしか相隔てて居ない。人口は稠密で、流れは清く、島の幅員は十二哩に亘るのもあれば、十哩《マイル》内外のもある。殿の住む島は樹木鬱蒼として獣類に富んで居る。殿がここに住むのはその為である。この島の住民は大部分が武士で、殿に仕えて居り、礼儀にあつく、従順で、よく人の意を迎える。

一般島民はいたく禍福吉凶を気にし、あらゆるものをその兆と見るので、迷信的習慣が多く、不吉な日や時間や或る一定の季節には事を為さないことにして居る。土地は狭く小さく、生活必需品にすら事欠きながら、生産する米の大部分を迷信行為に消費して顧みない……塩焼きに使用する薪を切りだすにも、最も適当な山林には手を触れないで、之を神仏に奉納する。塩焼竈に故障が起ってはと恐れるからである(1)。

(1)　フロイス『日本史』六八章二八七ページ

四　宣教師五島の殿に招かる

宣教師がはじめて五島に乗りこんだのは一五六六（永禄九）年のことで、しかも五島の殿から再三招待を受けたあげく、ようやくそれに応じたのであった。フロイスはいっている。

五島の殿は五十歳ぐらいの人で、病にかかり、当時大村領の横瀬浦に滞在して居た神父《パアデレ》コスモ・デ・トルレスに使者を送って、至急医師を派遣して戴きたいと懇請した。時に神父トルレスと共に居たのは、ディエゴと云うキリシタンのみであった。彼は学者で、仏教に詳しく、キリスト教の大意にも通じて居たので、之を遣わすことにした。重態であった殿はディエゴの手当により数日にして全快した。

由来日本人は珍聞・奇聞を聞きたがる癖を持って居る。殿とその親戚の人々とは、ディエゴの話を聞き、好奇心にかられて、神父たちの説く新しき教と誡とにつき質問をはじめた。ディエゴは答えた。〝私がキリシタンになったのは、デウスの御智慧とその御言葉とをさとり、神父の説かれる奥義と、その大なる不思議とを人々にお話することが出来、又デウスの御教に比べて、日本の宗旨の如何に笑止千万、愚劣きわまるものであるかを証明し得るようになりたいものと思ったからです〟と。彼はこう言ってから、世界の創造・霊魂の不滅などを説き、それからキリシタンとなり、魂の救いを全うするには、何を信じ、何を為すべきか、それらを詳しく知るがために、宣教師を派遣されたしと、神父コスモ・デ・トルレスに交渉するように勧めた。殿と老臣たちはディエゴの談話と好意とを謝し、〝もし今日当地を御出発なさるならば、我等がデウスの御話を承りたいのが念願であることを、最もよくわかって居られるのは貴殿であれば、貴殿よりぜひ神父に懇請して戴きたい。我等は貴殿よりの吉報を鶴首してお俟ちして居ますでしょう〟と言いそえた。

殿のこの要請は神父コスモ・デ・トルレスに取っては、固《もと》より一生の願であり、飛びたつ思いをしてそれに応じたいは山々であるが、如何せん遣わすべき宣教師を一人も手元に持たない。修士フェルナンデスは、大村純忠の命によって、談義を聞き、洗礼を受けんとする求道者をあずかり、それに忙殺されて居ると云うあんばいで、何とも手の出しようがない。為に二年間もそのまま棄て置かざるを得なかった(1)。

この殿は一五四九（天文十八）年に統をうけ、一五七六（天正四）年十月二十九日に逝去した第十八代宇久淡路守純定《すみさだ》であることは疑いをいれない。宣教師たちの報告書には「淡州」となっているが、淡州が淡路守の略称であることを知らない人はあるまい。

一五六四（永禄七）年に至って、大村には反キリスト教の老臣らが武雄の後藤貴明と謀って暴動を企て、不意に起って領主純忠を十重二十重に囲み、平戸の松浦氏までが叛徒を助けて海上を封鎖したので、いまや純忠も孤城落日、朝に夕を期しがたくなった。しかし純忠は一心にデウスを念じ、寡兵をもって防戦大いにつとめていると、幸い老父有馬晴純が兵をひっさげてきて助け、見事に敵を潰走せしめた(2)。

純定はこの噂を伝え聞き、大村純忠がその領土、その生命をもなげうって奉仕するデウス、彼を助け、僅少の手兵をもって目に余る大軍を撃破せしめたそのデウスを知り、その宗旨を学びたい心が、いよいよやるせなくなり、再び使者を平戸へ送って宣教師の派遣を求めた。一五六五（永禄八）年九月二十三日付けをもって修士フェルナンデスが平戸から支那及び印度の神父と修士たちに送った書簡に次の一節が読まれる。

支那航路にあたる日本の最初の港にして、平戸より約三十里の五島と云う所に、本年シャムから一隻の船が着き、ポルトガル人が五、六人同船で渡来した。そこの王が武士一人を平戸に遣し、同所に来て我等の教を説かんことを、神父バルテサル・ダ・コスタに求めしめた。通訳が一人、武士に伴なって居り、もし神父が来たらば、国王とその子一人はキリシタンとなり、領内に会堂を建つべしとの王の言を伝えた。神父は口ノ津に居るコスモ・デ・トルレスに之を報告し、その意見を聴いた後、王が再び使いを遣わすならば、赴くであろうと答えた。(3)

時に平戸にはただ一人の神父しかいなかったので、トルレス師もこれを引きぬくに忍びず、翌一五六六年に至ってようやく修士ルイス・デ・アルメイダと日本人修士ロレンソを五島へ派遣することにした。

この修士ルイス・デ・アルメイダはもとポルトガルの富裕な貴族の子として生まれ、冒険心から商船に乗って平戸に来ていたのであるが、浮世の生活を厭い、入道の発心をして神父トルレスの許をおとずれ、所有財産をことごとく教会に献じ、身はその忠僕となって働いた。アルメイダは医術にも長けていたので、豊後の府内に癩病院と普通の病院とを設立し、且つ医員を養成して大いに救済事業に貢献した。最初は一介の平修士として活躍し、一五八〇年マカオで司祭に叙品せられ、一五八四年天草島の河内浦で永眠についた。

ロレンソは山口で聖フランシスコ・ザベリオから洗礼を受けた半盲目の琵琶法師で、外貌はすこぶる滑稽であり、しかも無学であったが、頭脳は明敏、弁説は爽快、教理にも精通し、日本人最初のゼズス会イルマンとなり、京都方面で幾多の名士を教会に導き入れ、織田信長、豊臣秀吉、その他諸大名の前に出入りして、堂々とキリシタンの教えを説いたものである。

（1）フロイス『日本史』第六九章二九一ページ

（2）大村純前《すみさき》には素性の卑しい妾腹の子貴明のほかに子がなかった。一五五〇年頃純前が死んだ時、老臣たちは貴明をしりぞけて、武雄塚崎の城主後藤純明の養子となし、一族有島晴純の二男純忠を迎えて大村家を嗣がしめた。しかるに純忠は一五六三年、キリシタンとなり、熱情にかられて軍の女神、摩利支天の首をはねてその堂を焼き払ったり、七月の盆祭には祖先の位牌を火中に投じたりしたので、老臣らは、ひそかに貴明を呼び戻し、平戸の松浦、佐賀の龍造寺ともしめしあわせて、純忠排斥運動を起こしたが、案に相違して大失敗に終わったのである。宣教師たちはこの後藤と五島とを混同していたようである。シャルウォア第二巻二〇六、クラッセ第一巻二六二を見よ。パアデレ・カブラルも一五七五年九月十二日、長崎発の書簡に「五島の大名貴明が対大村陰謀に加わった」と認めている。

（3）カルタス一五六五年二〇〇ページ

五　イルマン・アルメイダおよびロレンソ五島に到る

修士ルイス・デ・アルメイダとロレンソの両人は、一五六六（永禄九）年一月十三日島原半島の口ノ津から纜《ともづな》をとき、途中、大村純忠の港なる福田（長崎口にあり）を通過し、悪天候のため同地に一泊した。翌日天候が回復したので、福田を出帆して五島の港で、殿の居住せる大値賀（福江）に到着した。途中八日を費やし、常に船中に眠ったが、その間降雪がはなはだしかった。五島はその海岸を黒潮に洗われているので、気候はすこぶる温暖、降雪を見ることはあっても、そう幾日も降りつづくようなことはないのだが、当時は今日よりも寒波がすこぶる強烈であったらしく、聖フランシスコ・ザベリオが山口から京都へのぼられた時も、十二月十七日に発足されたのに、降雪膝を没するほどであったといい、また一六一五年神父アンゼリスが出羽から津軽に出たのは六月の末か、七月の初めかであったらしいが、山頂には腰を没するほどの雪が積もっていたと、その書簡にしたためている。さようなことは今日ではとうてい見られぬ図である。

さてアルメイダは港に着いた後、この国の習慣により、到着の旨を殿に報じ、その意向を聞くまでは上陸しなかった。たまたま殿は狩に出て町にはいなかったので、一昼夜を船の中に過ごした。やがて殿は帰城し、使者を遣わして、アルメイダたちに上陸をすすめ、宿所を与えた。よって両人は威儀を正し、服装を整えて城内に赴き、殿に初対面の挨拶をした。殿も大いに喜び、ただちに答訪して遠来の労をねぎらい、重臣たちも殿にならって続々とアルメイダを来訪した。

アルメイダは同年十月二十日天草の志岐からゼズス会の修士たちに送った書簡に、五島の地理や藩士の習慣などを、こう詳しく語っている。

此島は三つに分かれ、その間隔は約一里(1)の三分の一くらいで、人口は甚だ多く、大なる川があり、各種の獣類も多い。島の幅員十二里の所あり、又十里以内の所もあり、村は多く又多数の寺院もある。王（殿）の居住せるこの町は甚だ美しく、狩猟の利が多い。彼が此処に居住せるのはそのためである。町内の住民は殆ど皆武士のみで、常に殿に随従して居る。彼等は立派で礼儀正しいが、しかし日本で見た人々の中に、最も篤く偶像を尊敬し、何事につけても占をし、又事をなすのに日や時を選み、その為に色々の儀式がある。彼等が悪魔にたぶらかされて、そのようなことに没頭して居ることは憐むべき次第である。この町に二つの大きな寺がある。一つは現世の幸運を授ける所謂大黒天の堂宇で、（その大黒天は二つの俵の上に立ち、手に財袋を握って居る。）今一つは来世の光栄を与えるものであり、その他にも寺は随分多い(2)。

やがて正月が近づき、人々は皆それに心を奪われているし、また殿からも許可がないので説教を始めることができない。祝祭後も十五日間は死を連想して悲しみをもよおしてはならぬと気遣い、救霊のことを語りえなかった。この十五日間にアルメイダはひどく胃を患い、一切のものを吐き出すほどであったが、やがて仕事を始めるべき時が来たと見給うてか、デウスは彼に健康を回復せしめ給うた。

島の有力者たちは、日本の習慣により、年賀の為に多く集会したので、アルメイダは彼らと相知り、彼らが教養の高いのを見て満足した。しかし彼らはまた仏僧と親しい関係を結んでいるので、デウスが強い手をもって働きかけ給わないでは、改宗を妨げられることは必定であると悟った。

いよいよ正月十五日となったので、アルメイダは殿に謁見を請い、「島々の有力者たちがこの町に集合されているので、これを機会に彼らを招き、七日間談義を聞かしめ、私たちが遠方から来た理由を了解させ、新しい教えを学ばせて大なる満足と利益とを受けさせて戴きたい。ただ私たちの宿は狭く小さいから、別に適当な場所を定め、且つ殿様にも講義に御臨席下さって部下一同の注意を大ならしめ下さいますように」と願い出た。殿は早速快諾し、翌金曜日の夕方から談義を始めることとし、町内の中央に位する邸宅、世子が二十五歳で長逝してより、縁起が悪いとして空家になっていたその大きな邸宅に四百名ばかりの男子を集め、殿自身も臨席した。奥方およびそのほか上流の婦人たちは隣室から唐紙を取りはずして聴聞することにした。話をしたのはロレンソで、談義は放胆、軽妙、明快であった。きわめて的確な理由を掲げて、万物の原因たる造物主の存在せざるべからざるゆえん、また日本の神々がこの世でも後の世でも何らの助けをも与えざる理由を立証すること三時間に及んだ。殿をはじめ、臨席の人々は皆驚嘆し、尊敬すべきものはデウスのほかにないと告白した。その時アルメイダは立って、デウスの教えについて疑いがあらば、明らかに了解ができるまで、いつにても質問に応ずべしといい、また今後の談義は最も有益であるから、続いて聴聞せられたしとすすめた。やがて聴衆は殿の命で退去したが、殿は一人アルメイダと居残って、唯一の造物主以外に神なるものがありえないと断言した。

（1）アルメイダ一五六六年十月十二日の書簡、カルタス第一巻二二四ページ
（2）フロイス『日本史』第六九章二九一ページ

六　殿の急病

しかるに「好事魔多し」、これまですこぶる強健で、かくべつ病いにかかったことのない殿が翌日急に発熱し、頭痛がはげしく、生命さえ気遣われるにいたった。仏僧らはこれをもって神仏のたたりとし、殿がキリシタンの教えを聴き、これを庇護したために神仏の怒りを招いたのである、この教えは実に悪魔の教えに相違ないのだといいふらした。人々はその言葉を信じて疑わず、アルメイダと交わりを断ち、一人も来訪する者がない。がんらい殿は慈父の情を傾けて島民を愛撫し、しかも世子は二十五歳にして長逝し、いまや四、五歳の孫のほかに後継者とてもいないので、島民はいよいよ殿を慕っていたから、それだけアルメイダに対してははなはだしく憤慨した。

アルメイダはまたアルメイダで、一方ならず憂慮せざるをえなかった。最初から奥方および親戚と共に教えを聴きたいと欲し、家臣をことごとく招き、仏僧らをして、忍ぶに忍びがたい思いあらしめた領主は、今日までほかに見られなかった。もしこの殿に万一のことでもあったら、日本キリシタンがたいへん困惑せざるをえなくなるのは火を見るよりも明らかだ。アルメイダはそれを気にしてゼウスの御足下に平伏し、自分の罪がかかる大きな善事の妨げとなり、

禍いの原因ともならぬよう祈った。そして誠心誠意殿に精神的、肉体的健康を与え給えと祈ると、心中何となく慰めを得て、殿の生命には別条なかるべしと信頼するにいたった。土曜日の夜三時頃になると殿は苦痛はなはだしく、心臓の鼓動も激しく、いよいよ危篤に及んで来た。家臣らは集って評議会を開き、いまは神仏の力にすがるよりほかはないということになり、市中に御触れを出して、明日はお釈迦さまの御一生を書いた有難い御経を唱えて殿様の御安復を祈るのであるから、皆厳重に精進を守るようにと申し渡した。翌日曜日の朝、僧侶たちは服を改め、八幡宮に詣でて大般若経を念誦した。経文は四人で担ぐほどの大部冊であるから、とうていこれを読了することはできない。よって、毎冊半枚ずつを読み、そのほかはさっさとページをめくり、最後にこの経文の功徳によりて殿に健康あれといい、またほかに多くの儀式を行なうのであったが、もとより何の効果もあろうはずがない。

月曜日になると、殿の病いは前よりも重くなって来たので、アルメイダは見舞いのため人を遣わしたけれども、家臣らは口上を聞くことすら欲しなかった。彼らがアルメイダらの滞在を利用したい考えを持たないことは、これをもっても明らかである。しかし先方がこちらを利用しないでも、こちらは先方を利用したいと決心したアルメイダは、殿の病いがますます重きを加え、神仏への祈祷も何らの効きめをも奏しなかった時、自分の寄寓している家の主人なる武士を介して、自分は各種の薬を所持している。もし殿様が脈をとり、尿を検査することを許し給わば、健康を回復し給うべきことを期待していると言上した。殿は火のごとき熱と苦痛とのために、少しも眠ること能わなかったが、健康の望みを得て大いに感謝し、来たりてその脈をとり、死なんばかりになっているから薬を与えてもらいたいといい送った。

翌朝アルメイダのもとに尿を送りこして来た。アルメイダはその尿を検査した上で、殿を訪問したが、その苦痛は実に見るも痛ましいほどであった。アルメイダは土地の習慣に従い、礼儀をつくして脈をとり、病気の説明をし、造物主を信頼せば健康を回復すべしとの望みを与え、時宜に応じて簡単な説教をなし、薬の用途を説明した上で辞去し、解熱剤として金を塗った丸薬三粒を献じた。その薬によって殿は少し快くなった。翌日アルメイダは再び脈をとって熱の減じたことを告げ、殿に生命を与えた造物主のみが健康を与えるを得べしと話して、その造物主に祈らんことをすすめた。午後にいたって頭痛が激しくなったので、夜間往診して、その原因を説明し、苦痛を減じ、眠ることを得るための薬を新たに調剤して差し上げると、それが非常によく効き、安眠することができた。

翌日また往診して脈をとり、全快していることを知ったので、健康を与え給うた天地の造物主に感謝するように、神仏の功徳ではなく、すべて天地の御主の功徳によるのであることを前より長く話して辞去した。殿はアルメイダの労を謝し、あとで大きな野猪一頭、雉二羽、家鴨二羽、鮮魚五尾、酒二樽、精米一袋を贈った。奥方及び殿の庶子もまた贈り物をしたので、アルメイダの宿所は贈り物で一杯になった。よってアルメイダは殿の信任せる数人の武士を招待して、これを饗応し、世界の創造主が殿に健康を賜うたにつき、一同とても喜ぶべき理由があると述べた。殿はまた自分の健康のために祝宴を開いたと聞いて大いに喜んだ。その武士たちは以前のごとくアルメイダを訪問するようになったが、しかしアルメイダは彼らが救霊問題に関する話を聞くのに、すこぶる冷淡であることを認めた。なおアルメイダは時々殿を訪問し、デウスのことを語りて辞去するのであったが、殿でも臣下たちでも、健康を賜うたのは大般若経であるか、アルメイダの調合した薬であるか、判断しかねていることがわかり、さすがのアルメイダも唖然たらざるをえなかった。

十日または十二日の後、殿がよほど気力を回復したのを見て、アルメイダは殿に自分の心事を申し述べ、救いを望み、救世主のことを聞きたいと欲する人の多い国へ自分を遣わさないで、いたずらに何のなす所もないこの国に留まらせるのは、神父コスモ・デ・トルレスの本意ではないことを打ち明けた。殿はただちにその意を解し、今後説教があるはずだから皆集会すべし、と翌朝人々に触れさせた。そして殿一人を除き、奥方ならびに島中の最も高貴な人々が皆列席した。この説教によって、唯一の造物主があって、一切のことを支配し給うことをわかった者が多くなり、ようやく説教を楽しみ始めた時、例の悪魔がまたぞろ妨害をなし、翌日突然この町に火災を起こして多くの家を焼き、それと同時に殿の親指がはれて、ただならぬ痛みを覚えて来た。もっともその指は、アルメイダの薬で癒えたが、しかし人々は、たたりを恐れて談義に出席しないのみか、アルメイダを訪問する者すらなく、たまに訪問しても、救いの話を聞こうとする者は一人もいなかった。

その頃、筑前の博多から二人の商人が来た。彼らは日本の宗旨に精通していたので、キリシタンの教えには何ら新奇なこともあるまいと思いながら、修士の説教を聴いて、自分らの考えの誤っていたことを悟り、いよいよ真剣になって疑いを質し、これに対する答解に満足し、こうした宝を失ってはならぬと思い、十五日間熱心に聖教の話を聞き、デウスが悪魔の力より我らを解放し、無限の功徳によりて、我らを救う道を開き給うたことを承認し、心をこめてオラショを学び、洗礼を受けてキリシタンとなった。それが町の大評判となり、殿も家臣たちも、このような思慮ある人たちが祖先の教えを棄て、新たな信仰にはいったことを不思議とし、ためにデウスの教えをやや良きものと見直すにいたった(1)。

そうしている時、殿の伯母にあたる老女が重病にかかり、人力によって救うべき望みがなくなった。殿の請いに応じ、アルメイダは往診して一服の薬を与えると、伯母はたちまち回復した。この薬はそのような効能があるはずではなかったので、アルメイダ自身もびっくりした。殿もまた胃を患い、それから殿の息女、兄弟、甥なども、次から次へと重い病いに冒され、その都度アルメイダの薬によって全快したので、アルメイダの信用はいよいよ高まったが、しかし教えを学ぼうという者はかくべついない。アルメイダは布教のきわめて困難なる次第を神父コスモ・デ・トルレスに報告して、その指図を請うた。四十日を経て神父より使いが来て、伝道の目的が達せられぬから、五島を引き上げて帰れ、と命じ、アルメイダに語るべきことのある旨をしたためた豊後侯大友宗麟の書簡をも送付した。よってアルメイダはいよいよこの地を立ちのく決心をかため、出発の二日前に殿、奥方、庶子、近親などをたずねて別れを告げた。殿は離別を惜しんで涙を流し、しきりに留まらんことを請うた。しかしアルメイダが、長上の命であれば去らざるをえない旨を答えて応じなかったので、殿はその翌日島の重立った人々を招き、アルメイダのために離別の宴を開き、山海の珍味をならべて大いにアルメイダをいたわった。宴会の終わりにアルメイダは一同に向かい、人は皆万物の創造主の限りなき恩恵を戴いているので、この恩恵に報ずる義務を背負っている旨を述べた。殿は熱心にそれを聴聞した。

いよいよ出帆するというその前夜、殿は国内で最も思慮ありといわれる二十歳の一子（庶子）を従えてアルメイダをその寓居に訪ね、深更にいたるまで乗船を思いとどまるように懇請した。「せっかく招待しておきながら、すでに百日以上にもなるのに、いまだ一人のキリシタンをも得ず、こうして何のなす所もなしに立ち去ったら、臣下は何と評するだろうか」と嘆いた。アルメイダは殿のこの親切にほだされ、しかも五島は日本国中最も平和な地であるので、ここに聖教の根を深くしたら、得る所も少なかるべしと思い、ついにその請いに応じ、神父トルレスから再び使者の来るまで留まることにした。殿は大いに喜び、何処にても教会堂を建てる地所を提供すべし、家を造るには建築材料その他の補助をも与え、キリシタンたらんと欲する者にはこれを許し、異教の祭典にも与かるよう強制せざるべしと約束し、なおアルメイダに一個の地所を与え、その収入の一半は慈善事業費にあてしめることにした。かくて殿はアルメイダを迎えるために来た船を還し、神父トルレスには狩の獲物を多く贈り、あわせてアルメイダを領内に留まらしめんことを懇請し、豊かな収穫を期待しうる旨をも書き添えた。(2)

（1）アルメイダの書簡、カルタス二一六ページ、グスマン『東方伝道史』第七巻第九章三一八ページ、フロイス『日本史』第七十章二九〇ページ

（2）同前二一七ページ、グスマン『東方伝道史』三一九ページ、シャルウォア第二巻二八八ページには、アルメイダは一応乗船して帰りかけたのだけれども、にわかに大シケを食い、もとの港に吹き戻されたのだとあるが、しかしアルメイダの書簡にはそのようなことは見えない。

七　布教の結果漸くあらわる

二日の後、殿は約五十人の武士とアルメイダの談義を聞かんことを求めた。その求めに応じて、アルメイダは造物主と被造物との相違を説き、造物主なるデウスを礼拝すべきこと、あわせて造物主の偉大なることを講義した。殿は大いにその談義を喜び、それから十四日間、毎日重臣らと共に聴聞し、それによって明らかに真理を悟ったが、領民の反対を押し切るだけの勇気がなかったとみえ、これを信奉するまでにはいたらなかった。ただ重臣の中から二十五人だけが意を決してキリシタンたらんと欲し、殿もまたこれを許可した。アルメイダは彼らがキリシタンになりたいと切望しているのを見て、「これから十五日ないし二十日間、デウスの教えと秘蹟のことを学び、なおキリシタンたる者が知るべき所を覚えねばならぬ、よって毎日一回か二回か私の宿に来ていただきたい」といった。こうしてアルメイダは救霊のことを説き、鉄をもって彼らを試し、あらゆる暴風雨に耐えうるだけの気力を養わしむべく努めた。

その間にも仏僧らは手をこまねいて傍観しているはずがない。「宣教師が乗り込んだ所には必ず戦争が勃発している。悪魔の教えだからだ。山口しかり、京都しかり、博多、有馬もまたしかり。当国は日本国中最も平和な地であったのに、最近平戸から盗賊が来て一島を襲い、人を殺し、財物を掠めて立ち去った。これもキリシタン宣教師が伝道を始めた結果にほかならぬ」といいふらした。愚かな仏僧だ。宣教師がいまだ一歩も足を踏み入れない前の日本は、戦国時代と呼ばれるほど戦争また戦争で、日もこれ足らずではなかったか。それは果たしてだれのせいであったのだろうか。アルメイダはこうした流言の結果、求道の二十五名が熱心を冷ましはしまいかと気遣っていたが、デウスの御慈悲により、彼らは一層その志をかため、約二十五日間も熱心にオラショを学んだ。

早や信ずべきことをわきまえ、オラショも覚えたので、アルメイダは最後に婚姻の話を切り出した。彼らは皆三、四人の妻妾を擁している。いよいよキリシタンとなるには第一の妻と結婚し、ほかの婦人に暇を出すべし、しからざれば、どうしても洗礼をほどこすわけにはまいらぬといい渡した。これまで日本では一夫一婦ということを全く知らなかった。とくに富豪や武士階級では三、四人の妻妾をたくわえ、不満なことがあるとただちにそれを街路につき出してほかの婦人をいれるということを普通としていたのだが、志願者たちはアルメイダのいい渡しを聞くや、家に帰りて皆その妻を定め、死にいたるまでこれと離れざるべしと決心した。

何といっても彼らは五島キリスト教会の基礎、将来キリシタンとなるべき諸人の鑑であらねばならぬのだから、アルメイダも充分の試練を行ない、彼らの信仰を確かめた上で、およぶ限り荘厳な儀式をそなえて洗礼をほどこした。同日午後、彼らはアルメイダの寄寓せる家に集りて祝宴を開き、アルメイダらを招待した。一同跪いて食前のオラショをなし、食後にも感謝のオラショを誦えた上で、一人ずつアルメイダの前に出て謝意を述べた。その時彼らの妻女も来て感謝を表し、贈り物をして、自分たちも洗礼を受ける時の来らんことを望む旨を明らかにした。この二十五人中の一人は島の代官であり、ジュアン・バプチスタと称し、また一人は五十歳の分別盛りで、前者のすすめにより、その子息と共に洗礼を受けたのであった。[1]

（1）アルメイダ書簡およびフロイス『日本史』、同前

八　奥浦の布教

アルメイダは五島に留まることになった際、大値嘉[1]を北にさること一里半ばかりの奥浦という村に八日間滞在したことがあった。村民は殿にでも対するかのごとくアルメイダを厚遇し、重立った人々はこぞってデウスの話を聞き、キリシタンになろうと申し合わせた。そうしているうちに、大値嘉では早や聖教を奉じ、洗礼を授かった者があることを伝え聞き、村人たちはさっそくアルメイダのもとへ人を遣わして、皆信仰に入り、デウスの掟を守るべく決心しているから、御来村ありたしと懇請した。アルメイダは彼らの希望をいれ、大値嘉の洗礼を済ませた翌日、奥浦をさして発足した。村民はこぞって彼を歓迎し、村で一番立派な家に宿泊せしめた。村には一宇の仏寺（永林寺？）があり、毎年四回祭事を行なうのであったが、村民は殿の許可を得て、仏像をほかに移して、その寺を教会堂に引き直した。よってアルメイダは、その

寺で毎日二回の談義をし、また児童を多く集めてこれに公教要理を教えた。数日の後、大値嘉のキリシタンたちは、奥浦で教会敷地をならすことになったと聞き、騎馬の二十四人が、鍬およびそのほかの道具を携えた人夫百余人を率いて乗り込んだ。工事を助けて功徳を積まんがために来た旨を述べ、村民と力をあわせて敷地をならしてくれた。この敷地は海中に突き出た丘で、高さは槍二本を立てるくらいにして、その上に長さ四十尋、幅十五尋ばかりの平地があり、二筋の流れが中央を貫いて海に注ぎ、周囲には無数の松の樹が生い繁り、薪でも木材でも望みのままに伐り出すことができる。

　大値嘉のキリシタンはこの日にかぎらず、アルメイダが奥浦に滞在せし二十日間というもの、種々の贈り物を携えて、しばしば彼を訪問した。ここで六月二十三日の日曜日と翌二十四日の月曜日——聖ジュアン・バプチスタの祝日——とに洗礼を受けた者が百二十人。彼らは奥浦でも相当の地位の人であったから、アルメイダもできるだけ儀式を盛大に挙行した。洗礼の謝礼として沢山の贈り物を得たので、アルメイダは、キリシタン一同と、何かの故障によりて、受洗の幸福に与りえなかった人々とを招いて饗宴を開いた。その前に、教会堂の背後なる高地に高さ四尋余りのすばらしい十字架を建てた。この十字架は高い所に立っているので、港に出入りする船舶はもちろん、村の人々も朝夕これを眺めることができるのであった。

　或る日、殿は保養のため当地を通過し、この十字架の立っている地所を見て大いにこれを賞し、自分の所有で、使用していないきれいな家があるから、それを移してここに建てよう、ほかの家を建てることは許さぬといい、海上から運搬して建築せしめた。[2] 殿が領内で、デウスの教えの宣伝を助け、その掟を保護するのを見たキリシタンたちは、非常に力強く思った。

奥浦の庄屋の老母は今年取って七十五歳、最初は仏教にこりかたまって動かず、四人の子供がキリシタンとなったのにいたく不満を抱き、極力それに反対したものであるが、ふとしたついでに談義を聞いて大いに感じ、断然仏教を棄てて、キリシタンに帰依し、これまで極楽浄土へ往生するためにとて、貯えていた法華経の白衣、経帷子、数珠などを取り出してアルメイダに渡し、アルメイダから十字架のついたコンタスを戴いて少なからず喜んだ[3]。

（1）殿の城下は、耶蘇会年報は「Ochiqua」、シャルウォアには「Ocica」、クラッセには「Ocquicoa」、パジェスには「Vocachtica」、フロイスには「Uchika」、グスマンには「Ochicoa」、となっている。村上直次郎氏でも姉崎正治氏でも、新井トシ子氏でも、これを「小値賀」としておられる。しかし小値賀は平戸藩に属する小島で、五島侯の城下ではない。シャルウォアはその所謂「Ocica」が「平戸から南五十里、口ノ津から七十里、博多から六十里、或は六十五の地点なり」（第二巻八一ページ）と特記している。初めに記したごとく、福江島と久賀島とは、寛永十五年頃まで大値賀と呼ぶのであったから、城下も（いまの福江）そう呼んでいたらしく、したがってこれは小値賀ではなく、大値賀と読むべきであることは確かだと思う。

（2）ここに立派な家を建てたとあるのに、翌一五六七年パアデレ・モンチが奥浦に行った時、イルマン・ロレンソは藁小屋に起臥し、窮乏と困難と戦いつつ布教を続けていた、とあり、矛盾しているかのように思われるが、どうした訳であろうか。

（3）アルメイダの書簡つづき（フロイス『日本史』第七十章）

九　平戸勢の侵入とキリシタン武士の勇戦

アルメイダは奥浦から大値賀に帰った。キリシタンからはもちろん、キリシタンになりたいと欲している人々からまでとても歓迎され、毎日二回ずつ談義をすることにした。一回はキリシタンに教理を説明するがため、一回は未信者を信仰に導くがためであった。さきにキリシタンとなった武士の妻子、僕婢たちも入信を欲し、談義に与かりたいと願い出た。こうして教理を説くこと二十五回、町内の歴々も多数洗礼を望んだが、しかしアルメイダは、オラショを覚え、教理の試問に満足な答をなし、従前の宗旨を棄てて、キリストの御教えを奉ずる理由を説明しうるにいたった者にのみ洗礼をほどこした。

殿はアルメイダのために家を造り、教会堂を建てることに決し、多く木材を集め、設計図をアルメイダに求めた。教会堂の敷地は町の中央に在り、一方は海に達し、高さは槍一本半、多くの果樹があり、もと殿の祖父の居住せし屋敷で(1)、殿が奥浦に送って建立させた家も、ここに立っていたのである。

数日後アルメイダは再び奥浦のキリシタンを訪問した。頭痛が烈しくて、奥浦へ引返すことがデウスの御旨にかなうと思ったからである。しかし奥浦でも非常な痛みを覚え、重湯のほかは何一つとることができず、食べたものはすぐ吐き出してしまう。そのためにいたく痩せ衰えて骨と皮ばかりになった。キリシタンたちは毎日たずねて来て、親切に介抱してくれた。頭痛が減じ、少し元気を回復したので、再びデウスのために活動を始めようとしている時、意外な変事が起こって、仕事の腰を折られてしまった。

というのは、これより少し前に平戸の海賊が五島を襲い、物を掠め、人を殺し、二十七人を虜にして引き上げた。島民は殿にも告げず、密かに兵船を仕立てて海賊を追跡したが、ついにおよばなかったので、平戸の属島を荒らした上で帰還した。これを眼前に見た平戸藩では大いに怒り、五島から来た使節を殺害してしまった。かれこれするうちに五島侯の臣下で、平戸藩主松浦隆信の義兄弟にあたるのが隆信としめしあわせて一揆を起こした。『五島紀要』でも五島の郷土史家大坪譲氏でも、これをもって日の島の西当麻に教唆せられて、奈留島に叛旗をひるがえした奈留長門盛信の一揆としている。いったい五島家の第十七代盛定は松浦興信《おきのぶ》の援助によって叛臣玉ノ浦納《おさむ》を誅し、五島の地を回復した恩義があるので、そのまま興信の家人となり、中通島の浜ノ浦、飯ノ瀬戸、宿ノ浦、道土井、荒川、三日の浦、今里、津和崎などを平戸に割いて恩を謝した。その後豊太閤によって天下が統一されても五島侯は松浦鎮信《しげのぶ》の幕下となり、幕邸参観の節は平戸の兵船日吉丸によりて往復したものであるとか。こういう関係よりして、平戸側の五島に対する野心はかくれもない事実であり、事に托して、五島を征服し、まったく平戸の領土たらしめんと謀ったものではあるまいか。

殿は機先を制し、密かに兵を遣わして叛臣らを討たしめた。彼らはそれに敵しかね、逃れて平戸に走った。『五島紀要』には「悉く誅に付す」と大書してあり、クラッセもキリシタン武士シキストが見事に彼を斬り伏せたと特書している（上巻三三四ページ）。

初め殿は追討軍を出そうという時、部下に命じて忠誠を誓わしめた。彼らの間から謀叛人が出てはと恐れたからである。宣誓には仏僧が式を司り、酒樽を神前に捧げた上で、一同殿から盃を賜い、その酒を戴かせることになっている。この盃を戴いた者は、死ぬまで殿に忠節を守ってかわらざるべし、さもなくば神罰たちどころにいたらん、と信ぜられたものである。

さて五十人のキリシタン武士たちもその場にいあわせたが、殿はかたわらのキリシタン武士を招き、これに盃を与えた。彼はそれを謝絶するだけの勇気がなく、「これはただの御酒でござる、ただの御酒として戴きます」と答えた。家老職で、福江島の代官であったドン・ジュアンは、かの武士の不徹底な、煮えきらぬ答を聞くや、はがゆくてたまらぬ。殿の前に進んで、「キリシタンたる者が、この御酒を戴くべきでないことは、殿様もご存じのはずでございましょう。私たちの宗旨は異教の神仏によって宣誓することを禁じますので、私たちはただ天地を造り給うたデウスによってのみ宣誓します。そこでもし殿様がデウスによって宣誓することをお望みになりますならば、そういたします」といった。殿はうなずいて、「そちのいうところは道理至極じゃ、わしはそれがしがキリシタンであることを忘れていたよ」と答えて、キリシタンには宣誓の酒を強いなかった。ドン・ジュアンは五島キリシタンの頭目、卓越せる武士で、戦場では常に抜群の働きをするので、かくべつ世人の尊敬を博していたものである。

キリシタン武士たちは乗船に際して、アルメイダのもとに暇乞いに行き、戦闘中、危難を免れるがために、何かの記念物、あるいは聖書なり、祈祷文なりの聖句を書いたものを戴いて、身の護りにしたいと願い出た。アルメイダは、危険の際に十字架のしるしをし、ゼズス・マリアの聖名を唱えることを教えた。三十四日を経て皆戦地から帰還した。異教徒中には負傷者も少なからず、死者すら数人であったのに、ドン・ジュアンをはじめ、五十人のキリシタンの中には、かすり傷すら負うた者がなく、二十五歳の青年シキストのごときは諸人に先んじて進み戦い、長身で美々しく、武装した敵の大将とわたりあってこれを一刀のもとに斬り伏せ、その甲冑を奪いとった。敵はこれを見てにわかに怖気がさし、総崩れとなって、命からがら平戸領へ逃げ去った。

　これよりキリシタンはゼズス・マリアの聖名を大いに尊信し、また何かの困難に出くわすや、ただちに十字架のしるしをするようになった。彼らは敵地に上陸するや、跪いてコンタスについている十字架を押し戴き、多大の信心と確固たる信仰とを起こして、十字架のしるしをし、ゼズス・マリアの聖名を唱えたおかげで、このように無事たりえたのだと信じ、凱旋後その次第をアルメイダに物語った。彼らが名誉な凱旋をしたので、残留キリシタンは非常な喜びをもって出迎えた。未信者たちはキリシタンの相互愛がいかに濃厚なるかに驚き、自分たちは兄弟親戚でもかく喜んでくれなかったとこぼした。

　平戸の松浦隆信は己が義兄弟をして五島を奪わしめんと謀ったが、意外の失敗に終わったのを見て、再挙を計り、二百隻の兵船をもって一艦隊を組織し、生月島のキリシタン領主アントニオ籠手田《こてだ》左衛門尉《さえもんのじょう》安経《やすつね》を司令官となし、多数の小銃と数門の大砲とを載せて、攻めよせるという噂が五島に伝わった。

　しかし敵艦隊が領内のどこへ押し寄せて来るか判明しないので、全五島は上を下へと大狼狽を始め、殿は命じて沿岸各地の糧食を集めてこれを諸城に納めしめた。その時アルメイダは奥浦の海岸にいたが、ここでも糧食は海岸から半里ばかりの高い山の上へ運ばねばならなかった。この山は大きな山脈中の一つの峰で、村民も残らずその峰の上に避難した。

いよいよ敵船来着の報せがあった時、奥浦の海浜に居残っていたのは、ただ武士のみであった。時にアルメイダは病みつかれて骸骨のごとくなっていた上に、山は険阻で、路はでこぼこだし、半死半生のていでやっと頂上にたどりついた。こうした場合であるから、薬はもちろん適当な食物だにあろうはずがない。ただ米と乾魚と大根の枯葉（いわゆる乾葉《ひば》）のみであったが、それでもデウスの深い御恵みにより、緩慢ながらも、病いは次第に回復に向かった。

これまで五島は日本国中でもきわめて平和な地で、かつて戦争を見たこともなく、アルメイダが初めて殿に謁見した時も、殿はこれを誇りとしたほどであったのに、いまや内憂外患こもごもいたるというあんばいなので、仏僧らは得たり賢しと、これをキリシタン伝道の罪に帰し、さかんに謡言を飛ばして諸人を迷わそうとした。幸い殿はデウスの教えの真理なることを充分理解しており、その謡言に迷わされなかったので、キリシタンたちは大いに助かった。

すでにして平戸の艦隊は五島の第一の島（宇久島ならんか）に押しよせて海岸の数カ所を焼き払ったが、城には多数の守備兵がこもっているのを見て味方を多く損ぜんことを恐れ、あえてこれに迫ろうともしなかった。おること二十五日、平戸領内に敵が侵入して掠奪をほしいままにしたために、隆信は命じて艦隊を呼び戻した。五島の兵船は百隻で、わずかに敵船の半数にすぎないため、その退去を見ながら追撃することもできなかったが、しかし敵の退去後、平戸領の一部で、糧食を多く産する島（小値賀《おぢか》なるべし）を襲い、人を殺し、家を焼き、小舟百隻を奪って凱旋した。

パアデレ・トルレスはアルメイダの健康がすぐれない由を伝え聞き、ロレンソを残して口ノ津へ引き上げるように命じた。そのことを耳にした殿とキリシタンたちはアルメイダを引き止めて帰すまいとした。ただアルメイダが神父トルレスの命令を打ち明け、自分が再び帰るか、あるいは自分の代わりにほかの神父が来るかするはずであることを告げた時、初めて殿は出発の許可を与えた。

殿は見送りのため、大値賀から一里半もある奥浦の港へ行き、渡航に必要な米、酒、魚を贈り、奥方もまた人を遣わして物を贈り、すみやかに帰り来らんことを切に請うた。かくてアルメイダは殿およびキリシタンたちに別れを告げて乗船した。海上で非常な暴風に見舞われ、水夫らは皆船酔いにあい、一人として船を操縦したり、船内に侵入する水を汲みすてたりする者すらいなかった。加うるに海賊に襲われそうな危険が起こり、ただならぬ難儀を見、かろうじて長崎口の福田に着き、四日間神父ガスパル・ウイレラ方に転がり、それから口ノ津へ渡り、神父トルレスのもとに休養すること二十日にして、ようやく回復することができた。

アルメイダは福田で四日間、口ノ津で二十日休養し、それから天草の志岐に渡って宣教に従事し、その年の十月二十日志岐からゼズス会の修士たちに書を送って以上のことを報告しているので、五島を引き上げたのはたぶん九月頃ではなかったろうか。

終わりに臨み、アルメイダの書きのこした一個の珍談を添えておきたい。

五島に約六里の荒野があり、それこそ好個の狩猟所である。その中に犬に似ているけれども手足の短い一種の動物がいる。その皮は光沢があって絹のごとく柔らかい。日本人はこれを最も珍味とする。その皮ははなはだ高価であるけれども、饗宴を催す時、それを盛んにせんがため、この皮でもって煮炊きをするのが例である。この動物は年老いてから海に入って、しだいに大きな鰹のごとき魚に変ずる。これを捕えてみて、もと陸上の動物であったことを知りうる。私も陸上の動物が腐敗することなくして、ほかの動物に変ずるとは虚妄であると思っていたが、半ば魚に変じ、半ばまだ動物であるのを捕えたと聞き、これを見たいと望んだので、一匹の半魚半獣を殿のもとに持ち来たり、殿はそれを私に送った。よくよく見れば、なるほど陸上の動物たることを否認することはできない。また魚に変化せんとしつつあることをも疑うこと能わず、たいへん驚いた。かくのごときはまったく自然外のことであるから、その手足を切り、骨を抜き、乾燥させてこれを送り、今日までかつて書物に見たことのないものを示したいと思っている。その手はすでに鰭に変じているが、先端にはまだ爪と毛とがあり、足の先端の半ばは鰭となっているにせよ、指には関節と爪とをそなえ、下の方は鰭になりつつあるのである。(1)

はたしてそのような怪物がいるだろうか。動物から魚になるというのは、進化ではなくて退化である。ヘッケルのごとき進化論者でも、そのような怪物を想像することすらできなかったであろう。しかしアルメイダは、それを実見し、その手足を切りとって送ったというから、妄想だとも思われぬが、しからばそれは何という代物であろうか。今日五島ではそのようなものを見たこともなければ、聞いたこともない。

思うに当時は周期的に気候が寒冷で、アザラシか何かが五島あたりまで南下していたのではないだろうか。

(1) アルメイダの書簡、フロイス『日本史』七〇章六〇三ページ、グスマン『東方伝道史』二四〜二七ページ

一〇　神父ジュアンニ・バプチスタ・モンチの布教

アルメイダは自分の代りに修士ロレンソを留め置き、改宗せしキリシタンを保護し、更に教の話を聴きたいと欲する未信者に説教せしめた。しかし五島では切に神父を求めて止まないので、布教長トルレスは神父の手不足を感じて居たにも拘らず、イタリア人、ジュアンニ・バプチスタ・モンチ師を豊後から召して五島へ遣わした(1)。

右は『日本史』中に読まれる一節であるが、カルタス第一輯に収めてある神父モンチの書簡

によって五島における布教の状況を略記しておこう。

一五六六（永禄九）年十二月神父ジュアンニ・バプチスタ・モンチは、アルメイダに代わって五島へ渡った。殿は丁重に師を迎え、その港の一つである奥浦へ行くための馬を提供してくれた。土地の住民は皆キリシタンで、二年前にアルメイダから洗礼を受けたのであった。神父モンチが同地へ行ったのは御降誕の三、四日前のことで、キリシタンたちの喜びといったら非常なものであった。修士ロレンソは塩焼き男や漁師の住んでいるこの村の貧しい藁小屋に起臥して、布教をつづけている。アルメイダもロレンソもただの修士で洗礼こそ授けてくれたが、ミサ聖祭を執行することも、聖体を拝領させることもできなかった。キリシタンたちは今回初めてミサ聖祭に与るのであったから、神父ロレンソにたのんで、ミサとは何か、これに与るにはいかなる尊敬と信心をもってすべきかということを説明してもらった。

キリシタンたちはミサ聖祭の執行を見んがため、五島の各地から多く来会し、ただならぬ尊敬と信心とをもって御降誕の三つのミサに与り、デウスを讃美しながら、喜びと満足との中に一夜を明かした。第一回のミサ後、信者たちは御降誕について話をしていただきたいとロレンソにたのんだ。第三回のミサが終わってから、一同食を共にし、一致と愛とをもって聖歌を歌い、そうした上で各々居村に帰った。それからも彼らは厳烈な寒気と降雪とを厭わず、毎日曜日ミサに与り、説教を聴かんがためにこの港に集まり、一回も不参しなかった。御降誕祭《ナタル》後神父モンチは未信者に対して説教を始めたが、御復活祭までにキリシタンとなった者が多少あった。

五島には年中いろいろの祭礼がある。そのうちでも二月中つづいて行なわれる新年祝祭が最も盛大で、種々の儀式は迷信を混じ、ことごとく偶像崇拝に関するもののみである。このような儀式はデウスの禁じ給う所で、断じて行なうべからず、と神父モンチはキリシタンたちに注意した。彼らは師の戒めにしたがい、祭礼の日はこれを教会堂で過ごし、デウスに祈りを捧げた。異教徒なる親戚や友人に嘲弄されてもまったく意としなかった。

四旬節に入ってから、とくに金曜日には御受難の話をした。彼らは一日中、夜になっても、非常な熱心をもってヂシピリナ（苦行のため身を鞭打つこと）を行なった。聖木曜日には所定の儀式を行ない、仮祭壇（聖墳《せいふん》と称す）を設け、それに聖体を安置した。聖堂は重立ったキリシタン武士、およびそのほかのキリシタンで一杯になった。武装した四人の侍が聖墳を護衛した。式を終えてから神父モンチは主の御鑑にならい、十二人の老人の足を洗った。信者たちは感激のあまり涙を禁じえなかった。彼らはヂシピリナをしながら、聖木曜日の行列にあずかった。

御復活祭には、早朝行列をした。キリシタンたちは皆たいへん喜んでこれに参加した。家でも村でも青葉と花とを飾り立て、舞踊と唱歌とのうちに一日を過ごした。舞踊の間に有馬出身のキリシタンが肩に十字架を負い、頭に茨の冠を戴き、敬虔なる聖歌を歌いながら飛び入って来て、一同を感動せしめ、大喝采を博した。

殿は城下の大値嘉に教会用地を提供すると約束していたので、神父モンチは時宜と財政とにふさわしい教会堂の建築に着手し、吾が主御昇天祭の頃に竣工した。信者たちは先をあらそって献堂式の準備を手伝った。持参した筵《むしろ》はずいぶん多く、会堂のみならず、司祭館全部に敷きつめることができた。夜に入って、殿は威儀を整えて訪問した。この教会堂で最初に受洗した者は約八十人。彼らは夜昼多大の熱心と注意とをもって祈りを学んだ。その後もキリシタンになった者が多数あった。

この勢いですすむならば、収穫は多々あるべしと思われたが、殿の一子までがキリシタンになろうとしているのを見て、悪魔はこれの妨害運動に大わらわとなり、ために数日間は一人の受洗者もみられなかった。しかし殿は聖教を広めることを許し、また領民がキリシタンになることをも奨励していたので、神父はそれを力にして大いに期待する所があった。

神父も五島のキリシタンには少なからず感化された。彼らは祈りをするため、あるいはミサに与るため、ほとんど終日聖堂内にとどまっている。デウスは彼らの熱心にむくい、不思議なことを行ない、とうてい回復の見込みのない病いをも癒し給うことがあった。

この年は日本全国、とくに五島では牛疫がたいへん流行し、たおれる牛がすこぶる多かった。キリシタンたちはその単純なる信仰よりして牛の首に十字架を吊るしたり、あるいは病牛に十字架のしるしをしたり、聖母の浄めの日に祝別された蝋燭をその首にくくりつけたりして、牛の命を取り留めた。異教徒の牛は皆たおれたのにキリシタンのばかりは無事だったのを見て、人々は驚き且つ怪しんだ。仏僧らは躍起となり、殿がキリスト教の宣伝を許したために、神々のたたりで牛疫の流行をみたのだといいふらした。異教徒は多くそれを信じたが、しかし疫病は五島ばかりではなく、各地にも流行したので、心ある人はそのしからざることを悟るにいたった。[2]

（1）フロイス『日本史』第八十章三四三ページ
（2）一五六七年十月二十八日付五島発、パアデレ・ジュアンニ・バプチスタの書簡、カルタス二四九ページ

一一　ドン・ルイスの受洗

五島の殿、純定には庶子左衛門太夫と、すでに死亡せし嫡男の子とがあった。左衛門太夫はロレンソの教えを聞いて深く感激し、キリシタンになりたいと欲し、或る夜舅と共にロレンソのもとを訪れ、自分らは説教を聴き、それが真理であることを確信したから、ぜひ洗礼を授けてキリシタンにしてくださるよう、神父（モンチ師）にお頼みして戴きたいと懇願した。頃は四旬節中であったが、彼は内密に洗礼をほどこされたい、老父や親戚に知れると、阻止せられるかもはかりがたいというのであった。神父は若殿がはたして教理を充分わかっているか否かを確かめたいと思い、まずカテキスモの各条について試問してみると、驚くほど立派に答えた。でも父の承諾がないので、いますぐに洗礼を授ける訳にはまいらぬ。もとより父は若殿の希望に絶対反対というのではないが、領民の光背を気遣い、時機をまたせることにした。

しかしいつになってもその時機が到来しそうにないので、若殿はしびれをきらし、洗礼を懇請してやまない。神父も初めのほどは躊躇してその願いをいれなかったが、いつまでも彼の望

みを空しうすべきではないと思い、三日間つづいて説教を聴き、よりよく聖教の旨を究めるようにと命じ、しかる後洗礼をほどこし、ルイスの霊名を授けた。

主の復活祭にいたってルイスは我が身のキリシタンたることを公にした。父はこれを知っても、さまで不満の態度を見せず、かえってキリシタンを庇護すべきことを明らかにした。若殿の入信後、教会の門を叩く者がいよいよ多くなり、信徒の数はますます増加した。悪魔はこの情勢を見て黙止するに忍びず、例によって例のごとき妨害運動を始めて、これを阻止せんとつとめた。そのために殿の嫡孫と、デウスの掟の大敵たる殿の弟（盛重ならん）とを教唆して、ドン・ルイスに大妨害を加えると共に、改宗運動をはばむべき策を立て、一味の輩は寺院に集合し、当夜を期してこの寺院から打って出て、教会を襲って火を放ち、神父と修士を殺すという手筈を定めた。彼らは愚かにもこのような手段によりてキリスト教を撲滅しうるべしと信じていたのであるが、しかし彼らが寺院で談合している際、読み書きの道を習いに来ていたキリシタンの子供が偶然それを耳にし、時を移さず馳せ帰って父に告げ、父はドン・ルイスの舅ジュアンニ・バプチスタに報じた。若殿は舅よりの通知を得て慎重な態度をとり、周到な注意をはらって善処したので、ことは大事にいたらずして落着した[1]。

（1）フロイス『日本史』八十章三三四ページ、グスマン『東方伝道史』五九ページ、クラッセ上巻三三六ページ

一二　神父アレッサンドロ・ヴァラレッジョ

神父コスモ・デ・トルレスは老齢と病弱のために、キリシタンたちの告白を聴くことができないので、ジュアンニ・バプチスタ・モンチ師を口ノ津に招いて助任司祭たらしめ、修士ロレンソを豊後に遣わして、神父メルキョル・デ・フィゲレドと共におらしめ、モンチ師の代わりに神父アレッサンドロ・ヴァラレッジョを五島へ遣わした。

神父アレッサンドロ・ヴァラレッジョは一五六八（永禄十一）年六月二十六日、印度から日本に渡来し、七月四日口ノ津に行き、十二日には天草島の志岐に渡りて宣教師会議に与り、時の布教長神父コスモ・デ・トルレスから任地として五島を割り当てられた。もとより渡来したばかりで、まだ日本語を話せないので、修士ジャコメ・ゴルザルヴェスを同伴した。いま神父が九月四日付けをもって五島から発した書簡の一節を左に掲載しよう。

私はキリシタン及び異教徒に説教し、又発生した事件や、この地の習慣について相談するがため、修士ジャコメ・ゴルザルヴェスを同伴して五島へ渡った。この島まで私を見送らんことを望んだキリシタンの船が二艘同航した。航海中、大しけを喰い、船が小さかったので殆ど死なんばかりの目にあった。私が四年間に出遭った危難の中でも今回のが一番大きかった。それでも島にたどりつくことができたので、デウスに感謝しなければならぬ。

この島はデウスのことにも、その他のことにも、甚だ不毛である。この島の人々は大多数丈が高く、性質は善良で、甚だ名誉を重んじる。彼等の間に最も憎まれ、且つ稀に起るのは泥坊で、梨一個、桃一個、又は針一本の為にでも父はその子を、夫はその妻を容赦なく殺すのである。ここで一家の主人はその扶養するものを殺すことができ、しかも罪の大小を問わず、処刑の方法はただ一つ、首を刎ねるか、腹を切るかである。

私がこの地に来た時、一人のキリシタンは自分の娘が蜜柑三個を盗んだことを知って、之を斬ったが、死するまでには至らなかった。そして異教徒であった妻が、娘の盗みを告げなかったと云うので、これも斬ろうとした。妻がいち早く安全地帯に逃げこまなかったら必ず斬られたであろう。私はその話を聞き、数人のキリシタンを集め、その妻を再び家に呼び入れる様にと彼にすすめてみたが、それぱかりはどうしても出来ないと彼は答えた。無論彼女が憎いからではない。彼女が家を去るべきことをしたのを自分はキリシタンとして悲しむけれども、盗みは自分等の間で非常に憎むべきことで、もし再び彼女を家に入れたら、自分は皆から軽蔑され、誰一人自分の家にはいるものがないほど名誉を失うであろうと答えた。よって私は彼に向い、キリシタン及び異教徒の間にそれほど重大視されることであるならば、時を俟って改良するより外はないけれども、他の妻を迎えない様にする必要があると注意した。彼はそれにたいして自分は淡州（淡路守純定）に仕え、その財産によって生活するものであるから、貴師のお求めに応ずることは出来ないと云った。淡州の子息（左衛門太夫）の外に、舅ドン・ジョアンもこの席に在り、その成行を見て〝神父様、この罪は非常に憎むべきもので、デウスの愛によってのみ之について語り得べきことを御存じになって下さい〟と説明した。この人々は盗みを以て諸々の罪の中で最も重いものと考えて居るのだから、こちらでは癒すことが出来ない腫物として放任した。

この島は京都を距ること甚だ遠く、又他の諸島よりも隔離して居る為か、島民は風俗その他に於ても、日本国中最も粗野だ。彼等の法律は殿の命令だけで、その外には何にもない。故に異教徒たる彼等の神は淡州であって彼等は救いもなく、善の報も悪の罰も来世もないと信じて居る。随ってこの世では飲食と享楽とを以て足れりとし、之に没頭するが故に、デウスのことや、救霊のことを悟らしめるのは容易ではない。贅沢な生活をすることの外に望む所はないのだから、之を改宗せしめると云うのは至難である。しかし私はデウスが彼等の心を照らし、善を理解させ、その善を失うことの如何に大なる危険であるかを悟らして下さるべしと信頼して居る。

この島は甚だ不毛にして塩と魚類の外には何をも産しない。その他は一切他からの輸入に俟たねばならぬ。日本国中でここより貧しい土地はあるまいと思う。彼等は塩を以て諸物を購って居るが、しかしこれで必要なものを悉く求めることができるはずはない。随ってここでは何から何まで欠乏し、時には魚すらも手に入らない。数日間もそれを食べないで過すことさえある位、それだけこの島は罪の償をするのに最も適して居る。私は大根の葉を味噌で煮て食べて居る。それすらも見出し得ないことがしばしばある。願わくは我等の御主が聖寵を賜い、こうした幸福によりて利益を蒙らしめ給わんことを。

この島にはキリシタンと異教徒との間に紛擾が絶えない。この島は他と甚だ懸隔てて居る為に私たちは大なる危険を感ずる。数日前にも一の危険が起り、私は当時認めかけたこの書簡を終えること能わぬのではないかと気遣ったが、私の罪故に、この命を主の為に捨てるほどの大なる幸福は得られなかった。今後主がそれを恵み給わんがため、御一同、聖祭と祈祷に於て大に私の為にお祈り下さいませ。

一五六八年九月四日　大値嘉より
キリストに於ける無益の僕
アレッサンドロ・ヴァラレッジョ(1)

(1) カルタス二五四ページ

一三　ドン・ルイスの感ずべき徳行（其の一）

神父アレッサンドロ・ヴァラレッジョが五島に来た時、若殿ルイスはすでに神父モンチから洗礼を受けていた。修士ルイス・デ・アルメイダが一五六八年、カルネイロ司教に送った書簡の一節に、五島には神父アレッサンドロ・ヴァラレッジョが修士ジャコメ・ゴルザルヴェスと共に滞在し、この冬同島にて百八十人をキリシタンとなした。五島の領主の庶子、年齢二十三歳にして、領内にて最も信用あり、その性質良きがゆえに諸人より愛せられているのもこの中にいる。老公の孫なる嗣子は癩病者で、その父もまたこの病いのために死亡したのだから、右の庶子、父の家および財産を継承すべしと想像せらる。(1)

とあるが、しかしルイスは確かに神父モンチから受洗している。クラッセおよびシャルウォアを見ても、『日本史』をひもといても明らかで、こればかりはアルメイダの誤聞であろう。さてヴァラレッジョは五島に来てみると、若殿ルイスはその美観と善言とをもって島民の改宗をはかり、熱心に活動している。島民をゼズス・キリストに帰服せしめることさえできれば、我が身は領主になろうとなるまいと、それらはおいて問わないという意気込みであった。

ルイスは神父アレッサンドロ・ヴァラレッジョが五島に着く数日前に結婚した。夫人はドン・ジュアンの娘であった。ルイスはただちに夫人と家臣たちとの改宗に努力し、四人ずつ順次に神父のもとに送って教理を学ばせ、受洗の準備をなさしめた。やがて夫人は侍女十五人、家臣百人と共に洗礼を受け、ドナ・マリアと呼ばれた。未来の領主とその領主に最も接近せる人々が入信したので、キリシタンたちは大いに意を強くした。ルイスは結婚の際、知行として父より与えられた土地の人々に神父の談義を聴くように命じた。初め数カ村は困難らしくみえたが、まもなく命令にしたがうべしと回答した。かくて若殿の後援により伝道が着々と進捗するのを見た仏僧らは非常に狼狽し、殿の弟（盛重？）を首領として、猛烈に反キリスト教運動を開始した。

叔父はさっそく人をルイスのもとに遣わしてこういわせた。

「領内に二個の宗旨があるのは面白くない。それよりして容易ならぬ混乱がまき起こって来るのは必定である。早く心をひるがえして、従前通り、神仏を祀るようにするのが賢い道である」

するとルイスは使者にこう答えた。

「ほかのことならば、喜んで叔父上の御諭しにしたがいます。しかしことは魂の救かりと、真のデウスとに係わる大問題でございますので、こればかりは何ものにも代えられません。どうぞこの問題についてては私を煩わさないで下さい」

叔父はいくらルイスに迫っても、徒労に終わるのみだとみてとり、こんどは殿に向かい、

「もし若殿に命じて、キリシタンを棄てさせず、宣教師をも追放しないならば、自分をはじめすべての旧来の宗教に心をよせている者は、以後兄上をもって領主と認めないであろう」

と威嚇した。

殿は憂慮おく能わず、若殿を呼んでこんこんと諭した。ただ一回にとどまらず、十八回もそれをくりかえした。

殿「父も一命を失うか、領主の地位をなげうたねばならぬ羽目においこまれるかも知れぬから、キリシタンの教えを棄てるか、少なくとも信仰を表沙汰にしないかしてくれまいか。デウスは心を見給うのだから、心の中がキリシタンでありさえすれば、表面は異教徒でも、一向さしつ

かえないではないか」

ルイス「父上、私を圧迫しうる不幸の中で、父上のそのご心配ほどに私の心を動揺せしめうるものはないのです。私は父上のお命をまっとうするがためとあらば、できれば千の命でも投げ出したいくらいでございます。もし父上の御位を強固ならしめるがため、私の死ぬのが必要でしたら、私は喜んで死にます。しかしご存じの通り、私は天にも別の父をもっています。父上にしたがわねばならぬごとく、天の御父にもしたがわねばなりません。父上のご意志と天の御父のご意志とが相反するようなばあいには、公正なる父上のことでございますから、その天の御父のご命令を軽んじてまで、父上のご命令を重んじさせようとはなさらぬでございましょう。ところで天の御父はご自分以外の者をデウスとして礼拝すべからずと戒め、救いをえたいと思はば、ご自分の掟を公然と遵奉するように命じ、もし私が生前にご自分を否認するならば、ご自分も死後私を否認すべしと宣言し給うています。そして私がまごころをもちませず、ありのままを外に表わすことをはばかるほどの臆病な人間でしたら、父上の子と称せらるにもたりますまい。父上が私をお愛しくださることは少しも疑いませんが、しかし私はただいま父上の御意に背くか、デウスの思し召しに反するか、この世の位を失うか、後の世の終わりなき位を棒にふるか、二つに一つを選ばねばならぬ羽目に追いつめられているのです。でございますから、この点については、どうぞ私を強迫なさらないでくださいませ。天地の創造主なるデウスは、父上のためにも私のためにも君主でいらっしゃいますから、私はこのデウスにしたがう決心をしています。もし国を失うまいと思はば信仰を棄てねばならぬならば、私は信仰を棄てるよりも国を棄てます。キリシタンであることを止すよりも、殿であることを止します。私を殿にいただかないだけでは満足しておれない、生命までも奪いたいという腹ならば、デウスの御掟を守るがために死んでいく人に約束された終わりなき生命をえんがため、私はいさぎよくこの生命を投げ棄てます」

これを聞いた殿は、我が子の勇壮な決意にしみじみと感心したが、依然自分の立場を気遣い、我が子を失うか、自分の生命をとられるか、二つに一つは免れがたい運命になっているのだと思い、彼の志を破るがために、ほかの手段を講じてみた。あまねく領内にお触れを出して、領民がキリシタンになることを禁じ、すでにキリシタンになっている者は、もとの信仰に立ち返るべし、したがわざれば一死あるのみと、いい渡した。こうしたらば仏僧らも自分の意のある所を察して、宥まってくれるだろう。我が子もまた、皆が再び神仏に帰依してしまい、我が身のまったく孤立無援となったのをみては、ついに我を折って自分の命にしたがうだろう、と思ったのであるが、殿の希望はみごとに裏切られた。お触れが発せられるや、町のキリシタンも在のキリシタンも、先をあらそって聖堂に馳せ集まり、喜んで死をまち、家に残ったキリシタンたちも同じ覚悟の帯を引きしめた。もとよりその急先鋒は若殿ルイスで、我こそ神仏の前に血祭りにされるべき第一の犠牲だと宣言し、聖堂の門外に立って、馳せ来るキリシタンたちを迎え、

「だれにしても、この私の腹の上を踏み越えないでは、おまえたちに手をかけえないのだ。私はこの身をなげうって、おまえたちの危難を救ってやるから安心せい」

と一同を激励した。

神父ヴァラレッジョはキリシタンが皆集会したのを見て、壇上に立ち、信仰のために死することの幸福につき、一場の説教をし、初代教会の殉教者たちの例を引いて彼らを励ました。すると皆が異口同音に、「覚悟しています、我らは死ぬ覚悟をしています、我らは死ぬ覚悟をしています」と叫び出したので、神父は腹の底まで感激し、涙がとめどなく流れて、言葉をつづけることができなかった。語り終わってから、一同使者を殿のもとへ遣わして、「キリシタンは皆聖堂に集合し、己が奉ずる信仰のために血を流すべく覚悟しております。みさおを売るような者が一人でも出て来るだろうとご期待になりませんよう。皆はこういう結構な理由のために死ぬことができるのを、有難いしあわせと存じているのでございますから」と言上せしめた。

殿はいよいよ驚き、ほどこすべき策なきに困惑した。もし兵を遣わして彼らを殺さしめたらば、我が子も共に殺害せねばならぬ。しかしいったんお触れを出した上で、それにしたがわせえないとあっては、自分の顔にかかり権威はめちゃめちゃになる。命令を侮られては、そのままに棄てておけぬ。どうしたものかと思案投げ首で、窮余の策として自分の近い親戚にあたるグカ殿（久賀殿？）というキリシタンを説きつけようと試みた。彼は殿の従弟にあたり、家柄は高く信仰も堅く、五島ではとくに著名な人物であった。もしこれに信仰を棄てさせたら、キリシタンは残らずその例にならうであろう。しかも彼には二人の男子があり、その立身出世はまったく自分の掌中にあるわけだから、容易に彼の心を動かし、目的は達成することができようと信じ、臣下を遣わして、こんこんと利害を説かしめた。キリシタンの教えを棄てて、もともと通り神仏を崇拝して、自分に忠節と服従とを表わしてもらいたい。もし命を奉じてくれたら、彼の一家には富貴をほしいままにせしめるであろう。万一命を拒むがごときことあらば、憤激せる君主が叛民に加えるだけの厳罰をもってのぞむべし、と威嚇せしめた。

グカ殿は使者にこう答えた。

「殿様に申しあげて下さい。もしキリシタンであることが罪になりますならば、兵を遣わして、私と私の二人の子の首を挙げるまでのことです。殿様も私たちを窮状に追いこみえられましても、不忠不義の男となすことだけは断じておできになられますまい。大値嘉のキリシタンは皆私のごとく死を覚悟しているのでございます」

殿がこれを聞いて驚いたのは無理もなかったが、そればかりではない。キリシタンに信仰を棄てさせるには、ただ死を威嚇したばかりで沢山だと思ったのは、大きな認識不足であったことを悟らしめることが、いま一つ起こった。ちょうどその頃、一人の老武者が甥（ウァラレッジョの書簡には孫とある）のために何か請う所あらんとて、殿の屋形をおとずれた。「喜んで願いの旨を聴きとどけて遣わそう。ただし条件として、その甥に洗礼を受けさせないことにしなければならないぞよ」と殿がいうや、老武者はきっと襟を正して、「殿様、甥はもうお水を戴いています。信仰をなげ棄てんよりは、むしろ喜んで私と共に死ぬ覚悟の腹をきめているのでございます」と答えた。

この大胆で思いきった答にムッとした殿は、彼の願いを許さないで、そのまま退去せしめた。老武者はその足で教会をおとずれ、こうした問題のために、自分の願いを拒絶されたことを一方ならず喜んだ。それから若殿を見るや、その前に近づいてこういった。
「私はことし取って七十歳になります。まだこれまでデウスに犠牲をささげ、そのために血を流したことがございません。若殿様はずっとお若い方でございますが、しかし一切を賭しても信仰を保っていく義務を負うていられることを、ご承知になってくださらねばなりません。否、若殿様の義務はほかの人のそれよりもはるかに重うございます。その御約束になったことは、若殿様の御約束ではありますし、その上、私たちに御手本をお示しくださらねばならないのでございますから」

キリシタンは皆死をまっている。男子ばかりではなく、婦人小童にいたるまで、ひとしく殉教の覚悟をしている。母親は我が子の凱旋を飾るためにとこれに晴れ着をきせるのであった。ことしとってようやく八歳になる一人の子供は母に向かい、「坊やを残して死んじゃ厭よ。坊やは母ちゃんから離れぬ、一緒にパライソへ行くのよ」といった。いま一人の子は一層うるわしい言葉をもって同じ決意を示した。何か母にねだった時、父は母をかえりみて、「欲しいものは何でも与えなさい。私たちはいますぐ聖堂へ行って、ほかのキリシタンたちと殉教者になるのだから」といいつけた。それを聞いて子供は、「父ちゃん、厭よ、坊やを連れずに死んでいっちゃ。父ちゃんを殺しに来た時、坊やは父ちゃんと役人の間に立ちます。坊やを殺さずには父ちゃんに手をかけさせませんのよ」といった。かくのごとく老いも若きも皆信仰のために死ぬ決意をしている。神父ヴァラレッジョもまた一同に殉教をすすめてやまぬのであった。

しかし神父を死なせては、日本教会のこうむる損害の甚大なるべきを思ったドン・ルイスは、しばらくこの場を立ち退いて日本のために命を全うするようにとしきりに懇請した。神父は頑として応じない。信者を見殺しにしては自分の良心が許さない。いかなる責め苦に遭おうとも、断じてそのような不信実なことはいたされないと答えて微動だにしない。それから神父は人中を離れ、デウスの御前で反省してみた。殿はあつく若殿を愛し、キリシタンをも尊重しておられるのであるが、しかし一方からは領民が蜂起して大混乱を来たすことにはなるまいかと気遣い、左せんか右せんかと決しかね、進退これきわまっておられる。他方仏僧らは自分をえて甘心（満足するの意）したいと思っているのだから、自分が若殿に代わり、キリシタン一同に代わって犠牲となったら、彼らの心も和らぐに相違ないと思い、すすんで殿の屋形をおとずれた。

「殿様、私は若殿様とキリシタン一同の命を助けて戴きとうて、嘆願にまいりました。坊さんたちが彼らを殺そうとしますのは、彼らが自分たちより善人であり、殿様の御命も殿様の御位も掌にし給うデウスを拝んでいるからです。もし彼らが真のデウスを拝んでいるのが悪いというならば、彼らにそのデウスを知らしめ、偶像を棄てさせたのは私でございますから、私こそ一番の悪者に相違ございません。よって私は殿様の思し召されますままの拷問にかかって死にたいと存じております。どうぞこのみすぼらしい外人の命を取るだけでご満足なされまして、殿様のお子様、殿様のご家来衆の血を流さないで下さいませ。かの人たちは、殿様が何をお命じになりましても、良心を裏切れ、自分たちを造り給うたデウスに不忠不義をはたらけ、と仰せつけにならないかぎり、飛び立ってしたがうのでございます。

とにかく私の首をデウスの敵にお渡し下さいませ。さすれば坊さんたちも満足し、殿様のご性質として、ずいぶん辛く、なしがたく覚えられますような暴力を用いないで、ことずみになりますでございましょう。お国はそのために平穏に帰し、そして私は自分の宣伝しているデウスのために血を流したという名誉を博することができまして、だれよりも得る所が多いわけでございます」

殿は寛仁大度な名君であっただけに、こうした美しい義侠心をみて深く感動し、かかる高潔な感情を起こさしめうる宗教をいよいよ尊重したくなって来た。評議会に諮った上で、何分の返答をするといって神父を帰し、臣下たちを集めて意見を問うた。臣下たちは義侠とか勇壮とかいうことを、とくに感嘆する人々であったから、「かくまで高潔な心の持主、自分の命をなげうってまで部下の命を救うという見上げた心の持主を、死に処するというのは、卑怯きわまる振舞いでござる」と殿に言上した。

殿はそれをもって道理至極と認め、たとえ神父を殺しても、仏僧らの怒りを宥めることはできないで、ただ若殿をいよいよ極端に走らせるのみだとみてとり、仏僧らが唯一の武器とせる恐怖の上に超越し、断乎として若殿を召し帰し、キリシタンに信仰の自由を許した。

この通知をえたキリシタンの喜びといったら、非常なもので、さっそく聖堂へ馳せ参じてデウスに感謝した。時はまさに聖週間であった。聖木曜日には行列をなし、ヂシピリナを行なった者が千人以上に達した。もとよりルイスもその一人であった。しかし仏僧らをいよいよ激昂させ、暴乱の火を焚きつけてもならぬから、あまり目立ったことをしないようにという殿の注意があり、ルイスもおとなしくその注意を守った。それにしても仏僧らは憤懣禁ずる能わず、密かに若殿を亡き者にしようと謀り、悪漢を傭い、彼が聖堂に行く所を要撃せしめんとした。悪漢は終日待ち伏せをしていたが、その日に限ってルイスは聖堂詣でをしなかった。ついに仏僧らは、暴力沙汰に出てもとうてい見込みがない、時機をまつのほかなしと悟り、不本意ながらもそのまま断念した。

（1）一五六八年発アルメイダの書簡、カルタス二五三ページ

一四　ドン・ルイスの感ずべき徳行（其の二）

復活祭の後、神父ウァラレッジョはルイスに伴われて、大値嘉より九里ばかりなる彼の知行所へ行った。村人は海岸に出揃い、こんにちまで沈み入っていた暗黒、無知の生活より彼らを引き出し給うたデウスに光栄あれ、という日本語の歌を歌って歓迎した。その村で六百人に洗礼を授け、次の村では五百五十人を再生の恵みに浴せしめた。神父は大値嘉の教会で始めた或る問題をかたづけるため、ひとまず大値嘉に帰り、問題がかたづいたら、再びほかの村の巡教をつづける考えであったが、副管区長神父フランシスコ・カブラルはゼズス会の総長（聖フランシスコ・ホルジア）と重要な打ち合わせをするため、神父ウァラレッジョをヨーロッパに帰還せしめることに定め、神父にその旨を通知して準備に着手せしめた。同時に殿にも書を送って、ヴァラレッジョを引き上げさせても、まもなく自分が代わって来島する、五島をそのまま

にしておくまじと約束し、まず修士パウロ養方軒を遣わした。時はまさに一五七一（元亀二）年であった。神父アレッサンドロ・ヴァラレッジョがヨーロッパに帰還したのは、ゼズス会の総長と打ち合わせをするがためでもあったが、実は主として病気保養のためであった。神父ガスパル・ウイレラが一五七一年二月四日印度のコチンからポルトガルのゼズス会士らに送った、次の書簡をもってみても、それは明らかである。

五島には多数のキリシタンのほかに、領主の一子もキリシタンにして、名をドン・ルイスというのが居る。この島には四個の教会堂があり、去る七十年には多数の人が洗礼を受けたいと欲するけれども、彼らのために働く者が居ない。この島に一カ年滞在した神父アレッサンドロ・ヴァラレッジョが長い通信をなすべしと信じているから私はさし控える。彼はこの地の食物によって大いに胃をいため、他の病症の外、しばしば血を吐いた。又黒い液を吐き、それと共に三回ほど、色は碧玉の如く、形は殻のあるアメンドウ（杏仁）に類似した堅い石を吐いた。我会の総長はそれを聞いて彼を召還したが、彼は大いに悲しみ、日本を巡回せし数カ月間と云うものは、嘗て涙の乾くひまとてなかった。彼はふかくこの地のキリシタンたちを愛し、彼らを導いて歩行せしむべき者がなく、彼らが父なき孤児となるのを阻止すべき途もないことを知って居たからである。キリシタンたちもまた彼が立去るのを悲しんだのみならず、彼が告別のためドン・バルトロメオ（ドン・ルイスの誤り）の許にいった時、ルイスは、はらはら涙を流し、非常に之を遺憾とする旨を述べ、〝孤児となり、保護者なき日本のキリスト教会よ、神父コスモ・デ・トルレスは他界し、神父ガスパル・ウイレラは印度に赴き、神父アレッサンドロ・ウァラレッジョはヨーロッパに帰ろうとする、孤児なる日本よ、誰か汝を防禦し、汝を保護するぞ〃と曰った。

神父はドン・ルイスに告別して五島の最後の島（宇久島？）に着いたが、キリシタンたちは数年間神父に遭わなかったので、大なる喜びをもて之を出迎え、その五島を去らんとするのだと聞き、多く涙を流し、自分等の腕にのせて教会堂に赴いた。教会堂は樹枝を飾り、立派に装飾してあった。彼等が携えて来た贈物は洗礼志願者で、子女をつれて来るもの、妻或は親戚を同伴するもの、友人を案内するものなどであった。神父は同地（五島）に滞在する間に主の為に大いに働き、四千人に洗礼を授けた。[1]今五島には神父イルマンもなく、我等の主が之を助け給うのを俟って居る。[2]

神父ウァラレッジョはどこへ行っても、敬虔なるルイスの徳行を物語らずにはいられなかった。神父が最も感心したのは、ルイスが救霊上のことについて神父と物語る時のそのうやうやしい態度で、格式を重んずる日本ではとくに驚嘆に余りあることであった。ルイスはいつでも跪いて話をするので、「その御態度は若殿様にも私にもふさわしくありません」と神父が注意すると、ルイスはこう答えるのであった。

「ごめんください、神父様。領民や家来どもも、私に対してそういたします。時としては頭を地にすりつけて、平伏することすらあるくらいでございます。いわんやデウスの御名をもって私にお話をなし、私のためにそのデウスの御名代をつとめ、御旨をもお伝え下さいます御方に対して、私がそういたしますのは当然のことではございませんか」

聖堂内では、領主となった後でさえも、一般信者と少しの差別をも設けることを許さない。領民のなかに混じて、不面目な苦行をもあえて辞さない。そのいうところはこうである。

「私たちは皆デウスに造られたもので、その御家では互いに差別など設くべきはずではない。人間の間に階級があるのは、デウスの立て給うた秩序ではあるが、しかしこの階級に対する尊敬も、聖堂内においてだけは除外しなければならぬ。ついに私はどこにおいても領主である。領主の資格に対して、相当の礼を尽くさしめることは、充分わきまえている。ただゼウス・キリストが肉体的にこもりますその御家の内では、私も一個のキリシタンに過ぎない。私の臣民もすべて私の兄弟であり、私と同等であるのです」

ルイスは洗礼をうけた時、領民をことごとくキリシタンになしたいとの念願を立てたが、ひとたび父の後を嗣ぐや、みずから勤勉な宣教師にも劣らぬ奮発心を発揮し、島から島、村から村へと領内を東奔西走し、険阻な山奥だろうと、鬱蒼たる森林内だろうと、少しの厭いもなく民家をたずね、いたるところに瀕死者を見舞い、死者を葬り、志願者に教理を説き、未信者に改宗をすすめ、児童に公教要理を教え、彼らを一緒に集めて祈りを誦えさせるのであった。

平素島民は領主をもって己が礼拝せる神々よりも近づきがたい生神様のごとくおもっていたので、いまやこの徳望高い殿の親情に接し、その感激に満ちた話を承っては、とうてい反対しえようはずがない。いわんや殿の話を承る前に、早やその模範に動かされて、改宗の決意になっていた彼らである。相率いて信仰に飛び込んで来たのも異とするにたりない。ルイスのすすめが不成功に終わったのは、おそらくただその老父のみであったろうか。老父も真理をわかってはいたが、宗旨を変更するにはあまりにも年老いているといって、ルイスのすすめに応じなかった。そうしているうちに突然重い病いにかかったので、ルイスは平戸から修士アイレス・サンセスを招いて最後のすすめを試みていただこうとした。しかし修士が到着した時、老父はすでにこの世の人ではなかった。(2)

重複のきらいはあるが、以下神父アレッサンドロの書簡を掲げて、ルイスの熱烈な信仰を偲ぶことにする。

（1）四千人に洗礼を授けたとは、数字の誤りか、ウイレラの聞き誤りかであろう。
（2）一五七一年二月四日発のウイレラの書簡、カルタス三〇二ページ

一五　アレッサンドロ・ヴァラレッジョが日本から帰国の途中、インドに於いてポルトガルのゼズス会士たちに送った書翰（一五七六年）

「日本には五島と云う島がある。殿はこの島の一番大きな大値嘉と云う町に住んで居る。島の信者には男子が多い。殿の令息ドン・ルイスもその中の一人である。この人は熱誠にもえたカトリックで、気力があり、信者たちもまた熱心である。ミサに与かり、オラショをするがため

たえず教会詣でをする。私の話から察することができる様に、デウスは不思議とおもわれるほど我等をお助け下さる。私が五島に着いた時、信者たちは他の教会に於けるような墓地を持たなかった。よって彼等は場所をさがしまわって、やすい土地を見付け出し、自分等の肩で石を運び、石垣をきづいた。ドン・ルイスをはじめ、高級な武士から小民に至るまで総出で働いた。彼等の熱心を見て私も一方ならず喜んだ。かくて周囲に垣をめぐらし、大きな美しい十字架を作り、何時祝別していただけるかと私に尋ねた。諸聖人の祝日が一番適当であろうと思い、彼の日にミサと祈りとを終ってから、信者たちと十字架を取りに行った。ドン・ルイスは自ら十字架を肩にして墓地に運んだ。私は他の高級武士等と墓地へ往き、最も適切な地点を選んで之をたて、十字架の敬礼を終り、皆の信者と慰めのために、ベネヂクトゥスと十字架にたいする讃美歌を熱心に歌った。ドン・ルイスは若殿として又教会の保護者として自ら一切の費用を支払い、日本の習慣に従って、すべての信者に墓地で御馳走をした。御馳走が終ってから、一同教会へ帰り、霊柩を聖堂内に備え、ローソクを点して荘厳に死者の挽歌を歌った。

翌日は皆教会に集まり、以前死んで畑の中に埋めてあった遺骨を発掘して棺に納め、行列を組んで墓地に送った。しかも随分熱心に之を挙行したので、未信者たちはいずれも感心した。葬儀を終り、再び行列を組んで教会へ帰った。ドン・ルイスは皆のために食を供した。

全く知らない人の為に葬儀を営んだのを見て、未信者たちは大いに驚いた。かかることは正しいことだと思い、オラショをするのを聞くため大勢押しよせた。

この島には別に六方と云う所があり、村人は一年前から信者となって居たにも拘らず、一個の十字架の外に何も持たなかった。集って祈りをしたり、教理を学んだりするために聖堂が必要であると見たので、私は信者たちにそれを話し出すと、皆が納得して、よく働くことが出来る七人の男を出して、自分等の利益の為に又霊的動機のためにも早速仕事をはじめた。聖堂ができ上ってから三博士の名をつけて之を祝別した。そしてミサを献げ、一同の慰めのために説教をなし、残りの時間には余興をして天主に感謝した。

ここの子供たちは公教要理のため、一日に三回も教会に来た。大人もよく祈った。私は毎月一回ここに行くことにした。他の日曜日には信者たちが我等の住んでいる大値嘉まで来るのであった。

信者たちは主の御降誕が近づいたと知るや、その祝祭の準備をはじめ、私にも告白をたのみ、聖体を拝領したいと望んで居たけれども、私は言葉を知らないから、できないと曰い、少くも罪を痛悔するようにすすめて彼等の心を満足させた。私もなるだけ早く言葉を覚えて、彼等の聖なる望みを満たし得る様に努むべしと云って彼等を慰めた。(1)

御降誕の前夜、できるだけ美しく聖堂を飾り、すべての信者は町からも田舎からも馳せ集まり、詩篇と讃美歌とを以って夜の静けさに打ちふるわせ、キリストの御生れを称讃した。この祝祭の真ただなかに殿は来訪され、多くの供まわりを外に立たせて置き、ただ親任せる二人の武士を従えて内へ入り、今までかかる盛儀を見たことがないと洩らされた。信者たちは三つのミサに与った。あとで日本の習慣に従い、行ってドン・ルイスを訪問し、それから他の人々をも訪問した。

私はこの祝祭をすましてから奥浦のキリシタンをも慰めねばならぬと思った。奥浦は町から二里ばかり隔って居る。私は彼等と主の割礼を祝うことにした。町（大値嘉）の信者たちはそれを聞いて今少し盛大にこの祝日を挙行するがため、神父と同行したいと思い、ドン・ルイスも身分の高い武士及び平民とを引きつれて来たが、浅からぬ慰めを得て帰った。ドン・ルイスは私の所に来て、領内の人々を残らずキリシタンにしたいと云った。そのことをだんだん実行に移して、十五日間にドン・ルイスの家来の中から百人以上に洗礼を授けた。数日後、ドン・ルイスは聖霊の熱に動かされて、夫人にも洗礼を授けていただきたいと頼んだ。

あなたたちは、こう云う重大な出来事のために、私とその他がどの様に喜んだかを想像することができよう。ドン・ルイスは夫人に教理を教えた上で、多くの武士や家族の人々を伴って教会へ来た。よく準備ができて居たので、私は夫人に洗礼を授けた。同日五、六人の武士と、十人或は十二人の妻女にも洗礼を施し、しかる上で、聖会の仕来りに従い、結婚式を挙行せしめた。

この時に行った聖祭については何にも言わない。こうして信者の数は殖え、武士相互の親愛は加わったので、キリシタンたちは慰められ、未信者等は驚嘆した。しかしドン・ルイスの熱心はこれだけでは終らず、自分の領民を一人残らず信者になそうと毎日奔走した。キリシタンでなかった人々にデウスの御掟を承認するようすすめるがために使者を送った。最初は多少困難もあったが、後では自由に、善意を以てそのすすめに応じ、行いを以てその善意を立証した。何処へ行っても、祈りの声をきかざるはない。しかし悪魔は善行を妨げるのを本分として居るので、この場合にも、坊主やその他の未信者を煽動して事業の完成に邪魔を入れはじめた。彼等はその目的を達成するがために殿の兄弟（盛重なるべし）を頭目に立て、一体となって、ドン・ルイスに向い、〝国の為め、国の発展のため、その様な外教を奉ずるのは宜しくない、是非ともそうした信仰は投げすてなさい〟と曰った。ドン・ルイスはデウスの聖籠に強められて、〝叔父様には、如何なる場合にも従わねばならぬと思っては居ますけれども、しかしこれだけは従うことができません〟ときっぱり答えた。

口舌では到底成功しがたいと見た彼等は、武装した使者を殿に送り〝もし御令息が信仰を棄てなさらないならば、暴力に訴えますぞ〟と言わしめた。それにたいして殿は、〝顧問と相談して見る〟と答えた。しかし殿が最後の答を出さない中に、未信者等は各々自宅に武器を集め、坊主も寺院内で弓矢を作り、内乱が起るならば、真先に攻撃を受けるのは教会であろうとの噂を言いひろめた。私は事件がここまで進んだことに気づいた時、或る点までは喜んだ。それはデウスの愛のため、キリストの信仰のために死ぬ希望の光がさして来たからである。しかし他方また私の罪がこのことの原因であり、信者の中には信仰を棄てるものがあるかも知れぬ。その原因は私の罪であると思うと悲しくなった。この間にもドン・ルイスを力づけるようにし、この世の生命の貧弱にして不確実なること、来世の生命の大にして確実なることを物語った。ルイスはまた私を慰め、〝余り御心配なさいますな。デウスに約束したことを守るがためには、生命でも、国でも棄てたとて惜しくはないと思って居るのですから〟と言うのであった。

二十日の後に顧問会があり、親子二人きりで、信仰をすてるようすすめて見るがよいと云うことになり、殿はその意見に従い、十八回もしくは二十回もルイスの邸を訪れ、種々の理由を持出して、宗旨を守り通そうとすれば、これこれの不都合があると云うことを納得させようとした。ドン・ルイスは、国を奪われることも自分は覚悟して居る、命までもささげる決心である、自分で得た信仰をすてるよりも、死んだがましである、と声言した。同じことをすすめに来た武士にも同じように答えた。私は彼の若い人（二十一歳）、キリシタンになってから一カ年にしかならぬ彼の人に、それほどの力を与えた聖なる信仰の強さに驚嘆を禁じ得なかった。

未信者等の悪魔的狂怒はこれで終ったのではない。殿は鉄石の如きルイスの心を動かし得ないと見た時、他の方法を試み、信者たちに、以前拝んで居た神仏に復帰せよと命じた。殿もこれなら必ず成功すべしと信じて疑わぬのであった。私はこのことを知るや、早速信者たちを教会に集めて説教した。ただ心に確固不抜の信仰を抱いて居るのみならず、また口を以てもキリストのために命をすてると声言する義務がある。如何なる場合にも自分の信じて居るカトリックの聖なる教を棄てたと推測されるようなしるしを外にあらわしてはいけないことを知らせた。なおキリストの愛のために命を投げ出し、責苦を甘んじて受ける英雄的行為のために蒙るべき光栄についても話した。主ゼウスは私の説教を以て彼等の心を照らし給うたので、彼等は光栄なる殉教の冠をいただくべく熱望し、過ってその冠を失うようなことがあってはと恐れ、一同死ぬ覚悟を定めた。信仰を全うするためばかりではなく、如何なる攻撃にたいしても、教会を護衛すべしと決心のほぞを固めた。町のキリシタンは相寄り、相助け、在のキリシタンも馳せ加わって一体となり、皆私と共に教会内で死にたいと言って居た。

高級武士のキリシタンたちもまた殿に曰った。〝自ら欺きなさいますな。我々は如何なる場合にも信仰を棄てない積りです。どのようなことがあっても、未信者と思われるような行動はしたくありません。田地は思召しのままに処分なさいませ。しかし信仰の問題でございますと、それを棄てる前に命を投出しますでございましょう〟と。

殿は彼等に、〝言葉を慎め、他の様に答えよ〟と云った。坊主等が偶像に事《つか》える熱誠よりも、我子ドン・ルイスとその舅ドン・ジュアンを憎んでいることを知って居たからである。しかしこうした場合に如何なる答をなすべきかと云うことはきまって居たので、信者たちは、いよいよとなったら、潔く死ぬべしと熱心に準備した。幼き子供ですら同じ覚悟であった。今年とって八歳の子供は母の前に出て、パライソに行く為に死ぬゆるしを願った。或日この子が母に何かをねだった時、母はそれを与えたくなかった。しかし父が子供のためにとりついで、〝我々は一緒に死ぬのだから、望みをかなえてやりなさい〟と言った。それを聞いた子供は〝坊やをのこして、父ちゃん、母ちゃんは死ぬのですか。そうはさせませんよ。父ちゃん母ちゃんが殺されなさいます時、坊やはその上にとびこんで、先きに殺されますよ〟と言った。無邪気な子供でさえこの通りであった。大人が如何に熱心であったかは察するに余りあるであろう。

この問題は次の進行を見た。どちらが勝ったか、判断しにくい。未信者はキリシタンを殺そうと猛り、キリシタンは祈りを以て殺される準備をして居た。死ぬ覚悟で祈りをするために教会に来た。彼等の模範が私の務めを果すための刺戟となった。私は彼等の中の或る人々の告白を聴き、また或る人々には善きすすめを与えてその心を慰めた。殿はキリシタンたちの信仰を試みるがため、人を以て彼等の最後の決心をしらべさせた。キリシタンの中にルカスと云う信仰堅固な男が居た。殿が望まれる時、自分の首も、二人の子供の首もデウスの御教のために喜んで献げる用意ができて居ると答えた。又一人の武士は孫を殿の前につれてゆき、ポルトガルで騎士となる時にする様に、殿の手より太刀を授けていただきたい（元服式）と懇請した。殿は未信者かと恐れ、その孫に太刀を授けたくなかったので、洗礼を受けさせないならば、願いを許すべしと云った。老父は答えた。〝この子はもうキリシタンでございます私の孫ですもの、その為にこの子も他のキリシタンと同じく真のデウスの信仰の為に死なねばなりません〟と。

老父は数日後、ドン・ルイスと共に居た時、このことを物語り、急に自分の刀をさし上げて、〝私は七十歳以上になります。この年になってから、あなたのお父様のお望みになって居られることをするよりも、死んだ方がましです。私はあなたも同じことをなさいますように望んで居ます。国内で若殿様は一番上の御方です。一旦信仰をお約束になりました上は、それをお果しになる責任があります。約束はデウスにしたものでも、貧しい人にしたものでも、同じく果さねばならぬ義務があるのです。デウスのために生き且つ死ぬと約束した以上、どんなことがあっても、それを棄てることができますか〟とこう云う様に老父が遠慮なしにドン・ルイスに話したのは、信仰の為に死にたいと云う熱心さの為であった。居合わせて居た人々は皆驚いた。日本では殿やその子に向って、この様に話をすることは許されないからである。

私は信者たちがかかる危険に悩まされて居るのを見て、私の罪のためにこうなったのだと思い、自ら犠牲となってこの身を献げよう、信者が平安に暮すことを許されるがために、自ら殿の前に行き、私を殺すか、坊主の手にわたすかして戴きたいと願い出ようと決心した。しかし軽挙妄動にならないよう、武士と長老たちとを集めて、彼等に私の決心を打明け、たとえ殿なり坊主なりが私を殺すことがあっても、決して復讐などしないようにたのんだ。この様なことのために死ぬのは、決して普通の死ではなく、それこそ生命であり、光栄であり、完全なる幸福である。私が今日までこの挙に出なかったのは、私が死んだら事がどうなるかと案じて居たからである。しかし今は私の苦しみよりも、信者たちの信仰の強固さを経験したから、皆の苦みを減ずるがために、平素の志を断行せねばならぬ、と言った。それを聞いてキリシタンたちは皆泣き出した。言葉が感激的であったから、じっとしては居られなかったのである。私はミサを献げてから殿の前へ出て行った。私の望みは必ず果されるものと思って居たのに、それは空しかった。多分私の捧献のためにデウスがよいようにお計らいになったものであろう。顧問の人たちは私の願いを後日に延期すべしと言った。その為に坊主はがっかりし、キリシタンは喜んだ。それからも彼等は事がどの様になり行くかと気遣って居た。何時でも未信者の胸中は憎しみの毒が潜んで居たので、安心されなかった。それにもかかわらず盛大に御復活祭を執行した。

聖週間の聖務をできるだけ熱心に果し、非常に美しい聖墳をしつらい、主をその中に安置し奉った。ドン・ルイスと大値嘉及び附近のキリシタンたちは坊主や未信者をも憚らず、御受難の行列に参加した。その数は小児をあわせて一千人以上に上った。一人も残らず泣きながら行列をし、且つヂシビリナを行った。その為に未信者の子供たちは、私たちにたいして持って居た憎しみを忘れて、私たちのして居るのと同じことをした。見物に来た未信者は非常に多かったので、侮辱を加える積りで来たのではないかと気遣い、ドン・ルイスは他の信者たちと聖堂を警護した。

この熱心な世子はヂシピリナを行う考えで居ると、殿は使者を遣わして、どうしてもヂシピリナをしてはいけない、敵なる未信者等はそれを見るに忍びない、殺されるよりも、ヂシピリナをしない方がデウスの為になるであろう、と曰わしめた。せっかく思い立ったことを止めるのは遺憾であった。しかしそれはデウスの御摂理に出でたものであったと云うが、ドン・ルイスがヂシピリナを行う時をねらって殺害しようと、二、三の未信者が隠れて待ち伏せをして居たことが、あとで分かった。

聖週間の務めが終って、信者は皆御復活祭のため、晴着を着飾って、聖堂に参会した。行列の通過する路筋には、青い木をたてて居たので、殆ど林のようであった。小児等は真先に進んで「Surrexit Dominus vere et apparuit Petro Alleluia 主は真によみがえりて、ペトロに顕われ給えり。アレルヤ」と歌い、次にドン・ルイスを先頭とせる高級武士の大群――ドン・ルイスはこれを以て皆にカトリックの心を見せたかったのだ――それから天蓋と主の聖体が進んだ。天蓋は殿の一番近い親戚に当る六人の信者が之を奉持し、その後から蝋燭を携えたすべてのキリシタンが静かにデウスを讃美しつつ随行した。

御復活祭後、仏僧と未信者とのあらしも静まったと思われたので、私は他の教会を訪問し、そのあとで平戸まで行き、もう二カ年前から、告白をして居なかったので、今度ばかりは是非告白をしたいと思ったのである。しかし私はそれをドン・ルイスに隠して知らしめなかった。もし彼が知ったら、平戸行きを許さないと恐れたからであるが、果してその通りになった。ドン・ルイスは私が平戸へ行くつもりであることを知るや、早速自分の舅と、二人の叔父とを私の許へ遣わし、どうしても行ってはいけない理由を色々と説かしめた。もし私が平戸へ行ったら、多分未信者等は今一度キリシタンを迫害するに至るであろう。そうなったら信仰の薄弱なキリシタン等は後へ立ちもどる危険があり、かくしてデウスにたいして侮辱となり、デウスの御光栄はそれだけ薄れる。自分の領民をキリシタンにすることも駄目になる。早や洗礼をさずかる為に二カ所は準備ができて居るのに、と言うのであった。私は彼の懇請に応ぜざるを得なかった。私は心の中でそうしようと思ったが、しかしわざと彼等に困った風を示して、私の払う犠牲を彼等に重く見させるようにし、もう準備ができて居ると云うその村人に、もっと丁寧に準備するように命じた。ドン・ルイスは舅と二人の叔父との答に余り満足しないで、みずから願いに来た。自分の知行所の人民を信者として下さらぬ中は断じてここから帰らぬと言った。私は少し病気だったので、ルイスはパウロと云うキリシタンと他に二人の高級武士とを、前に云った二カ所に遣わして教理を教えさせた。彼等は準備ができた上で大値嘉に帰り、洗礼式を盛大ならしめるがため、讃美歌とプサルムス（詩篇）とを歌うべく、小児たちを連れてゆくことにした。「Sungulme――スングルメ。不明」と云う村は最も近い所で、大値嘉の町を距ること九里ばかりに在る。私が行くとわかった時、三人の使者が多くの船を率いて迎えに来た。皆一緒に行き、その村に着いた。男、女、小児たちが互に挨拶をかわし、私を見るや一斉に声を挙げて〝私たちは今日まで暗闇の中に生きて来たのに、この暗闇の中から私たちを救うために渡って来られた御方を見ることができましたので、デウスはほめ尊ばれ給え〟と言った。それから祈りをするために頭分の家へ行った。その家には教会用の装飾品と、洗礼式のために私が前以て送って置いた装飾品を備えつけた一室があった。ここに集って居る時、或人は自分の霊名をたのみ、又或人は食前後の祈りを、子供たちにも何かの祈りを教えていただきたいと願い出たので、その為に一日を費やした。いよいよ聖ジョルジョの祝日となり、その朝皆に洗礼をさずけ、そのあとで、聖会の規定に従い、或る人々のためには結婚式を挙行した。

この日の受洗者は六百人で、次の日に、他の村へ行く前に、この村の信者たちは泣きながら私にあいさつをした。特に老人たちは、もう私を見る機会があるまい、死んだら、お祈りをして下さいと頼んだ。それから八隻の船を仕立て、他の島へ行き、そこでも同じように歓迎され、準備の出来た人々、およそ五百五十人に洗礼を授けた。ここでパウロと云う老人が私にあいさつに来た。そしてこの地方の習慣にしたがい、よく熟した胡瓜《きゅうり》（pepinos）を持って来た。以前の生活の誤って居たことを悟らせて下さった恩に謝する為に、これだけしか持たないのを遺憾とする旨を述べた。しかもそれを述べるに常ならぬ信仰と熱心とを以てし、従前の偶像崇拝を心から捨てることをあらわにしたので、私たちまでが涙ぐんでしまった。大値嘉に帰って、ドン・ルイスと重臣たちを訪問し、ドン・ルイスが多くの霊魂を悪魔の手より救う為に数々の苦労を忍んだことに感謝した。しかしルイスは未信者なる自分の領民を信者となす喜びに比べたら、それらの苦労は問題とするに足りないと答えた。

宣教師にとり第一の楽みは新たに受洗した人々が洗礼の聖籠によって熱心になり、他の多くの人にデウスを知らしむべく奮発するのを見ることである。彼等は聖なる物ばかりではなく、神父から戴いたものには、すべて大なる尊敬を払うのであった。臨終の未信者に頼まれて、その病床をおとずれ、洗礼を授けた。しかるに病人は洗礼を授かるやすぐ元気になり、三日の後には、謝礼のためにとて教会に来た。この島では疫病で死んだ者が頗る多かった。信者たちは薬の代りに、ゼズスの聖名を書いて、それを身につけた。不思議なことには、聖名をつけて居たものは、信者でも未信者でも皆死を免れた。六方で一人の信者が死にそうになった。パウロと云うキリシタンが他の人々と共に之を見舞い、ゼズス・キリストに祈るようにすすめた。涙ながらに罪を痛悔して祈った。その祈りによりて元気を回復し、三日の後には、戴いた御恵に感謝するため、教会へ参詣した。

私はドン・ルイスの知行所で、四百人ばかりの小さな村に、洗礼をさずけるために行った時、ゼズス会の総長から書面をいただき、病気だからヨーロッパへ帰るように命ぜられた。私は非常に悲しんで泣いた。もとより命令に従いたくないのではなかったけれども、新しい教会である。未信者から迫害をあびせられる時、指導する神父が居なくなるのが心苦しかったのである。それにも拘らず命令には従わねばならぬ。ドン・ルイスは私が五島を去ることになったとわかった時、泣きながら叫んだ、「ああ日本の憐れな教会よ、孤児になったのであるかな！　神父ガスパル・ウイレスは印度へ行き、神父コスモはなくなり、神父アレクサンドルはヨーロッパへ帰る、孤児なる日本教会よ、誰が汝のために世話をやき、働いてくれるのだろうか」と。

(1) カルタス三三四ページ以下

一六　ドン・ルイスは果たして領主となったか

ルイス・フロイスはその『日本史』について少し変わった事を、こう伝えている。

アレッサンドロ・ウァラレッジョは五島を去り、その代りにパウロ養方軒が派遣された。彼は七百を越えた信者を牧して居る。[1]

一五七二年、神父セバスチアノ・ゴルサルウェスと神父ガスパル・クエリヨが長崎に入港した。ガスパル・クエリヨはその才智と徳行とを布教長フランシスコ・カブラルに見込まれて北九州の主任に命ぜられ、後に、三代目の日本布教長、最初の副管区長となった人である。五島を訪問せねばならぬので、彼はそれへ派遣された。五島の領主淡州（純定）はもちろん、キリシタンたちも非常に喜んで彼を迎えた。キリシタンたちは告白を渇望して止まないが、しかし神父が未だ日本語がわからないので、通訳を以て告白をした。その滞在中、説教を聴いて信者となったものも数名あった。

殿の庶子ドン・ルイスに一才か二才かの娘があり、病に罹り死に瀕して居た時、神父クエリオが来着したので、近親一同は大に喜び、洗礼を請うた。しかるにデウスの御旨により洗礼後娘の容体は漸次見直して、遂に全快した。

一五七五年、布教長神父カブラルは神父メルキオル・デ・フィゲレドに五島のキリシタンの訪問を命じ、彼等の信仰を強化せしむべく努めた。神父は先ず海浜の部落をたずね、それから遠く入りこんだ内地のキリシタンを訪れ、公教要理の学習所として数カ所に十字架をたてた。彼等が貧困であり、各部落に教会堂を設けることは不可能であったからである。当時五島の老公淡州は未だ存命であったが、神父が訪問するや、なみなみならぬ好意を示し、島に永住することに同意していただきたい、自分も協力してこの地に天主の教が弘まるようにしようからと言った。神父が各地を巡歴した上で、博多に永住せねばならぬことになって居るよしを告げるや、布教長にあったらば、右の趣を話されたいと懇願し、且つ布教長が自分の望みを汲みとって下さる様にと、一番よい土地を神父に提供した。その地の住民たちは神父の談義を聴いて大に喜び、妻子、眷属打連れてキリシタンとなり、且つその談義をよく理解した証拠として、これまで秘蔵せし守、札、仏像、仏画を持出し、神父の面前で之を焼きすて、改宗を祝し、自分等が無知のために、これまで尊敬し、祈願をこめて居たそれらの物を盛んに愚弄し、罵倒した。

淡州は一五七六年に死亡し、その後を継いだのは、淡州の孫にして異教徒なる尉門大夫で、藩政はキリシタンの大敵たる叔父の手におちた。この叔父はもしキリシタンが更に増加するに至らば、淡州の庶子ドン・ルイスが叛を謀り、甥（当主）を廃して自立するのではないかと恐れ、事を未然に防がんがため、ルイスおよび重立った信者たちを棄教せしめんと欲し、殿と力を合わせてルイスを強制した。しかしルイスを初め信者たちは、たとえ身命財産を失うとも、信仰だけは断じて棄つるまじとの固い決意を示した。それだけ殿の圧迫はますます甚しきを加えたので、ルイス及びキリシタンたち約二百人は終に結束して立ち、教会の広場に要塞を築いて、それに立籠った。殿もまた城塞を堅固にして之に対抗し、闘争は激甚をきわめ、一カ年以上も戦いつづけたが、ルイスは衆寡敵せず終に逃走の已むなきに至り、婦女子を合せて三百人が直路長崎に走った。長崎のキリシタンたちは喜んで彼等を迎え、神父たちは衣食を給して露命をつながしめた。

居ること二年、薩摩の島津公（義久）が居中調停を試み、ルイスは殿の叔父なれば、殿は彼とその一行とを召還し、その為に要する費用をも支給すべしと言うことになり、ルイスはキリシタンの半数を伴って帰国した。他の半数は神父が常住し、毎日ミサに与ることが出来、意のままに告白をする便もあるが故に、そのまま長崎に残留することにした。

ルイスがキリシタンの一半と共に帰国するや、殿は強圧の手を緩めず、仏教に復帰せざるに於ては死を以て臨むべしと威嚇した。ルイスは故山に住みたい為と、少数の薄志弱行な随伴者に引ずられた為に、とうとう殿の命令に屈服してしまった。殿はその上もなおキリシタンに圧迫を加えて、大にその数を減少せしめた。しかし五島各地に散在する優良なキリシタンは、固くその信仰をとり守り、中には四十里もの海を隔てる長崎へ渡って告白をするものすら無いでもなかった(2)。

以上は『日本史』に読まれる所であるが、しかし宣教師たちの書簡に照らし合わせてみると、フロイスはルイス一世とルイス二世とを同一人としているらしく思われてならぬ。

アルメイダが初めて五島へ渡った時、殿には四才か五才かの孫の外に相続人はいなかった。なるほど庶子は別にいたが、しかし孫がすでに相続人ときまっていたので、問題にはならなかった。（アルメイダの書簡一五六六年）

一五六八年十二月二十日、アルメイダはポルトガルのカルネイロ司教に送った書中にいっている。

五島には神父アレッサンドロ・ヴァラレッジョが平修士ジャコメ・ゴンザルウェスと共に滞在し、この冬同島で百五十人をキリシタンとした。領主の庶子で、年令二十三年、領内に於て最も信用があり、その性質良きために諸人より愛されて居るものもその一人である。老公の孫なる相続人が癩病者で、その父もこの病により死んだのだから、右の庶子が父の家を継承すべしと想像される。（カルタス二五三ページ）

庶子とはルイス一世のことで、彼は神父モンチから受洗したのであったから、これはアルメイダの誤聞に相違ない。

平修士アイレス・サンセスは一五七六年九月八日附の書簡中に重要な事実を洩らしている。

ルイスは同年の春、父の病を癒すか、改宗せしめるかする為にとて、私を招いた。しかし私の到着した時、老公は既に死亡して居た。ルイスが後を継いで、しばらくの後、異教徒の対キリシタン暴動が勃発したけれども、やがてすべては平穏に帰した。ルイスは只今殿になって居るにも拘らず、以前世子であった時の信心をそのまま継続し、殿でありながら主任司祭の為す所をして居る云々。（カルタス三七一ページ）

さすれば老淡州は一五七六（天正四）年に長逝し、ルイスは確かに統をうけて領主となった。神父カリオンは一五七九（天正七）年十二月一日、口ノ津から発した書簡にルイスの死を報じている。

先年五島と云う小さな島にキリスト教会が創設せられた。ずっと以前から此処には神父の駐在所があり。受洗者は千人以上に達した。その中には五島の殿（今の殿）の叔父で、極めて勢力のある貴族も数えられた。しかしこのキリシタン貴族の死後、他の人がこの地を統治する様になり、しかも彼等は信仰の大敵であるし、殿は幼少であって、その悪人ばらに引廻されて居る所から、キリシタンにたいする大きな迫害が起り、多くは信仰を失わない為に、その財産を抛ち、家をも打棄てて他に移住するの止むなきに至った。（カルタス四三一ページ）

同年十二月十日の書簡にもカリオン師はいっている。

この若い五島の殿は、長ずるに従い、悪習にも長じ、デウスの掟にも遠ざかるのみならず、むしろ之を憎んだ。故に神父たちは暫く他に避難するより外はない、殿は多くのキリシタンにその信仰を裏切らせた。（カルタス四四三ページ）

ボランディストの二十六聖人伝中にも、ジュアン五島のことを記して、ドン・ルイスに言及し、

父の死後国を承けたが、ただ三年にして、一五七九年善人たちの大なるなげきの中に没した。（七四五ページ）

と明記してある。

以上の文献よりして左の二つを断定することができる。

（一）淡州は一五七六（天正四）年に長逝し、享年六十一であったこと。

（二）ルイスは淡州の死後領主となり、一五七九（天正七）年に逝去したこと。

さすれば長崎に逃亡したり、背教したりしたのはルイス一世ではなく、ルイス二世であったに相違ない。しからばルイス二世は果たして何びとであったか。

五島家の系譜によると、

第十八代純定宇久淡路守左衛門尉、母は松浦氏、大永六年に生れ、一五三九年に承統、一五七六（天正四）年（『五島通史』には天正十四年となって居る）に没す。

第十九代純尭《すみたか》、宇久次郎三郎左衛門大輔、一五四五（天文十四）年に生れ、一五七六（天正四）年承統、一五七九（天正七）年に没す、享年三十五。

第二十代純玄《すみはる》、五島若狭守、幼名次郎、初め修理太夫、大和守、母は某氏、一五六二（永禄五）年に生れ、一五七九年承統、一五九四（文禄三）年朝鮮に於て戦没す、享年三十三。

第二十一代玄雅《はるまさ》、宇久孫左衛門、左衛門太夫、一五四八（天文十七）年に生れ、一五九四（文禄三）年戦地にて承続す、一六一二（慶長十七）年に没す。享年六十五となっている。初めて宣教師を招いたのが純定であったことは異論のない所である。ただ『五島通史』にも、『寛政重修諸家譜』にも、彼の逝去を天正十四年としてあるのは誤っている。『五島通史』の著者大坪譲氏は純尭をもってルイスとなし、

天主教に帰依、受洗す、因て叙任なし。（一二一ページ）

と断言し、藤原兵衛氏もこの説を是認し、その著『五島近古年代記』中に、

夫妻とも天主教に帰依し、洗礼を受く、純尭教名をドム・ルイスといい、室はマリーと呼ぶ。この故を以て叙任なし。（一六ページ）

と特筆しておられる。

スティシェン師の『キリシタン大名』（四八ページ）にも、グスマンの『東方伝道史』（第十一巻二十章）にも、ルイス二世を純玄とし、キリシタン迫害者をその叔父玄雅としている。しかし事実はその反対で、純玄こそキリシタンの迫害者であって、キリシタンは叔父玄雅である。したがって長崎に亡命したのは玄雅であって、純玄ではなかった。大久保周蔵氏はその『通俗五島紀要』に、玄雅が承統の次第を次のごとく記している。

純玄の死後、家臣平田甚吉、青方《あおかた》善助等、遺書を小西行長に捧ぐ。行長之を聞き、君の勲功空しからんことを惜み、直ちに之を亜相卿（宇喜田秀家）及び三奉行等に執奏す。然る後行長曰わく、〝若し名護屋の命を俟たば遠程の往復、家督遅滞して、家臣等堪うにべからざることを恐る。故に若狭守の遺願に任せん。若狭守の遺蹟を継ぐ家臣大浜孫右衛門玄雅は純玄の伯父なり。之を相続すべし〟と。玄雅再拝固辞して曰わく、〝不肖さきに父兄の意に逆い、退いて長崎に在ること数年、島津殿によって帰ることを得たり。本領の士庶之を知らざる者なし。是を以て辞す〟と。行長之を聞き、平田甚吉雅貞を召し、告ぐるに玄雅の言を以てす。雅貞曰わく、〝今小西殿の命、又玄雅殿の固辞、各理あり。然れども両（全？）なる能わず、我不敏を以て考うるに、純玄の血族に宇久八郎兵衛盛長（盛重の子）なる者あり。異国防衛の為に五島に在り。盛長に一子あり、兵部と称す。今茲《ここ》に僅かに二才なりと雖《いえど》も、もし兵部を以て盟《ちか》って玄雅の養子となさば、即ち五島の士庶異心あるべからず〟と。是に於て行長之を許諾し、再び奏達して玄雅及び雅貞以下在朝鮮の臣を召して曰わく、〝若狭守の遺蹟は之を玄雅に賜う。又盛長の男兵部を以て予め玄雅の養子となす〟と。是に於て衆皆平伏す、陣中漸く平なり。

なお『五島近古年代史』にも、

玄雅は第十八代左衛門尉純定が次子となり、始め大浜の家を継ぎ、大浜孫右衛門玄雅と名

乗る。後逆心の故を以て長崎に追われたるも、島津義久之を調停し、再び五島に帰るを得たり。（二〇ページ）

とある。純玄がキリシタンでなかったことは、神父フロイスも一五九二年十月一日長崎発年報にこう明記している。

平戸、五島の殿は異教徒ではあったが、部下に多くのキリシタンを有したので、小西に属する様、太閤様に命ぜられた。（ヘース一六九ページ）

同じく、フロイスの一五九六年十二月十三日長崎発の年報に左の一節が読まれる。

遣欧使節が帰朝した時、小西アウグスチノは使節の一人でゼズス会士となれる原マルチノに左の如き物語をした。五島の異教徒なる殿が朝鮮で死亡した後、太閤様がその遺領を私の欲する人に与えて管理せしめる様、一任し給うたので、私は彼の島の出身なる貴人にそれを与えた。彼は私から受けた恩義の返礼として、すべての五島民と共に福音の宣伝に耳を峙（そばだ）て、キリスト教会と親睦を保つべしと私を信頼して居る。（ヘース三八八ページ）

同年報の一節にはこうある。

毎年一回五島のキリシタンを訪問することにして居る。収穫は多いが、島が沢山分かれて居るので労苦もまた大きい。島民は人情篤く、付合い易い。最近の訪問の時、多くの未信者、しかも侍階級の人も少からず福音を傾聴した。キリシタンの殿が朝鮮から帰国され、多くの人のキリスト群に加わるのが俟たれて居る。（同四三三ページ）

これらの文献から推してみると、長崎に亡命したルイス二世は玄雅であることは疑うべくもない。グスマンの『東方伝道史』には、

朝鮮に出陣した諸侯の中に五島国主で、国を剥奪したドン・ルイス王子の叔父（実は甥の純玄）が居た。彼は留守中擾乱が起らぬようにと、甥（実は叔父）をも一緒につれて出陣した、この王は朝鮮にあって戦死した。（第十二巻三十四章）

とあって、純玄が玄雅を連れて出陣した理由を洩らしている。そして玄雅は系譜によると、純定の三男になっているから、ルイス一世の子ではなく、実は弟であり、純玄は玄雅の甥に当たり、癩病を患っていた純定の孫であるらしい。彼が死亡したのは一五九四年で、もし一五六六年に、五才だったとすれば、まさに三十三才。系譜の年令としっくり合っている。

（1）七百人というは余りに少ない。神父ワラレッジョでも一時に五百人と六百人、四百人というように洗礼を施している。これは福江島や久賀島あたりの信者ばかりではあるまいか。
（2）フロイス『日本史』第九七章四三一～四三二ページ

一七　神父メルキョル・デ・フィゲレドの五島訪問

神父ウァラレッジョが一五七一年に五島を去ってから、五島には修士も神父も定住しなかったようである。なるほどパウロ養方軒とクエリコ師とが五島を訪問してはいるが、それも一時的のことであったらしく、翌一五七二年にクエリコ師は大村に転じている。

ドン・ルイスをはじめ、キリシタンたちは神父も修士もいないことを心もとなく思い、しばしば布教長フランシスコ・カブラルに書を送って、自分らを忘れ給わないようにと懇願した。布教長もドン・ルイスの心情を察し、何とかしてその懇望に応じたいものと思わぬではないが、いかんせん、その頃、大村および有馬の両領内に大々的改宗運動が起こり、その方に手をとられて、他を顧みる暇がない。しかしいつまでも棄てておくわけにもいかぬので、ようやく一五七五年の秋に至って、神父メルキョル・デ・フィゲレドに五島訪問を命じた。フィゲレドは翌一五七六年九月二十八日発の書簡にその時の状況を報じている。

前々年、私がドン・バルトロメオ（大村純忠）の国たる大村教会の主任であった時、この教会での仕事について書面を送った。昨年は従順を守りて、今少し奥地へ往き、博多の町に居住し、豊前、筑前、筑後の国に布教した。この町には今から二十年前にバルザル・ガゴ師が住んで居て、幾人かの信者をつくった。福音の為に暴動が起り、この町が滅された時、師は色々の困難に見舞われた。六年前に町は再興された。その時から今日まで私はここに帰って居て、前の話をつづける。

大村から博多へ行き、それから従順のため船で五島へ渡り、信者たちの告白をきき、彼等を慰問した。神父アレッサンドロは日本に居た頃、ここに定住して居たのである。後、私は大値嘉へ行き、殿の令息ドン・ルイスにも面談した。地方からもキリシタンたちは私をたずねて来た。互に慰め合った後、他の部落や島々を訪問した。到る処に数日間、宿泊してミサを献げ、告白を聴いた。毎日朝早く仕事に出る前と、夜家に帰る時と二回ずつ一緒に祈り、公教要理を説明した。信者たちは喜んでその説明をきくのであった。各地の信者を訪問する時、ドン・ルイスも同行するはずであったけれども、政務多端のためにそれができなかったので、自分の代りに親族の武士と召使いを随行せしめた。私は彼等と共に各地を訪問し、互に慰めたり、信者たちに祈りをたのんだりした。そしてゼオルジョと云う日本人が要理を教え、説教をし、私は同じことを日本語でくりかえし、重要な個所を注意した。彼等は教理を理解するべく熱心に務め、大人も小児も家に飾りたててあった偶像や、これまで尊んで居た寺の絵などを火の中に投げこんだ。デウスの驚くべき御力を見て、私は喜びの余りに、〝Lex Domini immaculata convertens animas――ヤーウの一誡命はきよくして心を改めしむ〟（詩篇一八ノ八）と云う聖句を思い出した。いずれも全家こぞって洗礼を受けた。或る部落では受洗者の数がほとんど三百人に上った。他の二カ所では、それよりもズッと少かった。私は五島に四カ月ばかり居て、御降誕のころ引上げた。その時、ドン・ルイスと彼の親族及び信者たちは一同歌いつつ、躍りつして主の御降誕を祝った。信者たちは夜も昼も教会につめかけて居た。彼等と談話を交わして居た為に、それらを残らず書くことは不可能である。

五島を出て、この島の海賊――それは冬の寒気や降雪よりも私のために心配のたねであった――の危険にもあわないで、平戸領の生月島へ渡った。この島のキリシタンはドン・アントニオ（籠手田安経）の領民で、皆祈りにあずかり、共に物語り、大に喜んだ。なお数日間滞留して、ミサ聖祭と説教との慰めを得さしていただきたいと懇請した。しかし先きを急ぐので、これから平戸へ行き、数日間神父セバスチアノ・ゴンザレス、修士サンセス及びこの国の信者たちと相語り、相慰めた。平戸から商人の船に便乗して博多へ帰った。この船は博多と平戸の間で海賊に襲われても、何の防備もないのであったが、幸い主はこの危険を免れしめ給うた。以下略。[1]

（1）カルタス第二巻三六九ページ、『東方伝道史』第八篇十章

一八　老純定の死去とドン・ルイスの活動について

神父フィゲレドが去った後の消息については、修士アイレス・サンセスが一五七六年九月平戸から発した書簡によって、その大体を察することができる。

あの書簡であなたがお喜びになったことが分った。なおデウスがこの国の教会内にて偉大なことを為し給うたことにつき、一書を差上げたい。平戸の殿と大村の殿ドン・バルトロメオの争いは、デウスの御教をひろめるのに少からぬ妨害となる。しかし両国のキリシタンたちは、何時でも教えてくれる神父を身辺に持って居るので、常に信仰を守り、徳の途にも進歩した。時々改宗者も居る。

この冬五島の殿の一子ドン・ルイスは父が危篤で死に瀕して居るから、御訪問下さって、たとえ体の健康を回復せしめ得ることは出来ないにせよ、アニマの救かりを得さしていただきたいと、使者を遣して懇請した。神父（セバスチアノ・ゴンザレス）は彼の地へ行くよう、私に命ぜられた。彼の国は長い間神父も修士も持たなかったから、序に信者たちをも訪問させる為でもあった。殿はなくなったと途中で聞いたけれども、令息ドン・ルイスを慰める為に私は渡航した。

ドン・ルイスは喜んで私を迎えた。彼は領内の政務に多忙を極めて居たにも拘らず、非常な熱誠と謙遜とを以て、毎日子供たちに公教要理を教え、彼等と共に讃美歌や詩篇を歌って居る。私はこれほど地位の高い人がこうして居るのを見る時、喜びの余りに泣き出したくなった。只今は殿になって居るにも拘らず、以前世子であった時の信心をそのままに継続して、相変らず教会内で連祷を先唱し、信者たちはそれに応えて居る。聖日を守り、死者を葬り、召使いに洗礼をさずけ、彼等を心から愛して居る。この模範的行動を見て私が驚きの余りに泣いていたことを、あなたはお分かりになるであろう。私たちは教会史を繙く時、テオドシウス帝の謙遜を見て驚くのであるが、今殿が主任司祭の為す所をして居られるのを目撃して、驚くのは当然のことではないだろうか。王公の心がデウスの御手の下に謙遜せるが為に、デウスを讃美し奉ろう。

　チェグチ（不明）が事務を整理する間に、ドン・ルイスは私と共にキリシタンを訪問し、或る人たちを慰め強め、新に幾人かを改宗せしめた。改宗者の中に三十五才の仏僧が居た。彼は日本の頗る有名な大学（寺院）で十五、六年間勉強して居ただけに、己が宗派の旨に精通し、併せてすぐれた医師でもある。もとより他領の人であり、たまたまここを通過する際に或るキリシタンと議論を戦わした。そのキリシタンは熱心で教理にも通じて居たので、仏僧を説き伏せて真の信仰に入るようにすすめた。私がそこに来た時、彼は自分に洗礼をさずける神父をさがす為に平戸へ往く所であった。私を見るや、早速僧衣を脱ぎ、洗礼を受けるため、私と共に平戸へ来た。私は途中で彼に教理を教えた。

五島に居る間に、私は或る熱心なキリシタンと共に老公（純定）の未亡人を訪問した。未亡人はそのキリシタンが熱心であり、学者であると知って居たから、キリスト教の話をたのんだ。自分は無学で話などできないと、そのキリシタンは謝絶した。彼がそう謝絶したのは他にも理由があった。即ちこの夫人は仏寺にたいして常ならぬ愛着心を持って居るが、それをキリスト教では許さぬので、その為に粗暴なことを言わないよう、話をしない方がましだと思ったからである。そのようなことは構わぬ、自分も決して意としないと夫人が言ったので、種々のことにつき、特に未信者の行いについて話をした。唯一の創造者につき、天地万物の御主につき、種々の証明を掲げ、神仏の偽りなること、神仏を拜むのはこの世の為にも後の世の為にも無益であることなどを力説し、この様なことは殿様が亡くなられた時、よく分ったはずである、殿様の命をひきのばすがために領内のすべての僧侶に頼んで祈らせたけれども、何の効験もなかった。特に御葬送に当って、彼等の執行する仏式は偽りばかりで、彼等は貧民のものを盗んで、自腹を肥そうとするのであると論結した。

その時夫人が、キリスト教には信心なこと、神聖なことが一つもないと言った。キリシタンはそれに答えて、〝奥方様、神父たちが遠方から来て居られることを、非常な遠方から、何等の利益を求める為でもなく、ただ救いの道を教えるが為に来て居られることをお考えにならないのですか〟と言った。それにはさすがの夫人もはじめて答えることができなかった。

私が平戸へ帰る途中、或る部落にキリシタンになりたい人が居た。彼等にはドン・ルイスが霊名を与えたことを思い出した。私がそれを思い出したのは注意すべきことであって、ここに住んで居る人々は随分悪魔に悩まされて居たものである。ここは薪も樹もない所である。ここでは釜に海水を汲み入れ、それを煮て塩を作るのだが、その為には火が必要であり、したがってぜひとも薪がなければならぬ。しかし急に火が消え、釜も壊われ、為に折角の労苦が無駄骨折りとなることもしばしばある。時として悪魔は人にまで手を加える。或時の如きは、村の若い娘が悪魔にさいなまれて、短時間内に死亡した。これでは堪らぬと見て、或る人々はここを逃げ去り、他の人々はキリシタンとなるべく決心し、頭株に向って、キリシタンにならなければ、ここに長く留まることは出来ない、キリシタンにたいしては悪魔だってどうすることも出来ないから、と申し出た。頭株《かしらかぶ》はもし彼等がここを逃げ去ったら、自分等の大損になると思ったが、彼等をキリシタンとなすべき神父も、修士も居ないので、ドン・ルイスに頼んだ。ドン・ルイスは、今直ぐ洗礼をさずけることは出来ない、しかし時期を見て自分でそこへ往き、彼等に祈りを教え、霊名をも与えよう、もし仏壇をすべて取りすて、心からゼズス・キリストにより頼むならば、悪魔は何の害をも加え得まいと言った。果して幾日かの後、ルイスは或る信者等とそこへ往き、彼等に公教要理を教え、子供等に洗礼をさずけ、男にも女にもそれぞれ霊名をつけた。そして敵なる悪魔にたいして復讐をはかるがため、仏壇を残らず叩き壊し、キリシタンの如く生活せしめた。その時から悪魔は全くいじめの手を収めたので、村人は平和の生活をつづけることができた。

私はそれから近所の村へも行き、幾名かに洗礼を授けた。彼等も同じように悪魔にいじめられて居た。附近の村々にも改宗希望者が居り、彼等も仏壇を打ちこわすべしと約束した。働く人が今少し多くなったら、キリシタンになる人も多いであろう。兄弟たちよ、この葡萄畑に働く人を遣わし給う様、デウスに祈られよ。私はこの旅行の間（一カ月位）に二百二十人以上に洗礼をさずけた。(1)

それから私は平戸へ行き、五島には革命騒ぎが起り、未信者が信者たちを迫害すると云う噂を耳にした。（彼等は信者たちを憎んで居たからだ。）平戸の未信者たちは右の通知を得て之を言いひろめた。坊主等は信者を殺すか追放するかする積りであった。キリシタンは皆泥棒だと、故純定公の未亡人に訴えた。その際、ドン・ルイスが進み出て、自分もキリシタンである。もしキリシタンにたいして何かを為したいならば、自分にたいしても、自分の親族にたいしても、同じことをせねばならぬ、と言ったので、坊主等もついに静まった。すべての善の源なるゼウスと、主なるキリストを讃美し奉られよ、キリストは我等に聖寵を賜いたれば、その愛と御奉仕とに生命を献げ奉る。(2)

（1）これは宇久島での出来事であろうか。

（2）ルイスがはじめて承続した当時の騒ぎらしい。（カルタス三七三ページ）

一九　情勢一変す――迫害のあらし

シャルウォアによると、

修士サンセスを平戸から招待した時、ドン・ルイスは、五島の中で一番平戸に近い島（宇久島）にいたのであった。島民は塩を製して生計を立てて居る。ドン・ルイスは自らこの島へ赴き、島民の改宗に力を尽し、事が余程進捗したと思う頃、老父の病危しと聞き、修士を招くと共に、その身は取るものも取りあえず急いで大値嘉へ引返したのであった。かくて父の葬儀をすました後、ルイスは修士を携えて再び島へ渡り、住民を残らず受洗の恵に浴せしめた云々。（第三巻三四ページ）

これを以ってみると、修士の書簡に出ている悪魔のいたずら、製塩業者らの改宗などは、宇久島でのできごとであることは疑いをいれない。

かくのごとく、ドン・ルイスは領民の救いに全力を傾けつくしていたのであるが、測り知れぬデウスの深い思し召しにより、一五七九（天正七）年八月二十六日、年三十五歳にして永い眠りについた。シャルウォア、クラッセ、グスマンらにいわせると、ドン・ルイスには同じくルイスという一子があって後を継いだが、幼冲であったため、キリシタンの大敵たる叔父が後見人となりて一切の権力を私し、領内から神父を追放し、十字架を切り倒し、教会堂を破壊し、キリシタンには背教を命じ、キリシタンのいる村々には仏僧を派遣して、その宗旨を広めしめた。

叔父の考えでは、キリシタンたる甥ドン・ルイスは、まだ幼く、もし彼が死んだならば、一番近親者は自分ひとりである、自分こそ当然承統すべきだというところから、後見役としての横暴な振る舞いに出たのである。しかるにルイスは成長するにおよんで、その非凡な鋭才、その常ならぬ聡明さをあらわして来たので、叔父は策略を改め、特に関白殿の禁教令が発せられてからは、一五八七（天正十五）年、キリシタンを領主に戴くのは、安全な策にあらず、何時領土を公収されるにいたるか測りがたいと重臣らに説きつけて一同を篭絡し、まんまと自ら領主となり、ドン・ルイスには相当の知行を与えて、主権回復の挙に出でざらしめようとした云々(1)。

これによって見ると、僭奪して領主となった叔父が純玄になっているが、それは五島藩の系譜、およびゼズス会士の書簡とは全然符号しない。前にもいっておいたごとく、ルイス二世は玄雅で、ルイス一世の子ではなく、弟であり、ルイス一世が長逝した一五七九（天正七）年には幼冲どころか、すでに三十一歳の壮者であった。純尭の後を承けた純玄は、癩病のために二十五歳で死んだ世子の遺子で、そのときようやく十五歳、しかもドン・ルイス一世がはじめて洗礼を受けたとき、叔父（盛重？）にかつがれて仏僧らとグルになり、ルイスに背教を迫っている。彼ははじめからキリシタン嫌いであったのだ。請う、神父フランシスコ・カリオンが一五七九年十二月十日口ノ津から発した書簡を一読せよ。

前略、去年は五島で他の事件が起った。五島には神父の駐在所があり、一千人以上のキリシタンが数えられ、その中には、五島の殿（今の殿）の叔父が居た。殿の父（純定のことならん）がなくなってから、キリシタンであったこの人が我等をよく助けてくれた。しかしその死後、この島々の主権をにぎったのはキリシタンの大敵（殿の叔父）であった。今の殿は小児であるので、その敵がだんだん教会を迫害し始めた。為にキリシタンの中の或る者は自分から島を退去した。頭たちに迫害を浴びせたために、神父たちも五島から逃げなければならなくなった。この迫害のために信者たちは逃走した。私は数日前に長崎で三人の信者にあい、告白を聴き、聖体を拝領させた。二百人以上はあちこちへ四散し、もう五島へは帰らぬと云って居る。これが下の国（九州）の状態である。(2)

玄雅がキリシタン武士二百人と教会の境内にたてこもって純玄と戦ったのは、ただ信仰のためばかりであったろうか。ドン・ルイスの弟として、当然領主になるべきはずなのを、叔父の策謀によってその権利を奪われ、未丁年で且つ病身の純玄が擁立されたのに憤慨して、是非を干戈に訴えようとしたのではなかったろうか。

玄雅に従って長崎に逃亡したキリシタン武士の半数は長崎に踏み止まり、五島へ帰った者は多く背教したので、この頃から、キリシタンはおおむね農民漁夫で、武士は比較的少なかったようである。しかし朝鮮に出征した総勢七百人の中には、キリシタン武士もかなりいたので、太閤から小西行長の配下に属せしめられたというから、なお相当数の武人がいたものとおもわなければならぬ。

(1) グスマン下巻第八篇二十八章、シャルウォア第三巻三五ページ。叔父は盛重であるか、盛重の子の盛長であるかは不明。
(2) カルタス第二巻四四五ページ

二〇　ポルトガル人の漂着——宣教師の訪問

秀吉が宣教師追放令を発した一五八七年、シャムから日本へ向かうポルトガル人のジャンク船が強風に吹き流されて五島に漂着した。彼らは数日間その港に滞在し、告白のために神父を招いた。領主は船が出帆したら神父も帰るものと思って、それを許可した。信者たちは長く神父も修士もいなかったために、教えのこともいくらか忘れていたので、それを学びたいと思い、喜んで神父のところへ押し寄せた。神父と修士とは安心して彼らを教えることができるよう、許可を願うべきだと思い、領主を訪問した。領主は思いのほか親善を表わし、五島に居住しデウスの教えを宣伝しても差し支えないと許可してくれた。事ここに至った重なる原因は、九州の海事総監ドン・アウグスチノ（小西行長）に反対してその機嫌を損ねては由々しき大事だ、またもし玄雅が領土を奪われたことを訴え出たならば、ドン・アウグスチノと関白殿とがそれに耳を傾けて、ために折角築き上げた領主の地位を棒にふらねばならぬことになるかも測られないので、そうした機会を作らぬためであった。かくて船が出帆した後も、いぜん神父は居残り、五百余名に洗礼をさずけた。そして一五八九年の聖週間は新信者と旧信者とが一緒に集まって盛大にこれを挙行した。彼らが信者の熱心さといったら、それはそれは感嘆の余りあり、多くは四旬節中、飯と水とを断食し、しょっちゅうヂシピリナを行なうのであった。

神父は五島に滞在中、数年前の感嘆すべき出来事を多く耳にした。その中の幾つかを拾ってみると、後見人たる叔父が十字架の切り倒しを二名の未信者に命じた時、未信者側はそのことを誇りとし、キリシタンたちは両人に天罰が当たるぞと警告した。果たして一人は自家に火がついて焼死し、一人は己が罪故に追放処分を受けて、みじめな窮乏におちいった。

キリシタンは平生十字架を立ててある場所へ行って祈るのであった。マルタという婦人はその十字架が切り倒されても、相変わらずその場へ行って熱心に祈ったものである。或る日数人の未信者が途に行きあって、もしあそこへ行くならば殺してしまうぞと威嚇した。マルタは恐るる色なく、

「デウスのためなら、早く殺して下さい」

といい、相変わらずそこへ行って跪き、両手を天に挙げて祈っていると、一人の未信者が来て一刀のもとにマルタの首をはねた。その少し前にマルタは四十里の遠きにある長崎へ渡って、

罪の告白をしたのであった。

マグダレナという婦人は教会が破壊されたので、自分の家に礼拝所を設け、その持っていた吾主御受難の御絵を安置し、主日と祝日とにはキリシタンたちを集めて祈りをすることにしていた。領主が背教せよ、さもなくば死刑に処するぞといっても、

「私は何人をも害していません、辱めたこともありませんから、背教しません。しかしそのために刑せられるならば、私はデウスのために喜んで殉教します」

と答えて動かなかった。


他の村にマリアという今一人の乙女がいた。父母は役人の迫害を恐れて背教したけれども、自分ひとりはあくまで信仰を固守して微動だにしない。父母や親戚が教えを棄てさせようと、威嚇を加えたり、理屈を説いてきかせたりしても、いっかな従わない。かえってますます信仰を固め、祈りを続けた。一五八九年神父が五島に来た時、説教を聴くようにと父母にすすめたが、父母はふりむきもしなかった。そうしているうちに父は悪性の伝染病にかかった。家族の者は恐れて一人も患者に近づこうともしないのに、マリアのみは一歩も病室を出でず、心をこめて、ねんごろに看護した。父は言葉にも余る娘の孝愛に深く感動して、心から痛悔し、己が罪を告白し、善良なキリシタンとして永い眠りについた。やがて父の病いがマリアに伝染した。悪性の病いであったので、他人に伝染しないよう、家からはもちろん、村からも追い出されてしまった。しかし信仰堅固なマリアは親兄弟から見放されても、天主をあつく信頼して動ずる

色さえ見せない。天主は彼女の信仰をよみして快復を恵み給い、かえって母親と二人の兄弟とを同じ病いに臥しさしめ給うた。マリアは彼らの残酷な態度を忘れ、父親につくした全力を傾けて親切に看護した。そのために彼らは皆まごころから悔い改め、母親は罪を告白し、聖体を拝領して死に、兄弟は全快して、非常に立派なキリシタンとなった。

ルイスという支那人キリシタンがこの島に住んでいた。殿が十字架を切り倒した時、自分は子供も親戚もこの島にはいないので、毎日オラショをすることができるよう、前に十字架の立っていたところに、自分から十字架を立てたいと思い、その場所をならしていると、村の未信者が来て、もしこれが殿様に知られたら死刑に処せられ、黙認した自分らまでが処罰されることになるといって反対した。

ルイスはそれに答えて、

「自分は外国人である。殿様も気を悪くし給うことはあるまい、もし村の人々が自分故に何かの損害を蒙るようなことにでもなるならば、自分は必ずそれを賠償する」

と約束した。

ルイスはその十字架を自宅に近い、山の麓に運び、いよいよ之を立てようとする時、ふと十字架の上には何かラテン文字で銘（INRJ）が書きつけてあることを思い出した。しかし自分はもとよりその文字を知らぬ、書くこともできぬ、困ったな！　と思案にくれていると、ポルトガル人の服装をした男が突然出て来て、彼の立派な働きをほめ、あくまで信仰と十字架への信心とを守り通すようにすすめ、その十字架に銘を書きつけた上で、どこともなく立ち去った。

ルイスは不思議に思い、あちこちへ行って、これこれの服装をした、こういう恰好の人が来なかったかとたずねてみたが、皆目わからなかった。この島にポルトガル人が来るはずもないので、デウスが天使を遣わして自分の信仰を強め給うたものに相違ないと、ルイスもキリシタンたちも信ぜざるをえなかった。

一五八九年に五島の領主純玄が神父たちにその地に居住することを許したにもかかわらず、もし領土内に神父や修士のいることを関白殿が知ったならば、そのままではおくまいといって未信者および仏僧らは純玄を威嚇した。純玄は怖れて、神父に、説教をし、洗礼を施し、死者を埋葬することはあいならぬと禁止した。ためにキリシタンたちは悲しい月日を送らねばならなかったが、しかし彼らはよく模範的生活を営み、信仰を頑守した。巡察使アレッサンドロ・ヴァリニヤノが長崎に上陸した時のごときは、全五島キリシタンの名義でもって訪問使を遣わし、五島にいる神父と修士とをもとのままに留まらしめ給うように切願した。

その頃のことである。未信者の武士が重い病いにかかり、非常に苦しんでいると、悪魔はその苦しみを除くために、武士らしく名誉な切腹をして果てるようにすすめた。すすめられるままに実行はしたが、未だ死にきれずに苦しんでいるところに偶然キリシタンの親戚が訪問して、この有様を見るや、肉体の生命と共に魂をも失わないよう、色々道理を説いて洗礼をすすめた。幸い承諾を得たので、神父と修士とを招いた。神父は、簡単に、その場にふさわしいだけの教理を説いて洗礼をさずけた。武士は受洗後しばらくして最期の目をつぶったが、妻子はそのことに感激して皆キリシタンとなった。

一五九四（文禄三）年頃にも五島には、各一名の神父と修士とが滞在していた。以前領主が二千名以上のキリシタンに追放令を下した時、その大部分は貧民で、各地に散亡したために、神父と修士は彼らを訪問し、四十日を費やして七百人余の告白を聴き、四十人に洗礼を施した。そのほか個々の機会に受洗した者もいた。海浜に住んでいる五島の住民は製塩を業とし、各地の商人がその塩を仕入れに来るのである。他国では塩を作るのに太陽熱を利用するが、ここでは火力を使用する。或る村では海水を煮ている時、器が破れてせっかくの骨折りを水の泡となすことも往々あった。或る日そのことをキリシタンに話すと、デウスの教えを信じるならば、そのような不幸はなかったであろうことを堅く信ずる、とキリシタンがいったので、その言葉とそのほかの理由とによって説教を願った。キリシタンは充分に教えの旨をわかったと思った時、彼らに洗礼を施した。それ以来主の御慈悲により、以前のような不幸は起こらず、生活も豊かになった。

或る村の乙女は神父がいなくなってから、キリシタンの生活をおろそかにするようになった。デウスは彼女に霊魂の目を開かせるがため、重い病いを与えて肉体を苦しましめ給うた。乙女はその病いのために死亡したが、死ぬ前に絶えず涙を流して罪を痛悔した。母がその泣き悲しむ理由をたずねると、娘は答えた。

「せっかくキリシタンとなり、洗礼をいただいていながら、一向デウスの御掟を守らなかったからです。キリシタンであるが故に私はキリシタンとして死にたい。死後も未信者の習慣によらず、キリシタンとして埋葬して下さい」

娘が死んだ後、母は真面目な生活に立ちもどり、神父がその島を訪れた時、罪を告白し、娘の病中の出来事を物語った。

或る神父は五島へ行った時、風のために一個の小さな離れ島に漂着した。その際、神父も修士もいなくなってから、二十余年にもなるキリシタンの二、三家族を発見した。彼らはこの島の最初のキリシタンであって、今まで互いに励み互いに勇気づけて、信仰を守りつづけたのであった。神父は数日間滞在して、教えを説き、告白を聴き、今後なすべきことを訓示した。(1)

(1) グスマン第二篇二四ページ

二一　聖五島ジュアンの殉教——五島教会の残滅

五島の名を世界の隅々にまで轟かしたのは、二十六聖殉教者の一人なりし聖五島ジュアン（宗庵と称す）であった。彼はルイス一世が領主であった一五七八（天正八）年に五島の或る島に生まれた。父母は熱心なキリシタンであったので、生まれると間もなく洗礼を授かったのみならず、また幼少の頃よりキリスト教的教育をも施された。ルイスの死後、父母に伴われ、迫害を避けて長崎に移り、宣教師らの許に引き取られて教養を積んだ。やや長じて天草の志岐に送られ、ついで大坂に上りて、神父モレホン（Morejon）の伝道士となり、篤く神父を敬慕し、神父もまた彼をまたなきものと愛撫した。じっさい彼は人懐こい淡白さ、天使的無邪気さ、感嘆すべき天稟の美を備え、しかも年に似合わぬ勇気に燃えていて、だれからも可愛がられ、重宝がられたものである。

一五九六年十二月十日（慶長元年十月二十一日）豊臣秀吉の命により、彼の住んでいた大坂のゼズス会駐在所に番人が付けられた時、さっそく立ち退きさえすれば何事もなかったのに、彼は頑としてそこに踏み留まった。いよいよ囚われの身となるや、近畿地方に於けるゼズス会の長老たりし神父オルガンチノ（P.Organtino）に書を呈して、ゼズス・キリストのために血を流す光栄に浴せんとしつつある今日、多年の宿望を許し、ゼズス会入門の恩恵を与えられたしと懇願した。神父オルガンチノはかかる願いを拒絶しようはずがない。ディエゴ（ジャコボ）喜左衛門と共に彼を修練者のうちに加えた。

かくてジュアンはペトロ・バプチスタ師や、パウロ三木らと京都、堺、大坂を引き廻された上で、陸路長崎に送られた。翌一五九七年二月五日（慶長元年十二月十九日）一行が浦上にさしかかった時、ゼズス会の神父パエス（P.Paez）は護送役人半三郎に請うて、パウロ三木、ジュアン宗庵、ディエゴ喜左衛門の三人を聖ラザル廃院に案内して告白を聴いた。告白後ジュアンはディエゴと共にいわゆる「信心の誓願（Voeux de devotion）」を立てた。まだ二カ年の修練期を経過していなかったので、正式の誓願は立てられなかったのである。

やがて一行は廃院を出て西坂の刑場へと急いだ。ジュアンは自分の磔《はりつ》けらるべき十字架を見るや、走ってこれに取り縋り、両腕を広げて長くこれを抱擁し、観る人をいたく驚かした。彼

は観客の中に一人の知人を見当てるや、ゼズス会の神父に伝言を頼み、特に自分が幾年かの間、布教を手伝った神父モレホンには、

「あなたの御教育とデウスの御憐れみとによって、私はついに殉教《マルチリオ》の枝を手にして、天国へ行くことができます」

といって戴きたいと願った。

十字架にしばりつけられようとする時、父が最後の暇乞いに来た。ジュアンはさっそく言葉をかけて、

「お父さん、よくご覧下さい。救霊は何よりも大切ですよ。その救霊を安全ならしめるがためには、何一つなおざりにしないで下さい」

といった。

父も感心なキリシタンで、少しも悪びれた様子さえ見せず、

「ありがとう、その立派な訓言に感謝します。お前もこの際、しっかりしなさい。尊いヒイデス（信仰）のためだから、喜んで死んで行きなさい。私もお母さんも、同じ信仰のためならば喜んで死ぬ覚悟をしていますよ」

と答えた。

ジュアンは父に慶びを申し、記念としてロザリオを、母には頭にかぶっていた布切れを遺した。健気な父は毅然として十字架の下に立ちつづけた。ジュアンは十字架にしばりつけられてからも、確固不抜の精神を保ち、観る人を感動せしめた。自分の左右にしばられている新信者

のパウロ茨木と、その甥ルイス少年とを顧み、終わりまで辛抱するように激励した。ジュアン自身は神父ロドリゲスから、

「勇壮なれ、身を惜しむな、何事もなおざりにするな」

とすすめられて、

「私のことはご安心なさって下さい」

と答え、ついに二本の槍で左右から胸を貫かれ、ゼズス・マリアと叫んで瞑目した。父は槍が我が子の鮮血に真っ赤に染まって引き抜かれるのを見届け、殉教者の血として恭しくこれに接吻した。(1)

ジュアンは他の二十五人と共に一六二七年九月十四日ウルバン八世から福者に列せられ、一八六二年六月八日ピオ九世から謚聖せられた。九州地区で聖人の号を得ているのはジュアン一人である。五島の信者たちは特にこの聖人を尊敬し、その偉徳に則るよう努めなければならぬ。


朝鮮から帰還した玄雅は熱烈な信仰を表わして島のキリシタンを喜ばせた。一六〇〇（慶長五）年関ヶ原の役が起こるや、玄雅は三成に応じ、手兵をひっさげてこれに赴き、赤間関で、平戸、大村、有馬の諸将と会した。その時、大村喜前が三成の姦計（？）を力説したので、三将もこれに和し、ただちに帰藩して家康に属した。しかしなお信仰を持続し、一六〇五（慶長十）年には非常に宣教師を優遇し、彼らを城内に留めたくらいであったが、まもなく江戸およ

び駿府に参観した頃から、急に態度を一変して棄教者となり、加藤清正と力を合わせて大村喜前にすすめ、宣教師を追放せしめ、肥後から法華僧を招き、教会堂を変更して仏寺となした。と、『切支丹大名』(2)には読まれる。シャルウォアも彼を棄教者と呼んでいる。(3)

しかし一六〇一（慶長六）年五島に巡教した宣教師が、「異教徒なる領主」と特記しているのをもってみると、棄教したまま改心しなかったのではないだろうか。

一六〇一（慶長六）年長崎から五島へ巡教した。五島は島が多くて、島民は偶像教に溺れている。しかし異教徒たる領主の人民中には二千のキリシタンが数えられる。彼らはたいてい農民、漁夫で、もしこの世のはかない富の上からみるならば、窮乏の民ではあるけれども、霊的財は豊富であり、キリストに誓った信仰をあくまで頑守している。領主が神父の島に留まるのを許さないので、ゼズス会士のなかからだれひとり島に常住してはいないが、しかしこの年は、二人の会士が十四日間、島に留まって、告白千四百、聖体千五百、の成蹟をあげた。この数字はけっして少ないとはいわれぬ。

この島に塩焼きの人々の住んでいるところがある。彼らの頭首は殿より仏の世話を托されているので、キリシタンの教えを守れず、神父が自分の部下を訪問するのが遅いとみるや、その遅い原因が自分にあるのではないかと気遣って、船を用意させて神父の許へ送り、部下のキリシタンを訪問されたしと懇願した。神父が到るや、ねんごろに接待し、自分の娘がキリシタンでありながら、改悛の秘蹟を授かるのをゆるがせにし、ぬらぬらとしているのをみるや、早く罪を告白せよ、とすすめた。かくて自分も洗礼を受けたい望みを顕わしたのみか、庭先に十字架を立て、家にも聖水をふりまいて戴きたいと懇願した。この島の異教徒中から伝道士に教えられてキリシタンとなった者は五十人で、なお神父は多くの人を和解せしめ、彼らの悩まされている種々の困難を救った(4)。

一六〇四（慶長九）年一人の神父が五島を訪問し、大人百三十名に洗礼を施した(5)。

一六〇六（慶長十一）年五島に巡教してみると、信者はよく信仰を保持し、殿も好意を表わして神父をずいぶんねんごろにあしらったのみならず、また洗礼を授け、公教要理を教え、告白を聴き、そのほかすべて島のキリシタンたちを慰めるのに必要な方法をとるのに完全な自由を与えた。そのおかげで告白が千五百、生児の洗礼が百、大人の洗礼が六十という成績をあげることができた。なおこの島には朝鮮の役で捕虜となった多数の朝鮮人キリシタンがいた。その中のパウロとその妻のアンナとは多くの同国人、日本人までも改宗に導いた。またウルスラという婦人は臨終の際に神父の訪問を忝のうし、自分は数年前にキリシタンとなってから、罪を犯した覚えがないといった。じっさい神父は彼女の告白を聴いても赦罪の材料を見い出さなかった。彼女は洗礼のままの無罪を保ちながら、その魂をデウスの御手に返し奉った。神父は五島を立ち去る前に、神父一人を主要都市たる大値嘉に定住せしめる許可を殿より乞い受けた(6)。

一六一〇（慶長十五）年五島でユビレオを機として豊かな収穫があった(7)。

一六一一（慶長十六）年一人の神父が五島へ巡教し、三カ月間滞留した。殿よりその主要城下に土地を乞い受けて聖堂を建て、前年破壊されたのに代えた(8)。

一六一三（慶長十八）年にも五島のキリシタンを訪問することができた(9)。

一六一四（慶長十九）年神父たちは五島に巡教し、五カ月間滞在して、大人六十名に洗礼を授けた。この年、領主盛利《もりとし》は家康のキリシタン禁制令により領内のキリシタンを追放した。(10)

一六一五（元和元）年一人の神父が五島を訪問した。(11)

一六一七（元和三）年、長崎の神父たちは近所の村々を巡回した。役人に追跡されながらも、模範と、すすめと、秘蹟とをもって迫害に悩める信者たちの心を慰めた。

五島のキリシタンは神父に次のような話をして聞かせた。

悪魔つきらしい人がいた。信者たちは一人のキリシタンにすすめてその者の家を訪れさせた。行ってみると、その悪魔つきから侮辱的言葉を浴びせられた。しかし彼はただ祈りをもってそれに応え、悪魔つきの首に聖遺物をかけてやると、たちまち小羊のようにおとなしくなった。今でも同じようにおとなしくしている。

なお信者たちは巡回の神父に左の出来事をもらした。

神父ペトロ・バプチスタ・マシャドが或る日、山のふもとの部落でミサを献げていると、隣家から火が出て次第に燃え広がった。ミサを献げていた家の主人は、自宅の火事にならないよう、内へはいって来た。

「たしかにこの家は損害を受けません、ご安心なさい」と神父はいった。その時、樹木のはえた岩が急に山から落ちて来て、下にあった家をすべて押しつぶし、ぜんぶ海へ流してしまった。この大損害のなかに神父マシャドが予言したごとく、この家だけは無事残った。このために信者たちはこの神父を聖人よと噂するようになり、いまでも病いを癒すために神父の聖遺物を用いている。

この神父は癩病にかかっている信者、非常に忍耐づよい一人の信者を訪問した。彼は癩病に喰われ、気分を悪くするほど醜くなっている。隣人たちは汚らわしい動物のごとく軽蔑し、一日中侮辱をあびせ「どうしてまだ生きているのだ、どうして死に果てぬのだ、この村の悪疫め！」などと罵って止まない。それでも彼は黙って耐え忍び、自分の苦しみがこの世での煉獄ならんことを望み、この苦しい花束を心の中に隠し、キリストの御受難を記念しつつ自ら慰めている。そして体こそ弱りこんでいるが、愛徳の力をもて他人を慰むべく大いに働いているのであった。

或る婦人はとうてい救われる見込みのないほどの病いに悩める娘をもっていた。一人の未信者が神父に会う時まで毎日コンタスを誦《とな》えるようにすすめた。これは土の壺から出でたものにせよ、実に黄金のすすめであった。婦人は喜んでそれに従い毎日コンタスを誦えていると、娘の病いはいつしか完全に消えた。

この島の殿（盛利）は自分の畑を未信者に渡して耕作せしめていたが、その未信者は悪魔から首をしめられた。よって一人の信者がその畑を自分に耕作させて戴きたいと願い出た。家老に〝注意せよ〟といわれて、〝ちゃんと考えておりますよ〟と答え、神父に頼んで、その畑を祝別して戴き、あとで神父は畑の真ん中に十字架を立てた。信者は七年間この畑を耕作した。殿は欲にひかれて、その畑を信者から取りあげて未信者に渡した。するとその未信者はまたもや悪魔から首をしめられたので、いま一度信者の手に渡された。彼はいつでもこの畑を耕作する傍ら布教に努めている。

或るキリシタンたちは未信者と共同の塩焼きの釜を所持していた。その釜が時々壊れるので、未信者らはその責めをキリシタンに帰し、こうしたり、そうしたりしなければならぬのだといい、キリシタンの方では、それこそ異教と悪魔のせいである、もし自分らに一任されたら、洗礼の力によりて壊れないよう、たしかにするといいはるのであった。すると未信者中の頭だった人が起って「自分らはこの釜からキリスト教のしるしたるコンタス、十字架、御絵、アニユス・デイなどを取り払って、その代わりに法華経と、その他の信仰（仏教）のしるしをかける。そしてもし釜が破れなかったら、キリシタンは皆ゼンチョ（異教徒）になるべし、それの反対ならば、ゼンチョはことごとくキリシタンとならねばならぬ」という意見を発表した。しかし釜は再び破れた。ために恵みの塩を沢山とることができず、残らず洗礼を受けてキリシタンとなり、この釜にキリスト教のしるしのみを懸けた。釜は丈夫になった。一同の魂も燃ゆる火の道（地獄）より救われた。

或る時、十一歳になるキリシタンの子供が刀を帯びている気狂いめいたゼンチョに行きあった。

「オイ小僧、何をしているか」

「私はキリシタンです。デウスにオラショをしております」

「キリシタン禁止の御法度を知らぬのか」

「知ってますとも」

男は刀に手をかけた。

「キリストを棄てないと、殺すぞ」

「ここにおりますよ」

子供は平気で答えた。男は鞘を払って刀を引き抜き、子供の頭の上に振り上げた。子供は両手を合わせて、

「殺して下さい」

といった。ゼンチョの男はキリシタンの徳と勇気とに感じ、自分ながら恥ずかしくなって立ち去った。(12)

同年、マシャド師は、上五島の鹿ノ子（鯛ノ浦の近所）というところで、粗末なあばら屋に

隠れ、密かにミサを行ない、告白を聴いている時、ユダスに売られて捕らえられ、大村に護送され、五月二十一日めでたく殉教した(13)。

一六一九（元和五）年にも一人の神父が五島を訪問した(14)。

一六二二（元和八）年神父カミロ・コンスタンショは平戸の生月から十里ばかりも隔てた納《の》島《じま》（小値嘉の近傍にあり）という小島を訪問せんとて、自分の宿主且つ伝道士たるヨハネ左衛門と舟を出した。同じ舟にゼズス会の修士ニコラス、伝道士ガスパル籠手田、平戸聖堂の看坊アウグスチノ太田、および一人のしもべと二人の水夫がいた。彼らは三日間納島に留まり、それから宇久島に行った。島のキリシタン婦人で異教の男と結婚していたのが、その夫を改宗せしめたいと思い、神父の在所を知らせた。夫はさっそく役人に告訴したので、神父をはじめ納島の六人も残らず捕縛された(15)。

同年一人の神父が五島を訪問したが、そのことはゼズス会年報に左のごとく記載してある。

五島と平戸へは我が会の一司祭が渡って教導した。その司祭は告白を聴き、聖体を授けた外、大人百五十人、子供百八十人に洗礼を施した。彼がいかばかりデウスに奉仕し、信者の利益を計ったかは詳記する遑《いとま》がないが、ただ信仰の光を輝かすに頗る寄与した二、三の事柄を述べるだけに止めて置く。或る小さな村の信者たちは高い処に十字架を立てて置いた。然るに大しかしやがて猛烈な迫害が起って来たので、その十字架を他にかくそうとした。然るに大胆極まる一人の信者があって如何なる危険をも恐れず、その十字架を自宅の中庭に立て、毎日恭しくその前に跪き、祈念をこらしていた。そのころ突然大豪雨が起り、山の頂上が崩れて、麓にあった十五軒の家を残らず倒壊し、四十人ほども生埋めにした。ただ無事だったのは、件の十字架の、彼の信心なるデウスの僕の家、及びその家族だけであった。人々はこれを不思議な出来事と認め、それから聖物に対する信心が著しく増加した。

大病にかかった一信者があって、最早人力の及ぶ所に非ず、デウスの御助けに縋るより外はないと思い、キリシタンの子供たちを呼び集めて、自分の為に祈ってくれる様に頼んだ。子供たちが祈りを終ったかと思うと、その病人は突然全快した。

信者、未信者の家畜をあらす疫病が流行した。信者等はデウスに御助けを求めて祈った。すると未信者の家畜はコロコロと倒れてしまうのに、信者の家畜だけは皆死を免れたので、キリシタンの神様は流石にえらい力の持主だと認めて、人々は大いに感心した(16)。

一六二四（寛永二）年五島宇久淡路殿（盛利）は殉教者を出して将軍の御目鏡に適いたいと思い、聖堂の看坊で、他のキリシタンの教師たりしカリストの首を刎ねさせるため二人の家来を彼の許に遣わした。報を得たカリストは小躍りして喜んだ。家財を没収されて、若松から一里ばかりも隔てたタブト（高仏？）に曳きゆかれた。妻や、子供や、その他のキリシタンたちは泣き叫びつつ彼の後を追った。カリストは時々立ち止まって彼らを諭し、涙を控えるよう、どうしても泣かずにいられないならば、喜びの余りに嬉し涙をこぼし、不朽の恵みを賜うたにつきデウスを讃美するようにと注意した。刑場に達するや、手紙をもって友人に訣別する猶予を求め、信心と歓喜とをみなぎらした書面をしたためた。それからわざわざ晴着に着替え、刑吏が彼の地位を尊重して、縄をかけまいとするや、できるだけ緊く縛ってもらいたいと懇願し、望み通りに、ひとかたならぬ痛みを覚えるくらいに緊く縛られ、刑吏の長に感謝を述べ、ゼズス・マリアの御名を誦えて、首を刎ねられた。時は一六二四（寛永二）年四月十九日で、享年五十七であった。

彼は日向に生まれ、十四歳の時、豊後においてゼズス会の神父に洗礼を受け、ゼズス会の聖堂に留まって布教に従事すること十年、有馬でも数年間伝道に当たり、それから五島に赴き、二十七年の久しきにわたりて、聖教のために働き、大変にキリシタンたちの心を燃え立たせ、博愛心を煽るのであった。彼は若松（中五島）を根拠地として、各地に伝道の手を広げ、生まれた児に洗礼を授け、無知な人々に要理を教え、瀕死者の心を強め、死者を埋葬し、生者にすすめて各種信心の業を励ましめ、ついに未信者の希望を容れて、教理を説き、洗礼の準備をなさしめた。神父がキリシタンを訪問する時は、必ずその従者となり、信者を捜し歩いて、改悛、聖体の両秘蹟を拝領せしめた。かくて皆からキリシタンの父とも教師とも慕われていたので、第二回の迫害には追放令をくらったが、嵐が鎮まるや、さっそく呼び戻された。デウスは彼が御栄のために嘗めた多大の労苦に報い給い、彼を己が証人、己が殉教者の中に加え給うたのである。

大値嘉のミカエル曾利（鳥井？）ジノジョウが斬られたのも同日であった。彼は大値嘉でパウロ金左衛門と力を合わせて、キリシタンのために奔走していると、殿は二人の官吏をミカエルの宅に遣わして、

「キリスト教を棄てよ、それが将軍の思し召しだ」

と命じた。

「でもそうするがよいとは、デウスにも私にも見えません」

とミカエルは答えた。この案外な、しかも簡単な答に官吏はむっとして、ただちに死を宣告した。

「それならば、あのことよりも喜んで引き受けます。それどころか、この望みに望んだ御通知を私にもたらし下さいました御二人をば、私の親友、恩人ともみなしますでございましょう」

といった。それから急いで、祝祭日に着る晴着をまとって刑場に赴き、オラショを誦え、キリストのために鮮血を流して、あっぱれな殉教を遂げた。享年七十二。

ミカエルは大値嘉の生まれで、カリストと同じ日に洗礼を受けた。毎日長く祈り、金曜日ごとに断食し、苦行のために鞭をくわえることさえしばしばあった。伝道の地盤も大値嘉の町だけでは余りにも狭隘と感じ、よく町の外にまで飛び出して、幼子に洗礼を施し、瀕死者を慰め、死者を葬り、皆の先に立って四十時間の祈祷を勤め、かくしてすべての人に奉仕し、すべての

人の心を帰服せしめたので、彼が殉教の栄冠を得たのは、じつに至当であった。

金左衛門と同じく大値嘉に生まれ、信仰のゆえに訴えられ、殿の命によって首を刎ねられたが、しかし殉教の月日は判然としない[17]。

同年一人の神父は五島を巡教して、二千人の告白を聴き、三百人以上に聖体を授けた[18]。

一六二六（寛永五）年八月、家老貞方勝右衛門と松尾九郎兵衛とは相議して領内に制札を立てて教徒の入島を防ぐことにした。

定

一、何国の廻船にても此浦に着津の時、船中の人数と宗体を堅可改事。
一、何処の廻船にても船頭より船中にキリシタン無之通の書物を可請取事。
附、地下旅人に依らず、キリシタン有之由於申出者、褒美を取らすべき者なり。右條々於相背輩者可被処罪科者也

仍下知如件

寛永五年八月十一日

貞方勝右衛門尉
松尾九郎兵衛尉[19]

（1）ボランデスト『二十六聖殉教者伝』（de Sanctis Martyribus xxvI.）七四五ページ
（2）Steichen, Daimyo Chyetiens 三一六ページ
（3）シャルウォア第四巻二〇〇ページ
（4）フランシスコ・パジェスの書簡パジェス四四ページ、五十人の代りに百五十人とあり
（5）パジェス一〇〇ページ――脚注簡、ヘース六〇六ページ
（6）パジェス一三二ページ
（7）パジェス一八四ページ
（8）パジェス一九七ページ――脚注
（9）パジェス二三四ページ――脚注
（10）パジェス二七三ページ
（11）パジェス二七六ページ
（12）ゼズス会年報
（13）パジェス三五二ページ、トリゴ日本殉教史五〇三ページ
（14）パジェス四一八ページ
（15）パジェス四九二ページ
（16）パジェス五八四ページ、耶蘇会年報（一六二二年）
（17）パジェス五九三ページ、耶蘇会年報（一六二四年）
（18）耶蘇会年報（一六二四年）
（19）『公議別録拾遺』

二二　伝説の五島教会

以上は五島キリシタンにおいて、西洋側の文献に残っている事実で、五島藩の古文書、藩記などは、慶長十九年八月十五日、江川城炎上の際ことごとく焼失し、まったくたずねようもない。ただ五島にも寺社奉行兼大目付二名、殿中に一局を設け、社寺を監督し、宗門改めをなし、また踏絵のため、毎年一回ずつ領内十二掛（上五島は宇久、有川、岩瀬浦、若松、日ノ島、奈留島、久賀、下五島は、福江、崎山、岐宿、三井楽、玉ノ浦なり）を巡回し、キリシタン宗旨厳禁の制度を公衆に示し、且つ刑事を担任し、宗門については公儀御用と威張り、属員および卒数名を率い、いたるところの宿所には幕打廻し、高張、三つ道具（罪人を捕らえるための突棒、指又、袖がらみ）などを飾り置き、すこぶる権柄を弄したものであった(1)。

宣教師の渡来は不可能となるし、藩の禁圧はいよいよ厳烈を加えるので、五島の教会もいつしか殲滅し、なんらの遺跡をも残さざるにいたった。ただ久賀島には最近迄種々の伝説が語り伝えられ、脇田司教がそれを収録されているからここに併記しておく。

久賀島は福江島の東北に位せる一小島で、三百年前すでにキリスト教は宣布せられて、多数の信徒をかぞえたものである。中でも深浦、蕨《わらべ》、市小木《いちこぎ》などにも信徒が多かったというのであるが、惨澹たる迫害の嵐にほとんど根絶されてしまった。市小木のごときはそのために、人種子が尽きて、三たびまで松林に変じたとか。深浦にもキリシタンに関する伝説が残っている。

人家のあるところから浦越しに少しばかり突き出た小高い丘がある。そこには迫害のときキリシタンに関する経書類を埋めたという経塚がある。丘上にはもと一基の十字架を立ててあったが、これも同時に海底深く沈めたという。同じく人家の後側なる丘の上には平たい天然石におおわれた無縁の古墳が幾つも幾つも列んでいる。これは皆往事のキリシタンの墳墓だと古老はいい伝えている。深浦の現在の戸数はわずか二十五にも満たないが、以前は百戸近くもあったとかで、浦の一隅に塩釜の跡さえ遺り、現今そこに塩釜神社なるものを設け、塩釜の蓋石を本尊として祀っている。今のキリシタンが百年ばかり前に大村藩から移住した頃までは、コンチリサンのオラショなどを諳んじた老人が深浦には残っていたそうである。これがためにか今日でも深浦にかぎって、追儺とか、節句とかいう異教の祭礼は余り行なわれない。

蕨には金吾という「善《よ》か人」（キリシタン）がおり、市小木にも一人の「善か人」がいた。追われて阿治の浦に至り、そこで斬られたのを今は御膳（一説には殿元御前）といって祀っている。

久賀島にはもと久賀殿という島主がいた。熱心にキリスト教を信奉し、ために福江の五島氏に攻め滅ぼされたものらしい。今でも田ノ浦には薮の中に木造の小さな鳥居があり、その奥に一基の石碑が建ち、碑面はまったく摩滅して文字らしいものも見えない。ただ聖人の頭上に冠せる金環《アウレオラ》に類似した円形を碑の上部に彫りつけたのが認められる。浦人はこれを「殿墓《とのはか》」といっている。そこから少し離れて殿屋敷であったという段々畑があり、その下に「殿川」というのがある。

殿というのは無論腕利きの郷士を指したもので、青方には青方の殿がおり、奈留島には奈留島の殿がおり、その家譜や歴史がたいてい今日まで保存されてある。しかし久賀殿の事蹟については伝説のほかに何らの捜索すべき手掛かりもない。いかなる系統を引いていたか、それすら判明しないのは、おそらく彼がキリシタン宗門を奉じていたために、まったく湮滅され終わった結果ではないだろうか。福江で仏僧らがキリスト教に対して騒動を引き起こそうと企てたとき、国主がグカという近親で重臣を召してこれに意見を徴された、とクラッセには出ている。[2]勿論グカは久賀の誤りであろう。これによると久賀殿の本宅は田ノ浦にあり、別邸を福江に構えていたものと思わねばならぬ。

蕨地方のキリシタンのまったく絶えたのは今から七代ばかり以前であったとか。市小木住民で、生え抜きのものは僅かに与市、平二郎の二家のみで、ほかはことごとく移住民である。平二郎の家では二代か三代か前までは、御禁制の宗旨を立てた廉をもって罰金を科せられたものであったとか。[3]

（1）大久保周蔵氏著『通俗五島紀要』二一ページ
（2）クラッセ上巻三三四ページ
（3）脇田司教の手記。グカのことは前にも出ているが、果たして久賀殿であるかは断言はできない。

元禄三午年二月廿二日

類　族　帳

轉切支丹
一　平山与左衛門
此者私家来に而肥前国五島領福江村に滞在候処七拾七年以前慶長拾九寅年切支丹御制禁被仰出候節切支丹宗門を轉禅宗同村大円寺に旦那に龍成寛永貳拾未年七月廿日七拾五歳に而病死仕右大円寺に而土葬に取置中候父母は年久敷故相知不申候
平山与左衛門婦女轉切支丹
一　ふく
此女私家来青方善助妻に而肥前国五島領福江村に滞在候処七拾七年以前慶長拾九寅年切支丹御制禁被仰出候節父一同切支丹宗門を轉禅宗同村大円寺に旦那に龍成寛文九丙年七月十六日八拾四歳に而病死仕右大円寺に而土葬に取置中申候
右之類族
平山与左衛門孫ふく二男
一　青方源五左エ門　禅宗肥前国五島領
福江村大円寺旦那　当午六拾六歳

此者私家来に而御座候
但元禄三年午ノ十一月十九日に六拾六歳に而病死
ふく孫青方彌五左ヱ門娘
一　ねり　宗旨旦那寺
右　同　断　当午五拾三歳
此女私家来七里屋兵衛妻に而御座候処夫死去以後七里勘兵衛手寄居置候
ふく孫青方彌五左ヱ門娘
一　いち　宗旨旦那寺
右　同　断　当午四拾三歳
此女私家来青方杢兵衛妻にて御座候
ふく孫青方彌五左ヱ門悴
一　青方杢兵衛　宗旨旦那寺
右　同　断　当午四拾八歳
此者私家来に而御座候
ふく曾孫青方杢兵衛悴
一　後青方彌五左ヱ門　宗旨旦那寺
右　同　断　当二拾壹歳
此者私家来に而御座候

ふく曾孫青方杢兵衛悴
一　松尾本之助　宗旨旦那寺
　　　右　同　断　当午拾八歳
　　此者私家来松尾九郎右エ門養子に而御座候
　右は元禄三午年二月廿二日に公儀に上り候御帯面之寫也
※この類族帳は青方文書中に出ているので、「私」とあるのは、五島侯を指すものらしい。

第二編

二三　大村藩からの移住

五島教会はついにぶっ潰された。各地に多少の伝説は残っているにせよ、一人の潜伏キリシタンも、何らの遺跡、証拠書類をも留めざるまでに湮滅しおわった。しかるに寛政年間に至って、意外のあたりから新たに輸血せられて、再び息を吹き返し、今日の盛大な五島カトリック教会を築き上げる基をなすに至った。

すなわち一七九七（寛政九）年十一月、五島盛運《もりゆき》侯は大村純伊《すみこれ》侯にその民を五島に移住せしめられたしと申し込んだ。五島藩の『公譜別録拾遺』を見ると、

「寛政九年藩主盛運、大村の農民百八人を五島に移し、田地を開墾せしむ。五島は地広く人少くして、山林の未だ開けざるもの多きを盛運公常に憂い給い、此度大村侯に乞うてその民を此地に移し給ふ。これより後、大村の民この由緒を以て五島へ来り住むものその数を知らず」

とある。第一回の輸送は大村藩の家老片山波江の指図で、まず黒崎村、および三重村から百八人が送られた。一行の五島に到着したのは同年十一月二十八日で、初めて上陸した港は江川口《えがわぐち》（福江）ではなく、北方半里ばかりにある六方《むかた》の浜で、そこから上陸した彼らは、平蔵《ひらぞう》（奥浦村）、黒蔵《くろぞう》（大浜村）、楠原《くすはら》（岐宿《きしく》町）などにいついた。彼らは御用百姓としてすこぶる優遇さ

れたものであるとか。寛政十一年の移住民が携えて来た「修切手《しゅうきって》」には左のごとく認めてあった。

真宗
幸作五十八才、りく五十四才、惣助二十五才、乙右衛門十八才、甚六二十六才
右男女五人之者共此度渡世のため、その御領へ罷越候、仍て修切手一札件の如し
寛政十一年未六月
大村郷黒崎村横目
宮原一兵衛
村相
村添作太夫
五島御領人御役

「修切手」は「宗切手」、すなわち宗門についての切手を意味したものであろうか。修とは宗と同音であるところから、当字を使ったものに相違ない。長崎奉行所の供述書にも、よく「理解」を「利解」と書いてあるのをもってても察せられる。

かくのごとくして五島の戸数が逐年いちじるしく増加するのを見て、一八〇一（寛政十三）年二月「宗門御改の節、一統へ申聞け候五人組之御法度書」というものを発して、キリシタンの取り締りを厳重にしている。

信者側の口伝によると、五島から千人の百姓を貰い受けたいと申し込んだのに対して、三千人もが移住したのだということである。もとより三千人が一度に出かけたわけではなく、先住者をたよって次から次へと引っ越したものらしく、前の幸作などの例をもっても明らかである。かくて大小幾十の五島群島には、上は野崎島から、下は嵯峨島に至るまでいやしくも山の拓くべく、船の繋ぐべき余地だにあらば、我れ勝ちにと割り込んで行ったので、ここに三軒、かしこに五軒といたるところにキリシタン部落を見るようになった。ただ宇久島にだけは一人も移住していないのは、何のためであるかわからぬ。

「五島へ五島へと皆行きたがる、五島はやさしや土地までも」

という俗謡が外海《そとめ》地方にあるのは、この時分に歌い出したものであろうか。いま何故大村の農民、しかもキリシタンのみが先を争って五島に移住したかというに、それは次のごとき事情に基づくのである。

長崎から西北に突き出て一大半島をなし、内に大村湾を抱いているのを西彼杵《にしそのぎ》半島と称する。一帯の丘陵が縦に長く中央を走って地勢は自ら二つに分かれ、東北の大村湾を臨める方を内海といい、西南の外洋に面した方を外海と称する。パジェスはこれを「ほかめ」とよんでいる。旧藩時代にはほとんど皆大村藩に属し、ただ一部だけが佐賀藩の領分であった。

大村藩内はもちろん佐賀領内にも、キリスト教は盛んに行なわれ、一六一三年頃、外海には三十のキリシタン部落があったとパジェスは特記している。(1)

もとよりキリシタンの潜伏していたのは外海全体ではなく、中央部の黒崎村一円と、三重村、神浦村《こうのうら》の一部分とで、大村藩と佐賀藩とに分属していたものである。そして大村藩ではキリシタンの吟味が非常にきびしく、踏絵も毎年制規通りに厲行したものであるが、佐賀藩は大藩だけに幕府を憚る念も薄かったものとみえ、万事が大様で、「弊藩内には黒宗門の徒は一人も無之候」と幕府へ届けを出して、踏絵すら行なわぬのであった。

それればかりか、大村藩では極端に産児制限を実行し、男子は長男だけを残して、その他は殺させてしまう。たとえ父母がそれを忍びかねて哺育したにしても、他家へ養子にでも遣わさないかぎり、これに家督の幾分でも譲って分家を立てさすことを許さない。無論キリシタンは児を殺すことの赦すべからざる罪悪たることを心得ている。しかし次男以下は藩内に留まっていてはいつまでも日陰者で、一個の公民権すら得ることあたわぬので、自然他領へ逃亡する者が多かった。彼らが五島藩の招きに応じて移住を決行したのは実にこれがためであるとか。そして五島藩は一万余石の小藩である上に、中央を距ること最も遠く、ややもすれば江戸参勤の費用さえ捻出しがたいほどであったから、もし藩内から異宗門の徒でも現われたとあっては、それこそ非常な難問題で、とうてい貧弱な藩財政の堪え得るところではない。ために当局側からつとめてこれを隠匿し、かえって告訴して出た者を処罰するというあんばいであったとかで、移住のキリシタンたちも、貧困はしても平穏裡にその信仰をつづけることができた。五島および外海地方の古老はみなそのように語るのであるが、果たして事実それに相違ないのであったかは、保証のかぎりではない。

五島でも踏絵は行なわれたか。『長崎港草』に、長崎より踏絵借用の国は肥前の島原、同じく平戸、大村、五島、筑前の久留米、豊後木付、同じく竹田、同じく臼杵、同じく府内、同じく日田、日向の延岡、以上十一ケ所なり。

とあるから、踏絵はかならず五島の年中行事の一つになっていなければならぬ。しかしこれに関する文献は、五島史に造詣深かった大坪譲氏でも手にいれていなかったようである。岐宿町水ノ浦の捨五郎の実歴談によってみると、五島藩では毎年これを実行していたのではないかと思われる節がある。翁いわく、

踏絵は迫害（明治二年）の起こる十四、五年前、すなわち嘉永の頃から（安政五年から全廃されたのだ）二、三年に一回ずつ行なわれていたものと自分は記憶している。キリシタンも未信者もすべて人別帳の上から呼び出されて、役場の前庭に集まる。玄関口には縦に三枚の筵をならべ、真ん中の筵にメダイをのせた盆を置き、両側には太刀を腰にし、鉄の十手をひっさげた足軽が向かいあって坐っている。村民は人別帳の順にしたがい、一人ずつ真ん中に出て、そのメダイを踏むのである。無論、未信者は平気で、わざとしっかり踏みつける。〝おかげで体が軽くなった〟とふざけ散らす者もいる。だがキリシタンの身になると、さすがに気おくれせずにはいられない。メダイは聖物で、これを踏むのは軽からぬ罪だとはあくまで承知している。しかし踏まなければ、十手や太刀が真っ向から飛んで来る。進まぬ足をあげて、なるべくメダイを踏まないで、盆のはしに軽く足さきをふれて、ごま

かそうとする。でも足軽が左右から目を皿にしてにらみつけている。足をひっとらえて〝しっかり踏め〟といいながらメダイの上に押し付ける。男子ばかりではない、婦女子にも、赤ん坊にまで無理強いに踏ませたものである。かくて踏絵がすんで帰宅すると、キリシタンはさっそく〝クーキャ——後悔の田舎訛り〟のために、コンチリサンを誦《とな》えて、デウスの御前に罪をわびるのであった。

（1）パジェス二三四脚注

二四　五島キリシタン、宣教師に名のり出ず

かれこれするうちに、世はいつしか一八六五（慶応元）年となった。神父《パアデレ》プチジャンは長崎市大浦（今の南山手町）に天守堂を建立し、二月十九日献堂式を挙行した。越えて三月十七日十四、五名の参観者が浦上から来て、自分らは師と同じ心のものであると打ち明け、「サンタ・マリアの御像はどこ?」と尋ねた。これが日本カトリック教会復活の曙で、これをきっかけに、浦上をはじめ、各地に潜伏していたキリシタンが続々と名乗り出た。

その頃、五島若松村桐ノ浦にガスパル与作という青年がいた。数年来傷をわずらい、治療のため長崎へ来ていたのであるが、五月上旬、何心なく参観者の流れに押されて天守堂へはいってみると、十字架や聖母マリアの御像やを飾りつけてある。意外の感に打たれ、これこそキリ

シタンの御寺に相違ないと思い、密かにプチジャン師の室に忍び入って、いろいろたずねてみると確かにそうだ。よって自分の島には千人以上のキリシタンが潜伏していること、自分らも元は長崎（外海）生まれで、迫害を避けんがため五島へ移住したものであることなどを打ち明け、小使につかっていただきたいと即座に願い出た。「お父さんの御承諾さえあったら」とプチジャン師が答えたので、彼は父の承諾を求め、あわせて宣教師の渡来を島のキリシタンたちに報告せんものと、急いで郷里へ引き返した。はじめ父は極力反対した。しかし与作が強いて哀願するものだから、ついには給料なしに、ただ衣食だけを支給していただくという条件で許諾した。かくて与作は大浦天守堂に住み込み、まめまめしく働いた。或る時彼はローカニュ師に向かい、

「私もあなた様のごとく聖教を学び、天主に一身を献げて、オラショをしたり、天の道を人に教えたりすることができませんでしょうか」

と問うた。ローカニュ師は彼の心底を探らばやと思い、わざときわどい場面を見せつけて、

「でもそれは危険です。役人に知られたら、さっそくとっつかまって殺されますよ」

といっても、与作は泰然自若だ。

「かまいません。殺されたら、霊魂の救かりができます。かえって大儲けです。私はちっとも恐ろしかございません」

と答えた。こういう見上げた心構えであったから、初聖体がすんだ上で、一八六七年一月頃からパアデレたちはこれを桐ノ浦へ返し、郷里の伝道士たらしめた。

さて与作が五島各地のキリシタンに、神父の渡来を通報したので、部落の代表者たちは先を争って長崎へおし渡り、天守堂の門を叩いた。帳方（祝日表をあずかっていて、毎週の主日と祝日とをキリシタン一同に知らしめる人）では有福島《ありふくじま》のパウロ、堂崎（奥浦村）のドミンゴ、冷水《ひやみず》（青方町）のフランシスコ、上平《かみだいら》（久賀島）のパウロ、福の窄《ふくさこ》（同上）のロレンソ、細石流《さざれ》（同上）のロレンソ、水方《みずかた》（洗礼を授ける者）では浦頭《うらがしら》（奥浦村）のミカエル、久賀島のフランシスコ、大泊《おおとまり》（奥浦村）のジスト（シクスト）、中ノ浦（若松村）のハソコ（ヘンリ?）、それから奈麻内《なまうち》（青方町）、若松島、嵯峨島の帳方に、鯛ノ浦（有川町）の水方などであった。しらべてみると、教理をわかっているのもいれば、わからないのもおり、その洗礼も有効らしいのと無効ではあるまいかと危ぶまれるのとが混じている。

十二月中旬に五島から十二名の総代が天守堂の門を叩き、教理上不明な点につき説明を求めた。そのうちの六名は鯛ノ浦、冷水、中ノ浦から一隻の船に乗り合っていた。彼らの熱心にしてその精神の美しさには、さすがの神父たちも感服せざるを得なかった。彼らが断食をする時は、ただ日の暮方に一食するばかりで、苦行を行なうこともあるといって、ヂシピリナを示した。何でも昔の宣教師から伝わったものであろう。ついに鯛ノ浦きっての熱心家ドミンゴ森松次郎の書面をさし出した。

慎んで申上げます。先日いただきました天に在《ま》します（主祷文）、ガラッサ（天使祝詞）、ケレド（使徒信経）、後悔の祈りは各方面に分配いたしました。前約の如く今度は私もぜひお伺いするはずでございましたけれども、余り多人数となりましたので、さし控えました。どうぞあなた様の方から当地へお越し下さいませ。私宅の二階に隠れ場を用意して居ります。御都合の時機を見計らい、この書面を持参いたしましたパスチャン迄におもらし下さいませ。きっとお迎えに参ります。御来島の節は御絵を御携帯になり、老人どもに拝観させして下さいます様、くれぐれもお願い申上げます。

ドミンゴより

ジワノ様（プチジャン師）

追而、出来ますれば、今日コンタスを二つほどバスチャンにお恵み下さいませ。

この松次郎は父の代に黒崎村出津の浜郷から鯛ノ浦に移住したもので、紺掻《こんがき》（染屋）を生業とし、かたわら俳句をよみ、和歌をひねくり、絵筆を弄ぶなど物知りで、後日プチジャン司教に従ってマカオ、ルソンなどへ行き、日本文の書籍を捜索した。ロザリオ記録のごときもこの松次郎がマニラで手写ししたものであったのだとか。とにかく明治初年に「ドメゴスさん」の名のもとに広く知られていたのはこの松次郎であったのである。

プチジャン師らは松次郎の書面を読んで非常に喜んだ。近々あらたに神父が渡来するはずになっているから、その折りには快く応諾すべき旨を告げ、立派な聖母マリアの御絵を与え、これを用意の隠れ場に飾りつけ、信者たちをその前に集めて、共にオラショを誦えるようにいい送った。パスチャンと同行の信者たちは皆大変喜び、一、二カ月のうちに再び参堂して、面談を請うて辞去した。

しかし五島のキリシタンは交通がすこぶる不便なので、しばしば宣教師を訪れて、親しくその教えを仰ぐわけにはまいらぬ。ただ公教要理の写本によって、どうやらこうやら勉強を続けるまでにすぎない。幸い松次郎が熱心に働いてくれるので、よほど助かった。彼は一八六六年二月に初めて長崎に行き、島の地図と宣教師の隠れ家に充つべき家の図面を見せた。三日間熱心に御教えの話を聞いて帰ったが、吾が主御昇天の祝日頃、左のごとき書面を宣教師に送った。

御宅で書き取りました使徒信経、及び天主の十誡の解説は、幾部も写本して多くの部落へ配りました。私自身が充分これらの教義をわかりました上で、今一度お訪ねいたす考えでございます。それまでに告白に当る所と、アネステン様のオラショ（アニュス・ディについての祈り）と、死に臨める病人のための祈りとを御翻訳なし下されたく伏して願い上げ奉ります。御約束の如く、七月か八月かには当方へお越し下さいますことかと思いますと、喜びにたえません。しかし御約束の儀は、誰にもおもらしになりませんよう。唯今当方には、役人の御詮議など喧しいことは全くございません。

三月十一日

ジワノ様（プチジャン師）

ジョゼフ様（ローカニュ師）

七、八月には五島へ宣教師を遣わすべしとプチジャン師は約束したものの、八月九日、師は「日本司教に任ず」というローマからの辞令を受け取り、十月上旬香港に渡りて広東のギーユメン代牧の手により叙階式を受け、それから横浜を経て長崎へ帰られたのは十一月であった。そのために五島行きもお流れとなったが、なおそのほかにも延期のやむなきに至った重大な理由があった。

八月十七日、五島（久賀島らしい）の船が長崎へ着き、八名の乗組員は日没を利用して天守堂へ参詣し、ちょうど帰船したところを突然役人に押さえられた。八名のなかには二名の水方さえ加わっていたのだが、幸い宗教用の品は何一つ所持していなかった。ただ祝日表（当時は日繰りと称していた）を一冊持っていたが、さっそく破って海に投げ捨てたから、嫌疑をかけられるわけはなかったのである。しかし田舎の人だけにひどく役人を怖がり、何島の者かと問われても正直に答えなかったところから怪しいとにらまれ、ついには偽って他の名をいい出してその島へつれて行かれた。やむをえず、「前に家族がここに住んでいたのでござる」と自白したので、しばらくは船に拘留され、やがて監獄にぶちこまれた。それを見て宣教師たちは大事をとり、一時五島行きを見合わせた。でも彼らが捕われたのは、天守堂へ参詣したからではなく、自分たちの生れ里を正直に告げなかったためである。したがって九月七日五島から役人が出張して彼らをもらい受けて帰るや、すぐそのまま放免してくれた。（この話は一二〇ページの伊勢松らが福田で捕らえられたというのと同じ出来事らしい。あれは後日誰かが記憶をたどって話したので、これが事実に近いとせねばならぬ）

ドミンゴ松次郎は、せっかく楽しみにして待ちに待っていた、パアデレの訪問が延期となったのをみて大いに口惜しがり、自ら二名のキリシタンをしたがえて長崎へ行き、十月四日に、初聖体を拝領した。島に帰った上で、親戚、朋友に教理を説き、秘蹟を授かる準備をさせ、首をのばして長崎からの吉報を待っていると、ようやく一八六七年二月五日パアデレ・クゼンが司教の命によって、五島へ渡航した。いま次にクゼン師の日記をたどって、当時の伝道模様を知るよすがとしよう。ちなみに松次郎が住んでいたのは、鯛ノ浦の裏手、蛤という海浜であったのである。

二月六日、昨五日、日本殉教者の祝日の夜、八時頃に長崎を出帆す。殉教者の御助けにより、海は平穏、風までが追手だ。夜明には早や鯛ノ浦を遥かに望むあたりまで進んで居る。この分ならば日の中に上陸ができそうだ。しかしそれは剣呑至極なので、何とか云う岬に船を寄せ、岩間にござを敷き、二、三羽の鳥を供にして昼食をした。突然一人の島人が岩を伝うて遣って来たので、ひやりとした。幸い私には言葉をかけないでそのまま立去った。外人だとは夢にも思わなかったらしい。程へて沖の方から漁船が幾艘も幾艘も櫓声いさましく漕ぎつけて来る、安心がならぬので纜《ともづな》を解いた。二、三時間もたつと〝着きました〟と云う声が耳に入った。頭をもたげれば全く夜になって居る。どんな土地だか見当がつかない。黙って案内者に従い、狭い砂路をたどる。草履がはずれそうで心配だ。漸く松次郎の宅に着いた。主人は老父母、妻子、朋友と爐を囲んで居たが、私を見るや、直ちに十字架のしるしをし、てんでに、霊名をなのった。しかし松次郎の三人の娘は泣いて泣いて近寄ろうともしない。子供と見識りあうのは後のことにして、そこそこに二階（屋根裏なるべし）へ上って隠れた。二階と云っても全く鳩の巣だ。空気の流通は悪く、たき火の煙は遠慮なくやって来る。

七日、押入れの中に祭壇をこさえた。せまいはせまいが、充分かくれて居るので、聖祭が終わって戸を立てると、誰が来ても気付かれる憂がない。ああミサ聖祭！　信者たちはこのミサ聖祭を如何に待ちわびて居るのであろうか。神父様がおいで下さったと思っては、喜びの情にたえない様子だ。皆総立ちになって表具をする。花を造る。それはそれは熱心に立ち働いて居る。司教様はこの仮聖堂を五島の聖ヨハネ（二十六聖人中の一人）に献げたい思召であらせられた。今に聖ヨハネがこの人々の霊魂を花の如く装い給うであろう。長崎へ行って秘蹟をさずかった九名は、五島で最初に行われるミサに聖体を拝領したいと願い出た。

八日、今日から告白を聴くことにした。少くとも三十名は準備をして居ると云う話だ。なるほど試問して見ると、可なり教理をわかって居る。その他は今度新たに勉強をはじめたので、しかも老人ばかりだから、なかなか捗らない。ここから三里ほど隔てた頭《かしら》ケ島と云う小島に、よく準備のできた病人が居るそうだ。〝渡ってお見舞い下さいますか、それが困難でございますれば、病人をつれて参ります〟と信者が云ったけれども、とにかく今夜見舞いに行く積りだ。

九日、渡って見ると、病人の容体は、なかなか連れて来るの何ぞの話ではない。畳の上に臥して余程弱りきって居る。しかし洗礼終油の秘蹟をさずかった嬉しさに幾分かは見直して来た。〝もうこの世に何の望みもない、死ぬのは少しも恐しかありません〟と言い言いして居る。

頭ケ島はホンの小さな島だが、全島のこらずキリシタンばかりなので、隠れるには究竟の地だ。〝神父様をお隠し申すのに頗る好都合でございますから、その中に私も引越そうかと考えて居ます〟と松次郎は言って居る。

今朝一人の婦人が来た。はらはらと涙を流しながら〝救けて下さい、私は離婚して居ます、秘蹟は受けられません、何とかしてお救け下さい〟と云う。頭ケ島の水方も離婚して居るので、このまま水方の役をつとめて可いでしょうかと伺い出た。

十日、日曜日、ミサにあずかった信者が八十名、夜のひきあけには皆ちりぢりに帰っていった。晩には七歳以下の小児十人に洗礼を施した。泣くわ泣くわ、それこそ何かの合奏のようだ。ひそかに心配して居ると、聖油を塗る段になったら、不思議にもぴったり泣きやんだ。

十一日正午取次が二階へのぼって来た。〝御目にかかりたい人が居ます〟と云うから下って見ると、三十人もの大勢がメダイをもらいに来たのであった。不用心なことをするものだ、と叱りつけると、〝只今はお正月で、どの家も人の出入りが多いのです。気遣いする訳はございません〟とすましこんで居る。

十二日、訪問者の数はいよいよ多くなる。暮方二十九名に洗礼を授けた。喜びの情は眉宇に溢れて居る。

十三日、余り音を立てないために、聖体拝領者のみをミサに与からせるはずであった。しかし我も我もと先を争って押しよせたので、家は忽ち一杯となった。秘蹟をさずかった者は、コンタス、メダイなどもせびって持ち去る。遠方の信者たちはさも羨ましげに、〝私たちの方へもいらして、アニマの救かりをさせて戴けませんでしょうか〟と願い出る。

十四日、五組の結婚式を挙げた。離婚の多いこの地には余程の好感をひきおこしたようだ。婚姻と云うものは、めいめいが勝手に結んだり、解いたりすべきはずのものではない、と皆がよくわかって来たらしい。

十五日、松次郎の語る所によると、私の訪問によって、信者の心が非常に引き立って来た。七月頃になると、神父を二名ぐらい派遣していただいても足りるまいと云うことだ。

十七日、日曜日、出帆は今夜に迫った。御主に暇乞をすると云う考から、今朝のミサには聖体拝領者が多かった。夜八時に船を出した。天晴れ、月さえて、浪さえ穏かに、海はさながら鏡の如し。

十八日午前十時長崎に着いた。昼間の上陸は剣呑ですから、晩方まで船にお隠れになって居られては、と水夫たちは勧めてくれた……なアにその様な心配は無用だ。そっと薮の中に入って和服を脱ぎすて、途々聖務日課を誦え、一寸散歩にでも出掛けたかの様に、おちつきはらって天守堂へ帰った。出発の際、司教様は私に祝福を与えつつ、〝島に入って火を放ちなさい〟と仰せになった。私はどこまで司教様の思召を遂行し得たか存じえないが、〝その燃ゆる外には何をか望まん〟と云うことだけは、確かに断言し得ると思う。

三月二日、浦上平の伝道士友吉（岩永）は一本木の甚三郎および和三郎の二青年を伴い、五島へ向って発足した。五島のどこへ乗りこんだのか、そこは判然としない。五島には天守堂と連絡を通じない信者がずいぶん多い。通じているにせよ、まだ相当に教理をわかっていない。しかも伝道士といえば、去る一月頃から桐ノ浦に働いているガスパル与作のほかには誰もいないのだ。

同年四月十九日聖金曜日の夕方、クゼン師は再び五島へ向かって出帆し、翌日三時頃、頭ケ島に漕ぎつけた。時にドミンゴ松次郎はすでに頭ケ島へ引越し、ささやかな仮聖堂を構え、神父の渡来を待ちに待っていたのである。この島は周囲わずかに一里たらずの小島で、地味もあまり良くないし、離れ島ではあるしするので、これまでほとんど顧みる者すらなく、まったくの無人島であった。一八五九（安政六）年十月、有川の代官貞方数右衛門の許可を得て、二、三戸のキリシタンがはじめて島に移住し、次いで一八六四（元治元）年にも五戸移住してからは、あとを追って引っ越す者が次第に多くなった。一八六七（慶応三）年に家老職奈留勘解由と、頭ケ島の大目付貞方弥兵衛らが調査した時は、十六戸、百三十名であったそうだが、クゼン師が渡った頃には早や二十五戸の多きに達していた。そのなかで未信者は小頭役の足軽前田義太夫一家のみで、この一家も自家の薩摩芋を植えるのに忙しく、信者を煩わすほどの余裕がない。

もし今のままで、キリシタン嫌いの役人や仏僧が入りこんで来ないかぎり、信仰はまったく自由だ。したがって彼らは我も我もと移住したがっている。やがては人の鮨詰めを見るに至るであろう。

クゼン師は御復活日の朝三時頃、ミサ聖祭を執行し、三十人の質朴な島人に聖体を授けた。神父が渡来したと聞いた信者たちは各方面から船を漕ぎ出して白昼公然と押しよせて来た。

「未だ教えをわかっておりませんが、勉強しています。七月頃には準備ができますでしょうから、その節はどうぞ霊魂の救かりをさせて下さいませ」

これが信者たちの神父に面会した時の初挨拶であった。じっさいどこの部落でもさかんに公教要理の学習をやっている。七月にもなったら、秘蹟をさずかれる者が千人にものぼろうということだ。

御復活祭の翌日から四日間は水方の手によって洗礼だけを授かった生児に洗礼式を施したり、各地からかつぎこまれた病人に秘蹟をさずけたり、自分から見舞いに行ったりして、四月二十六日金曜日の八時頃、クゼン師は無事長崎へ帰着した。

この頃、長崎ではすこぶる怪しげな雲脚が去来し、いわゆる「山雨将に来らんとして風楼に満つ」というありさまであったのだけれども、プチジャン司教たちは、一向それに気付かず、世はむしろ信教自由に向かって歩一歩近づきつつあるものと安心して、クゼン師を五島へ遣わしたのであった。ところでそれから三カ月後の七月十五日の夜、長崎奉行徳永石見守は遊撃隊の将卒以下、捕吏百七十人を打立たせ、風雨をみこんで不意に浦上を襲わせ、男女六十八名を引捕らえて小島の監獄に繋いだ。十月九日に至り、問題は信者側の屈服によって一応落着した。まもなく徳川幕府は大政を奉還して明治の新政府となり、翌慶応四年三月明治天皇は、「旧来ノ陋習ヲ破リ、天地ノ公道ニ基クベシ」と広く内外に向かって誓わせ給うたにもかかわらず、当時政府当局は、皆狭隘な国粋主義者で、旧来の陋習にこりかたまり、「キリシタン即ち国賊」という思想をあくまで吸い込んでいる。どうせ一あらし殺到しなければならぬ。これまで比較的平穏であった五島でさえ常ならぬ暴風雨にもまれ、幾多の犠牲者を出すに至ったのも怪しむに足りない。請う、第三篇を一読して、その風雨のいかに猛烈にして、これに対するキリシタンの信仰のいかに確固不抜なりしかを驚嘆せられよ。

第三編

二五　五島の迫害

1　迫害の原因

一八六七（慶応三）年、徳川幕府は大政を奉還し、翌年正月鳥羽伏見において官軍と戦い、一敗地にまみれてまた起つあたわず、ここにいよいよ王政復古の盛業をみるに至った。しかし新政府の要路者は、日本をもって世界唯一の神国なりとうぬぼれ、「日本は万国の総本宗国、宇宙の総帝国である。日本より優れた国、日本より美しい国、日本より豊かな国はない。禽獣と何等選む所なき夷狄《いてき》（やばんじん）にこの国土を踏ませてなるものか(1)」という意気込みであった。幕府時代に拱手傍観していた五島藩が、明治政府の樹立をみるや、急に血なまぐさい迫害の大鉈をふるって躍りいで、一方ならぬ人騒がせを演じ、外交問題までもひき起こすに至ったのも、一つはこうした風潮にさそわれた結果ではなかったろうか。

もっとも五島で迫害の緒をひらいたのは、藩吏ではなく、信者側であった。これまで幕府はキリスト教撲滅の一手段として、宗門寺法を定め、子が生まれると、これを宗門帳に記入させ、死ねばまた僧を請じて引導を渡させ、僧がキリシタンにあらざる旨を証明した上で、ようやくこれが野辺送りを許す。年に幾度かは宗門寺に参詣して寺僧に布施をし、家には異教徒と同様に神棚を設け、仏壇を備え、香華を献げなければならぬことにした。それらはもとより迷信行為であるから、宣教師側ではそうした迷信行為者に、洗礼その他の秘蹟を授けることを許さないので、魂の救かりを欲するキリシタンはどうしても旧慣に安んじてはいられない。進んで藩吏に申し出で、神棚や仏壇を取りすて、自己の信仰を公表せざるを得なくなるのは、当然すぎるほど当然であるが、藩吏のなかには、そのへんの訳柄を諒解し得るだけの頭の持主はいない。いわんや五島のキリシタン、四、五十年前に大村藩から移住した居着者で、元住民からは穢多や非人のごとく賎しめられていた者ばかりであるから、打とうと、叩こうと、殺そうと、搾り取ろうと、何らさしつかえはないもののごとく思われていたのである。しかも五島人といえば常に強風怒濤にもまれもまれているだけに、気質はそれだけ剛健であるが、また荒っぽく、西南海中の離島内にあって「中央文化」とは遠くかけはなれているところから、ややもすれば直情径行に流れる傾きがなきにしもあらずである。五島の迫害が、他に類をみないほど残忍暴虐のかぎりをつくしたのは、こうした理由に基づくのではなかったろうか。

（1）平田篤胤『古道大意』より

2　迫害と外交問題

五島の迫害は明治元年九月下五島久賀島《ひさかじま》から始まった。キリシタンは一網打尽に捕えられ、恐ろしい拷問にかけられた。彼らのなかには教理に通じ、秘蹟を授かったという者はきわめて少数であったが、しかしあくまで祖先の信仰を固守して動かない。迫害の始まるや、漁船に打乗って長崎へ漕ぎつけ、宣教師に事の成行きを報告し、指揮を仰ぎ、秘蹟を乞う青年が毎日絶えない。彼らは悔悛、堅振、聖体の秘蹟を授かり、それに意外の力を得、入牢や、遠島や、悪くすると無残な死までが待ち伏せをしている己が島地へ帰り行くのであった。

十二月十五日プチジャン司教はパリの神学校長ルッセイ師に宛て、左のごとく書き送られた。

唯今数名の信者が腸を断つばかりの報告を齎《もたら》して五島から参りました。南五島の小さな久賀島では、男女合せて百九十名ほどが一軒の牢屋に閉じ籠められ、背教を肯じない為に一ケ月前から酸鼻見るに忍び難き責苦を加えられて居ます。九名は非命の死を遂げ、他は長い長い死苦の中に消え失すべき運命に置かれて居るのです。久賀島での出来事は他の島々にも波及すべき疑を容れざる所です。浦上の犠牲者百十四名、大村の犠牲者百十名（内七十名は昨年来死亡）は日本政府の腹の中をはっきりと私たちに物語るのではないでしょうか。

プチジャン司教の気遣いは不幸にして杞憂に終わらなかった。迫害を加えられたのは久賀島のキリシタンばかりではない。上五島の冷水《ひやみず》では十一月二十五日に十名の信者が捕えられ、網上げというところに繋がれた。同二十六日、頭ケ島の男子三十名、女子一名が捕手の網にかかった。十二月十六日になると、下五島奥浦村の信者十九名が捕縛され、浦頭郷の中尾喜助宅に囚われた。明治二年一月三日、岐宿村では三十五名の信者が水ノ浦と楠原とに分囚され、同十六日姫島のキリシタン十八名も水ノ浦へ送られて、同村のキリシタンと同じ家に打込まれた。

長崎から総督府の下役が出張したついでに、岐宿村の捕縛は断行されたのであった。久賀島の松ケ原、奥浦の浦頭に囚われていた信者も、その下役の巡視以来厳しく責められた。明治元年の暮れから信者の持船はことごとくさし押さえられた。長崎天守堂との連絡はまったく絶えてしまった。

一八六九年一月六日附の書簡中に、プチジャン司教はいっておられる。

御降誕祭以来、五島信者の運命については何の噂も耳に入りません。捕縛も責苦も決して中止されない。殊に久賀島の犠牲者は飢餓と睡眠不足とに苦しんで居ます。彼等は憐れにも己が住宅の一軒を牢獄にして、其中に二百名から打込まれ、立って居るだけの余裕すら無い位です。この仮り牢は二間に仕切り、一間を男子に、一間を婦人小童に充てたものです。デウスの御恵により今日まで彼等は毅然として微動だにする様子がない。頭ケ島からは何等の音信もありません。役人はキリシタンの持船を押えました。入牢者の数は日にまし加わるばかりです。御降誕までは迫害者の手を遁れた船が一艘ありました。その船によって時々彼等の沙汰を聴き取ることも出来たのです。三日以来その船の来るのを俟って居ますが影も形も見せません。何等かの不幸に出会したのではないかと案ぜられてなりません。近頃、浦上では、去る七月の遠島者以外の家族を、すべて取調べにかかって居ます。捕縛が近まったのではないかと気遣わしいものです。遠島された信者については確実な事は一つも判りません。

大村の牢獄に囚われて居る信者は相変らずデウスの為に苦み、死を覚悟して居ます。最近彼等の便りが手に入りました。水方の一人が牢内に忍び入って彼等に多少の慰めを与えたのです。さし当り彼等に最も急を要するのは、有益な助言と、幾分の食物及び衣服とで、浦上の信者たちは寄附を募り、牢番に賄うて内へ忍び入り、救助してやりました。

一八六七（慶応三）年八月、牢内を訪れた信者の報告によりますと、彼等はその頃まで百三名を数えて居たのに、一八六八（慶応四）年一月三日には、七十八名しか残って居ません。如何に死亡者の多かったかは、察するに余りあるでございましょう。

迫害が五島に爆発するや、プチジャン司教は取り敢えず事情を詳密に取り調べて、これをフランス公使ウートレーに報告し、その救解を求めた。一八六八（明治元）年十二月三十一日、公使は左の返簡を司教の手許へ届けた。

日本に於けるフランス公使館より

閣下、御書簡は二通とも正に拝見いたしました。私が如何ばかり五島キリシタンのあわれな境遇に同情を寄せて居りますかは、フュウレ師より閣下に伝えられたことであろうと存じて居ります。私は唯今熱心に彼等の為に奔走いたして居ります。私が直接に聞取りました所ではございませんけれども、他の外国公使方も協力して、我等と信念を同じうせる島人の救解を謀る必要を認めて居る由でございます。私は日本の官憲に厳重なる掛合いを致しました。内政問題に干渉するが如きことは努めて之を避けたい積りですけれども、キリスト教徒の上に憎むべき迫害の加えられるのを見ながら、拱手傍観して居る訳には参らぬと云うことを覚らしめました。

危険なる路へ足を踏み入れたことは、御門《みかど》の政府も漸く感付いた様に見受けられます。横浜へ下向した宇和島侯（外務卿伊達宗城《むねき》）は、私に十分満足すべき保証を与えました。早速命令を発して、迫害を廃止せしめ、今後再びかかる挙に出でざる様、相当の措置を採るべきことを約束いたされました。終に私の請により、

一、五島役人の行動は中央政府の命令に出しものではないこと。

二、政府は彼等の行動を否認すること。

三、早速命令を発して、キリシタンに加えられて居る虐待を停止すること。

この三つを明瞭にした公文書を私の許に送り届くべきことを引受けられました。右の通報は未だ入手の運びには至りませんが、私は之に頗る重きを置き、やがて私の許に届けらるべしと固く信じて居ります。一たび之を手に入れました上は、既に問題の中心点を捉え

得たもので、将来の為に堅実なる地歩を占めた訳でございます。閣下よ、この通報は至極内密のもので、之を御発表になって日本人の猜疑心を起さしめることだけは努めて避けねばならぬと存じて居ります。閣下の御手に入りました五島迫害の情報は、すべて私にお洩し下さいませ。私の方でもキリシタンたちの境遇を緩和するがためには、如何なる努力をも辞さない覚悟であるのですから。

敬具

ウートレー

ウートレー公使は着任日なお浅く、日本外交の真相に通じて居ない。正直に宇和島侯の約言を信じ、取らぬ狸の皮算用をしたものである。

宇和島侯は再三フランス公使に言質を与えながら、一つも実行するところがない。ただ明治二年一月十一日に至って漠然とした、一向要領を得難き文書を公使のもとへ送った。その趣きによると、

一、間違いの起こったのはキリスト教と邪教とを混同したのに原因すること。

二、外国公使方の異議によって旧来の言い方を訂正し、キリスト教と邪教とを全く区別するに至ったこと。

三、然し人民の眼にはその区別が判然として居ない。キリスト教も邪教と映じて居るから、其点を充分に納得させた上でなければキリスト教を公認する訳には行かないこ

と。

四、禁制は依然だが、政府の方では協議を重ねた上、厳酷な法律は持続しないで、むしろ寛大な取扱いをすることに決したこと。(1)

この四点をくりかえすばかりで、少しも公使の抗議には触れていない。しかも越えて二日、長崎や五島に訓令を発して、左のごとく厳重にキリシタンを取り締らせているのである。

戊辰（明治元年）十月五日御布告

切支丹宗門改め方、追て御規則相立て候までは、旧幕府之処置に相従い、不審なる者の有無を取調べ、来る十一月限り、辨事伝達所へ届出づべき事。

戊辰十二月三日五島飛騨守へ御沙汰

領民中、邪宗信仰の者これある趣、右等之者を取調べ候上、処置方の儀は総て長崎府へ伺い出づべく候。一己《いっこ》の取計にて、外方の差響《さしひびき》に相成り候ては、一致之御趣意に相戻り候間、向後きつと相心得候よう御沙汰候事。

戊辰十二月三日長崎府へ御沙汰

別紙之通り、五島飛騨守へ御沙汰相成り候間、其府に於ても兼て相心得、相当の指揮これあるべく、尤も大事件は時々伺出づべき旨、御沙汰候事。(2)

まったく人を馬鹿にしたやり方だ。それでもウートレー公使は知らぬが仏で、なお一縷の望みを託していたらしかったが、二月十一日の文書には漸く日本官憲に翻弄されたことも自白している。確かな言質を握っていながら、ただ翻弄されたと自白するばかりで、強硬な態度に出ずるを知らず、事をうやむやに葬り去って顧みなかったウートレー公使も、またご都合主義の外交官であった、といわなければならぬ。

三月二十三日プチジャン司教は長崎駐在各領事の手を経て、五島および大村の囚徒が蒙りつつある虐待を列国公使に報告した。数日を経て、さらに詳細な情報をフランス公使の手許へ送り届けた。

（1）マルナス第二巻一二七ページ以下、慶応四年四月に「切支丹邪宗門の儀は是迄御禁制の通り固可相守事」という高札を掲げ、外国公使団から厳談を蒙り、「切支丹」と「邪宗門」とを別々にして禁止したことをいうのである。

（2）長崎図書館所蔵の記録

3　五島に於ける迫害の近状、プチジャン司教の報告文

四月六日現在で、キリシタンが入牢、虐待を蒙りつつある所は、一、松ケ原、二、浦頭、三、水ノ浦、四、楠原である。

一、松ケ原

松ケ原は久賀島の一部落であるが、そもそもこの小島で迫害の始まったのは、一八六八年十一月十二日である。最初二十三名のキリシタンが捕われて五島の城下福江の牢獄に繋がれ、拷問にかけられた。しばらくの後、全島のキリシタンは老若男女のすべてで二百名近くも、前の二十三名と共に松ケ原に閉じ籠められた。今も死亡者を除けば其処に囚われている。拷問、飢渇、寒気の為にたおれた者が少なくない。

① パウロ助市、七十九歳。十一月十二日に捕えられ、鉄の十手で打ち撲られ、牢に投ぜられた。十二月の中頃、打撲の痛みと、飢寒の為に死亡した。

② フランシスコ力蔵、五十三歳。助市の子で父と同日に捕えられて、十一月二十一日算木に乗せられて気絶した。翌日も同じく算木責めに遭い、鉄の十手で撲られ、口には炭火を入れられた。今度ばかりは死んだと思われた。牢内に担ぎ込まれても、拷問に砕けた体を休ませる所すらない。もう全身傷ばかりで、三カ月ばかりも死苦に悩み、一八六九年二月十七日に至って終に死亡した。屍は五昼夜も葬られないで同志の中に捨て置かれた（屍を捨て置かれたのは助市で、力蔵ではないとか）。

③ ジュアン藤七、乳児。十月八日飢えの為に死す。

④ ジョアンナ・シモ、一歳。一月二十九日飢えの為に死す。

⑤　カタリナ・ヨシ、一歳。二月二十二日飢えの為に死す。
⑥　ペトロ・三蔵、四歳。三月十二日飢寒の為に死す。
⑦　マリア・ハル、五十九歳。十一月に捕えられ、叩き責めに遭い、三月十三日傷の為に死す。
⑧　イザベリナ・ヨモ、四十二歳。同じく叩き責めに遭い、三月十四日傷の為に死す。
⑨　パウロ・力松、二歳。三月二十四日、飢えの為に死す。
⑩　マグレナ・ナヨ、二十一歳。四月一日飢寒の為に死す。
⑪　テクラ・ヨモ、四歳。同月同日飢寒の為に死す。
⑫　トマス・叉次郎、四歳。
⑬　マリア・サモ、四歳。
⑭　ジュリア・トシ、四歳。
⑮　ドミニカ・フミ、十一歳。
⑯　ドミンゴ・三助、六歳。
⑰　姓名不詳の幼児一名。
右六名飢寒の為に死す。

二、浦頭

浦頭には一八六六年十二月十六日五十九名のキリシタンが繋がれた。翌年三月の中頃には婦人子供までも同じく之に加わった。

三、水ノ浦

水ノ浦および姫島のキリシタンは同じ牢に打込まれて居る。その数は初め六十名であったが、後婦女子の囚われるに及んで倍加した。

四、楠原

楠原に囚われているキリシタンは、殆ど裸体のまま狭い牢舎に重なり合って居る。長さ六尺巾三尺の畳一枚を、十七人に充てがった所さえある。その上、彼等は甚だしく飢えに苦しんでいる。責められた者は、皆ではないが、いわゆる、火責め、水責め、算木責めに処せられた。裸体のまま刑吏および群集の前に晒された婦人もある。無論右の責苦は極度まで加えられたのではあるまい。非命の死を遂げてはと云う恐れがあるので。

責苦に遭ったキリシタンの中に、首尾よく脱牢した者が居た。二名だけは或る家族に収容されて親切に介抱されたが、しかし算木責め（二月の末頃に責められた）の為に受けた傷は未だに平癒していない。一人は左脚を傷めていて、殆ど回復の見込みがない。頭《かしら》ケ島、鯛ノ浦のキリシタンは、唯今その部落内に監視されて居る。彼等に対していかなる処置をとるべきか、それを伺うが為に代官が下関まで行って居るから、その帰島を待って居るのである。

この悲惨な情報を一読しては、列国公使もさすがに心を動かされ、同情以外に多少底力のこもった運動に出てくれまいかと司教はひそかに期待するところがあった。しかし司教の期待は見事に裏切られた。公使らの外交は何ら効を奏せず、その努力はまったく徒労に終わった。時にローマにはヴァティカン公議会が開催されることとなり、プチジャン司教もその召集状に接した。後ろ髪をひかれる思いはするが、やむを得ず後事をローカニュ師に托して出発した。司教出発時の五月中には、面白からぬ情報が次から次へと、ローカニュ師のもとに届けられた。

久賀島の入牢者は相変わらず飢えに苦しんでいる。全く一日に半口の食をも与えられないことすらある。早や二十七名は死亡し、他に八名の生命も、あしたにゆうべを期し難くなっている。

水ノ浦に囚われているのは五十八名で、彼らは五月十六日、聖霊降臨祭の日に当たって、残酷な責苦に遭わされた。役人は入牢者の食費を負担しない。一応改心して出牢した者が、その罪滅ぼしに彼らを養っているということだ。

浦頭の入牢者は一時五十名の多きに達した。

三井楽《みいらく》で捕えられた二十五名中、二十四名までが拷問にかけられた。

鯛ノ浦では十三名のキリシタンが叩き責めにあった上で、仮放免された。

五月十六日と十八日とに、モグリのキリシタンは残らず召喚され、威嚇されもし、叩かれもしたが、一人も屈しない。二回とも天晴れな信仰宣言をした。その他、五島のいたるところに、村内の異教徒が代官や小頭の差し金によってキリシタン征伐を企て、無理無法な迫害を加えたものである(1)。

五島の件について、ウートレー公使を筆頭に、列国公使が申し立てたのは、明治二年五月であった。政府は何らそれに答えないで、その間に命を長崎県に下して、無実を調査せしめ、宣教師の運動の実証を掴んで、公使らに逆捩じを喰わしてやろうと謀った。

4　外務省と長崎県庁との往復文

一、五島耶蘇一件に付き各国への返書振り取調べ中に候処このほどイギリス公使応接の序に申出候は、近頃、其県耶蘇党の御取計らい振り惨酷に出で候事少なからざる趣にて、既に婦人を裸体にして路傍にさらし候事もこれあるなど聞及び候よしにこれ有り候。
右は渡辺彈正大忠《わたなべだんじょうだいちゅう》殿西下後、其筋の御調べこれ有るに付き、彼の僧徒中、流言を構え候ことも哉と察せられ候えども、若し実跡これ有る義にも候えば、委細さっそく御申越しこれあるよう致度く、且つ昨年沢卿御在崎の砌《みぎり》より、彼の僧徒の奸黠（かんかつ・わるがしこいわざ）所業に付き、下民どもより其県へ申出で候書類数十通これ有り、其中、取捨摘要して政府へ申出に相成り候分もこれ有る筈にて、是等は後日彼の僧徒の奸黠を責め候はんには、最好機会に候故、種々取調べ候えども、当地にては纏まりかね候に付き、右書類を写し、至急御廻しこれあり度、且つ其外にも御聞こみの儀もこれあり候えば、同時に御書送りこれある様にいたし度、右御掛合まで此の如くに候也。

十月十二日

外務省　町田大丞

馬渡大丞

長崎県

野村県知事殿

渡辺弾正大忠殿

宣教師が流言を構えたとか、奸黠所業に出たとか、よくもいえたものだ。実際について見たら、宣教師の報告は百分の一にも達していないのではないか。

すると長崎県から左のごとき答申書を差し出した。

五島耶蘇の儀に付き、英公使より同藩惨酷の処置いたし候旨、事情中立て候一件、御懸合い相成り、右は当四月、楠本平之允《へいのじょう》同所へ出張、それぞれ取調べ候処、事情は委細相分り候に付き、其頃、御局へ届書差出し置き候。なお右の書類一綴り当節差遣し候間、御一覧の上、御了解下さるべく候。此段御答に及び候也。以上

野村県知事
渡辺彈正大忠

外務大少丞殿

別紙

五島飛騨守領内異宗信仰のものの処置振りに付き、外国人共より縷々苦情申立て候事件、御精細仰せ下され候。貴翰到来、即時一応回報に及び置き候通り、同僚の内、楠本平之允直ちに五島表へ渡海、彼地の処置振り初発よりの手続、且つ件明鞠断《きくだん》の顛末、其事に関わり候藩吏の所説、なお自身幽囚の村落に相赴き、親しく目撃し、実地検分の情実に至るまで中上げ候。

抑もこの事件重大の儀に付き御応接、別けて御苦心のほど深察たてまつり候。既に外国人より貴官への進達仕り候、探索書の趣にては、苛酷粗暴を相極め候処置振りに付き、一は驚愕し、一は疑惑し、最前飛騨守より当府へ伺出で候書面にては、頭取の外、出牢をも

中付くべき哉の旨、総て厳酷の取扱とも相聞えず、実否殆ど相辨《わきま》へ兼ね、大に苦心、彼地着船取敢えず藩吏を呼出し糾問に及び候処、初発、昨年十月怪しき風聞これあり、探索の上、行状疑わしき者を捕縛して鞠問致し候処、陳述曖昧、更に実を告げず、已を得ず遂に拷問を加え、漸く始終概略白状に及び候得共《そうらえども》、一円同志の徒を露はさず、其為に追々拷問、実を吐き候に至り候処、其徒は元来彼地人員寡少にて、諸国より渡来者を止め置き、山野開拓の為小屋を建て、農具を与え、其地に居らしめ、墾畑、開畠を致させ候者を居食者と唱え、諸国の所謂、入百姓の類にて、従来の国人等は大に此徒を卑しめ、縁組は勿論、親睦をも結ばず、別種のものの如く取扱われ候者のみにて従来の国民にはこれなく、右の徒、初は密に当地大浦外国人居留地にこれある天主堂に来り、後は外国人を彼地に連れ渡り、其者に相学び、遂に蔓延今日の姿に押移り、既に右白状の風聞これあるより、却て其徒逆に入り、自身訴出でて、罪を倶に致度旨迫り来る者数百人、初の程は拷問にも及び候えども、後は彼より訴へ候間、致すべきもこれなく、多人数入れ置くべき大牢もこれなく、実は御厳禁を犯し候大罪の囚人に付き、別段手当等仕らず候ては相済まず候えども、何分急速にて手当行届きがたく、仮りに其徒の居村々々に牢舎を補理し、男女を別けて入れ置き候えども、農事の秋を失い候ては、田圃荒亡の基に付き、最前相伺い候末、何分の沙汰もこれなく候えども、婦女子の分は昼の内は耕作のため田畑へ出して相稼がせ、夜は囹圄に帰て寝臥し致すべき旨申付け、更に過酷の処分これなき旨、申立て候。

拷問中、責苦甚しく死亡の者これある趣相聞え候、この事実如何哉と詰問候処、藩吏相答へ候は、以の外の相違也。多数の儀に付、病死の者は別紙の通り追々これあり候えども、拷問の為に死失の者は一人もこれなく候。

又問う、鉄杖を以て打擲し、その破傷、腐爛の趣にも相聞え候、拷問中死せず候共、其苦痛に悩み、後日に到り死亡に及び候者これなき哉。既に力蔵と申す者は拷問の人員に相見え、又死亡の人員にも相記しこれある、是等は其類にはこれなき哉。藩吏相答候は、当藩にて拷問の法、割薪を組並べ、其上に囚人をすわらしめ、膝上に石を載せ候。又一法、囚人を仰向に倒し、手足を不動にして水を飲ましむ。其他、一通りは囚人の急所を外し、筋骨を傷めざる様、多肉の所を選んで打擲せしめ候。この三の外、拷問の法これなく候、打擲し候て皮肉を傷け候様の事は更に致さず。是とても昨十月初発のみ、白状のものこれあり、同志相顕わし候聞えに依りて自訴の者数百人、是れ全く人数を募り、吟味の勢いを挫折し、且つ其徒《そのやから》の呵責を免れ候手段にもこれあるべき哉、問わずして来者《くるもの》毎日相増し候に付き、これ以来更に、拷問等仕り候儀はこれなき旨にて、苛酷の処置とも相聞えず、聊か安心仕り候得共、前後の取斗らい振りを相尋ね候処、元来囚人を城下へ率き来ることもこれなく、藩吏その村落に出張して、吟味を遂げ囹圄も其地々々に補理、入牢申付け置き候趣に付き、平之允現場に相越し一見致度き旨申達し、城下近在入牢の地に至り候迄は、最前彼藩《かのはん》より入牢致させ置く旨申立てこれあり候儀に付き、必定獄舎に繋ぎ、厳重の警固相護り居り候事と相心得候処、実地巡検初めて彼藩にて処置の寛大を知るに至り、其証は豈斗んや其地々々の村落にて、小屋のうち大なるを牢と唱え、異宗信仰のもの多人数を入れ置き、四方壁ある限りは、別段囲の手当これなく、壁土落失候所は、エツリ竹のみに相成り、唯表裏の出入口に釘を以て竹木取交ぜ縦横に打ち、それのみ囹圄の形に相見え候迄にて、獄舎と申す程の経營にもこれなく、一家凡そ二間に三間、この畳数十二枚、然るに床を取除き、土間に筵を敷き、総人数七十三人、婦女は男女の別を立つる為、中に隔を入れ、小童、嬰児も此人員に加わり居る所は至極迫狭《せま》く、追々炎暑に臨み候えば、避暑の間これなく、相困り申すべき体に相見え候迄にて、外に酷苦の容体も相見えず、附添い来り候藩吏も実は余り粗略の取斗らいに付き、其咎もこれあるべき哉と大に畏縮の申訳等これあり、畢竟彼地遠く海を隔て、地方を離れ候孤島にて、世上の形勢不徹底より、領民重大の御国禁を犯し候て、偏に恐れ、名は厳にて実は緩なる処分等もこれある哉に察せられ、格別厳酷はこれあるまじく、既に婦女農業の為め、昼間外出差許し候者共も、申付け通り、夜分悉く囹圄に帰り候体にもこれなく、銘々自宅に寝臥いたし候趣にも相聞え、至極寛宥の取斗らいに相成り候えども、当府近傍の浦上村異宗信仰のもの共に比較致候えば、一等厳重にも相見え候。

併し最前飛騨守より伺出の趣き、事柄重大に付き、当府の見込み限りにて取締り筋の指揮相成りがたく、依て飛騨守伺書に尚当府よりの伺書相添え辯事へ進達、御差図待ち奉り候央、兎角の申談は仕り難く候えども、貴官より深く御配慮の御掛合もこれあり、何分已むを得ざる場合に付き、見分仕り候て、差向い候廉《かど》にて談判に及び置き候儀、左の如し。

一、粗暴苛酷の拷問など堅く相止め、寛恕を旨とし、兼て伺いの御指図を相待つべし。
一、幽囚所手狭にて、大暑中に至り、囚人ども炎暑に苦しみ、病を生ずる者自然と出来候ては、以の外に付き、家数を増し、他所に人数を分配せば、寝臥自由にて避暑に然るべく、数ケ所の幽囚悉く其例に倣い、至極相甘じ候様、取斗らうべし。
一、病者これある時は、急速医師に命じ、診察の薬餌、怠らざる様、心を懇に取扱い候は勿論に候えども、追々大暑にも趣き候に付、尚更ら入念、囚人は私の囚人にこれなく、療養等閑にして死を致し候者多き時は、その護衛する者の怠に候間、勉めて介抱を加え、死失の者少きを専要とすべし。
一、婦女耕作の為、昼の内田圃に出候儀は、疾く彼藩にて趣向相立て、差免じ居り候間、農事秋《とき》を失わざる様にとの主意も余儀なき情実に付き、伺中には候えども、近日御沙汰これある迄、当分其通り取斗らい置き然るべし。
一、異変は勿論死亡のもの等これあり候節は、迅速当府へ申聞くべし。総て何分の御指図これある迄は、寛大を主とし、聊も過激の処置これなき様致すべし。

右之通り反復申談じ置き候間、決して粗暴の取斗らいはこれある間敷く、以後の儀は御安意下され度候。尤も幽囚の地数ケ所の内、其地の正宗の者共より、婦人も耕作の為め外出致候ては、自然と人気に相響き可からず故、其儘差置き候土地もこれあり候えども、当節、実地目撃の有様と、先般飛騨守方より差出し候伺書の趣を以て相考え候えども、外国人申立ての探索書とは、大に相違の廉も相見え候は、全五島脱走のもの、己が不平の余り、小を大に取成し、無形の儀を有形の如く事実を引違え、総て苛酷の処置これある体に虚実取交ぜ、申触れ候を、外国人伝聞き、真実に引受け候儀にはこれある間敷き哉、四月に至り、死去のものを凍饑抔と申候は、土地の時候をも考えざる申分にて、彼地格別の寒地にもこれなく、暮春初夏の頃、凍死等致候土地はこれ無く、其等を以ても事実の慥ならざる儀、判然に付き、宜しく御洞察下され度候。然るに差向候は、彼地の取斗方、仮りに別書の振合い姑息の申談じ致置き候えども、最前飛騨守より表向き書面を以て伺出候御指図、如何仰せ出さるべく候哉。浦上村異宗の者共は、旧幕中一同村預け申付け、其儘相過ごし来り候えども、五島表の事件は御一新後の儀に付き、別段の御処分、御沙汰の次第もあらせらるべき哉、何れにも追て一般の御処分御決定までの取締り向き心得方、迅速本官より御指図仰せ下され度、右等の訳柄、貴官よりも辯事方へ仰通し下され候はば、速に御下命にも相成るべく、飛騨守よりの伺書は先便差進め置き候に付き、これを除き、其余当節取調の上、差出し候書面類も写相副え御報に及び候。尚精々御熟考下され、前書の趣き知官事公へも然るべく仰上げ下され候様、希い候也。

長崎府
判事中

六月四日

外国官
判事御中

追啓

今四日十時コスタリカ船入港便より、兼て五島飛騨守よりの伺書に別紙写しの通り御附札を以て、御指図これあり候間、即ち御差図通り取斗らい申すべき旨、猶又、飛騨守方へ申達候心得にこれあり候。左様、御承知下さるべく候。

以上。

長崎府
判事中

六月四日

外国官
判事御中

（附　札）

口　上

私領邪教信仰のもの共、猶又取調べ候処老若男女にて凡《ほぼ》千余人に相及び、一旦改宗仕り候て、血判等仕り候者邪宗に立戻り、間には脱走等仕り候。いずれも牢舎申付け置き候ては、田畑荒亡、糧食次第に疲弊に及び候に付き、家主並びに改心者斗り牢舎申付け、其他は差許し候て、番人相付け農業仕らせ度存じ奉り候。成丈け日早く所置伺い、御差図仰付け下され候様、願い奉り候。

四月　　　　五島飛彈守

（附　札）

本文之通り、取斗らい置き申すべく、追て相当の御所置これあるべく候事。

政府は長崎府からの答申に基いて列国公使あての返書を作り、十一月三十日（陽暦明治三年一月一日）にこれを発達した。

手紙を以て啓上いたし候。然れば去五月中御掛合いこれ有り候五島耶蘇宗徒処置振りの儀に付き、彼の藩の者呼出し精々取調べ候えども、不明瞭につき、……長崎へも申越し、同所官員の中（楠本平之允）親しく同島へ相越し、篤と穿鑿を遂げ候所、信仰人総数合せて一千百人に及び……兼て厳禁の異宗信仰の者たる事紛れなきに付き、種々教誡をも相加え候えども、改心せざるのみならず、却って種々訴出で候など手に余り候に付き、止むを得ず先ず入牢申付け置き精々教諭相加え候処、漸次改宗のものこれあり、其向は直に出牢いたさせ候よし。右入牢中、大勢の事故、中には病死のものもこれ有り、或は教誡を用いず、終に出奔いたし候者も少からざる趣にこれ有り（以下「最初吟味の節、白状に及ばざる者もこれあり、傷けざる程多肉の部に笞杖を加え鞠問もこれあり」云々は消してある）、先般御掛合い越しの内にこれ有り、鉄棒にて打ち、又烈火を口中に入れ候の事は絶てこれなく、入牢と申すも、別段囹圄を構え候にもこれ無く、唯だ通常の住家を締り相申付け、夜間猥りに出入を許さざる様いたし置き候えども、昼間は農業の為め出入を免し置き候。……寛大の取扱いに、〇月布告の後は各所において別段心懸け居り候儀に付き、厳酷の処置は致さざる趣き届出で候。……追て適当の処置相致し候上、更に御掛合に及ぶべく候えども……」[2]（切支丹禁制の終末一三六ページ）

つまり残虐な拷問云々は事実無根、宣教師の虚構流言だと空呆けたのであるが、しかし明治の迫害中、五島キリシタンほど残酷に、意地悪く、無理、無法に責められたものはあるまいと思う。請う、以下略述所を一読せられたい。誰が涙なしに読了し得るであろうか。

（1）マルナス第二巻一四二ページ以下
（2）長崎図書館所蔵文書

二六　下五島の迫害

1　直江騒動

五島は常に上と下とに二大別する。上五島は宇久、中通、若松島を含み、下五島は福江、久賀、奈留、樺島などを併せ称するのだ。藩主の居城も政治の中心も福江島に在り、福江島から各地に代官を派して群島を管理したものである。一体五島は一万五千石の小藩で、しかもその中から、富江《とみえ》一千石、宇久島一千石、中通島の魚目《うおのめ》一千石を割いて富江に分家を立てさせることとなったのは、明暦元年十月であった。しかるに明治維新のどさくさ紛れに、福江の宗家盛徳《もりのり》は朝廷に内奏して、富江には蔵米禄三千石を支給し、領地はすべてこれを自己の手中に収めてしまった。飛報が富江に達するや、上下一時に色を失い、あるいは長槍をしごき、鉄砲をひっさげて起つ者があり、あるいは柞《ゆす》の木の棍棒をふるって福江城に迫らんとする者があり、双方の関係は非常に悪化し、今にも島民の血は雨とそそがんばかりの勢いとなった。幸い富江方に賢臣平田亮平《りょうへい》があり、一身をなげうって各方面に猛烈な運動を試みた甲斐があらわれて、明治二年七月、訴願の一部は朝廷の容れるところとなり、左のごとき御朱印状を賜った。

兼て嘆願の趣き余儀なき次第聞こしめされ、格別之思召を以て、富江表に於て、高千石地方を以て下され置き候。就ては今後本末の大儀を失はざる様、屹度《きっと》相心得申すべく候事。

つまり宇久島と魚目村とは宗家の手に丸められたわけだ。その補償として同年九月北海道の一地を富江の支配に附せられた。

後志国《しりべしのくに》磯屋郡之内後志川東但川属之《ただしかわこれにぞくす》。

右其方の支配仰付けられ候事。

かくしていうところの「富江騒動」は一段落をみた。五島のキリシタンは直接この騒動に関係したわけではないが、間接の影響はずいぶん蒙っている。(大坪氏の富江騒動による)

2　久賀島

久賀島は福江島の北に位せる一小島で、アルメイダの布教以来、相当数のキリシタンを数えたものであったらしいが、五島侯の迫害によって聖教の種子は一旦中絶した。しかし寛政年間大村藩の隠れキリシタンが貰われて上平《かみだいら》、細石流《さざれ》、永里《えり》、幸泊《こうどまり》、外輪《そとわ》、大開《おおびらき》などに落ち着いた。彼らは表向き仏教徒を装いながら、ひそかに帳方《ちょうかた》、水方《みずかた》、看防方《かんぼうかた》、又はお側付《そばつき》（水の授け方を監視す）などの役割を定め、あくまで祖先の信仰を頑守したもので、唐の国（西洋の国）から黒い衣服を着た人が黒船に乗って来て、救霊の道を教えて下さると代々いい伝え、黒船や汽船の通過するのを見るごとに、仕事を止めて両手を合わせ、尊敬の意を表するのであった。

かくて宣教師がいよいよ長崎に渡来して天守堂を建てた由を伝え聞くや、上平の善太、野首《のくび》（細石流の一部）の粂八らは率先して長崎へ乗り出した。慶応二年の頃、田尻の伊勢松、夏越《なつごえ》の善五郎らも再び長崎へ行った。帰途福田において役人の検視を受けた際、初めは渡海船と偽り、後では湯治に行ったものだと誤魔化した。しかしメダイなどを所持していた為に嫌疑がかかり、ついに五島の住民なることを白状したので、福江藩に照会が行き、福江からは受け取りの為、三隻の船を差し送ることになった。これは慶応二年のことであったらしい。その後も幾度か長崎へ往復したが、慶応四年九月頃、作次郎、勝五郎、又介、惣五郎、助蔵、利惣吉、銀造、音五郎、亀造、ヨシの十人組は、かねて頭ケ島の伝道師喜助に就いて教えを学び、それから長崎へ渡って洗礼を受けた。

さて洗礼を授かった上は、守札などをつけることは相ならぬ、といわれて、水方の善太、小頭の要助の主唱で、八十戸ばかりが所持の守札をことごとく取り纏めて畑の畔で焼き捨てた。次いで代官所に出頭して、キリシタン宗門を立てるという願書を差し出そうと協議した。しかし願書の認め方を知らなかったので、以前青方家の家従を務めたことのある嵯峨瀬《さがせ》の善太夫から書式を貰い受け、参三郎という者にこれを書かせた。

そこで小頭の要助が願書を持って代官所に行き、庄屋の江頭忠八に面会を求め、

「私はちょっとお願いにあがった者でございます」

というと忠八が、

「何か？」

と尋ねたので、

「今から神社、仏閣、山伏の為には一文たりとも出し得ません」

と答えた。傍に控えていた足軽の末吉がこれを聞いて、

「それはお前さんたちの内向きのことじゃあるまいか」

と口を添えたけれども、

「しかし願って下さい」

と要助がいえば、忠八は、

「できるかできぬかは知らぬが、願ってみよう」

と引き受けてくれた。

当時福江の代官として久賀にいたのは日高藤一という侍で、久賀の元右衛門というのがその部下であった。要助らがキリシタンたることは、今度の願書一件によって暴露した。長崎から帰島した五日目に早や捕手が廻って来た。ここにおいて全島のキリシタン二百名ばかりは、上

平の久米造、市造らの宅に集合し、翌朝足軽に引き立てられて代官屋敷へ行った。尤も重立ったキリシタン二十二名は幾日か前に福江表へ連れて行かれ、入牢の憂目をみていたのである。代官所の門を潜ると、日高藤一以下多数の役人らはズラリと上段に居並び、キリシタンを下手に坐らせて、

「其の方どもは天下一統の御法度の宗門を立てるのか？」

とまず役人が口をきったので、

「左様でござる」

と信者はあっさりと答えた。日高は色々と脅迫を加えて彼らが決心のほどを当たってみた上で、ひとまず宿所に引き取らせた。時は陰暦十月の初旬（陽暦十一月下旬）であったが、翌朝は彼の暖地に珍しい大雪となった。役人らはこれを勿怪の幸いとし、惣五郎、ウキ、キタ、エノおよびその子の常八《つねはち》らの衣服を剥ぎ取り、裸体のまま海中に立たせて寒晒《かんざら》しに処した。時に常八は年わずか九歳であったが、小頭の子というところから、荒縄で後ろ手に固く縛られ、海の中に突っ込まれた。役人は崖上に立っていて、もっと沖へ、もっと沖へと号令する。胸の没するところに立ち止まろうとすると、なお先へ行けという。しまいには首の隠れるあたりまで行った。それで許してくれるかと思うと、なかなかそうではない。沈んでしまえというのだ。小児のこととていわれるままに沈もうとしたら、たちまち口一杯に海水を飲んだ。双手は背に廻して縛られている。しばらくは沈んだまま浮かぶことすらできず、いよいよ溺死することかと覚悟していると、ようやく役人が来て、浅いところへ引上げてくれた。常八は張り詰めた気

がゆるんで、ワァッーと泣き出した。しかし役人らは他の人々を責めるのに忙殺されて、常八を顧みる暇がない。雪はちらちらと降って来るのに、常八は首から脇のあたりの水が乾いてしまうまでも海中に棄て置かれた。

その晩であったか、一人の足軽が来て、惣五郎を呼び出し、元右衛門の館に連れて行った。座敷には代官以下足軽らが多く控えている。

甲「邪宗門を棄てないならば、明日は肥壺に突っ込んで責めるがどうじゃ」

惣「どうされても棄てませぬ」

甲「それでも懲りなければ、海に沈めて逆曳きにするがよいか」

惣「棄てませぬ」

甲「横着な奴！　斬って捨てるぞ。それでも構わぬか」

といいながら、刀を引き抜いて見せる。しかし惣五郎は動かない。

乙「逆さに吊るして松葉で燻し殺してやるぞ」

惣「棄てませぬ」

上段の役人、「この餓鬼や横着な奴だ。斬れっ、よいから」といって、刀の鞘に手を掛け、音をたてたが、又たちまち声を和らげてすかしにかかる。

役「おい、その宗を棄てると、金でも地所でも必要なものは何でもやるぞ。責められるよりか棄てないか。その方がましじゃ」

惣「何といわれても棄てませぬ」

役「ひどい奴じゃ。打て、その十手で……どうしてもその宗を棄てぬのなら、明日は地獄、極楽を見せるがどうじゃ」

惣「どうされても棄てませぬ」

役「エーッ、この餓鬼め。横着千万だ。さがれッ」

役人もついに策の施すところを知らず、足軽に命じて惣五郎を宿所へ連れ戻させた。

いよいよ翌日となった。信者はことごとく代官所へ引き出された。足軽連は広場の両側に十手、青竹などを執って控えている。中央には三角に削った木を三本並べてある。算木責めの道具だ。真っ先に惣五郎を引き出し、衣服を脱がせて算木の上に両膝を行儀よくして坐らせ、二人力でやっと持ち上げ得るくらいの大石を二個まで膝の上に積み重ね、

「サァどうじゃ。まだひどい目にあわせるがこれでも棄てぬか」

といいながら、鉄の十手を振って、背から腰にかけて砕けよとばかりに打ち叩いた。それでも屈する色を見せなかったので、今度は真っ赤に焼けた木炭を掌に載せ、火吹竹をもってプープーと吹き熾した。火は掌上に燃え立った。しかし惣五郎は自若として顔色すら変えない。

ついに膝の上の石を下し、側に設けてあった十字架に髻《もとどり》を縛り付け、口を大きく開けさせておいて、四斗樽二杯になみなみと汲み入れてあった水を二人して両方から息もつがせずに柄杓で注ぎ込んだ。みるみる腹は膨れ上がって今にも張り裂けんばかりとなった。が、惣五郎はさらに怯む様子がない。

「この餓鬼ゃ、棄てるのじゃないから引き放せ」

といいざま、戸板の上に突き伏せて腹の水を力任せに押し出した。

常八の母エノも同じく算木責めにかかった。素っ裸にされて十字架に手足を結び付けられ、気息奄々となるまで水を注ぎ込まれた。

キノという婦人は裸体のまま大雪の下で海中に立たされた。その子の喜太平といって当時六歳になるのが岸からこれを見て、火の付くように泣き崩れるので、心なき見物人までが涙の袖を絞るのであった。

その翌日、水方の善太が青竹の破れるほど打たれた。福江に引かれた二十三名の中にも激しく責められた者が少なくなかった。彼らは三尾野《みおの》の庄屋の庭で糾問された。いったん棄教した上で、その棄教を取り消した者はことさら残酷に責められた。

責められたのは十日以上で、まだ急に止みそうにもなかったが、その頃富江騒動が持ち上がり、富江方から福江に攻めかけるという飛報が久賀へ来た。ために出張していた役人らは信者を牢内に繋いだまま、あわてて福江へ引き上げた。時はまさに陰暦十月二十日で、福江に囚われていた信者も皆連れ戻されて久賀の牢に打ち込まれた。

牢屋は大開の松ケ浦（実は猿浦《さるうら》というところ）に設けられたもので、今は「牢屋の窄《さこ》」といって、小松が生え茂り、役人の詰所、牢舎、炊事場の跡も判然と分かっている。家は桁行《けたゆき》三間に、梁間《はりま》二間くらいもあったろうかと思われる極めて狭隘なバラックで、厚い板をもって中央を仕切り、男牢と女牢とに区分してあった。わずか六坪のところに二百名ばかりの大勢を無理に押し込み、ピッタリと戸を閉め切ったのであるから、その狭苦しさは言語に絶し、多くは人の体にせり上げられて足が地に付かない。宙に上がったまま眠る者すらあった。身動き一つできないので、子供などはたまたま眠って下にすべり落ちると、それを引き上げるにはよほど骨が折れたものだ。

かように立ちつづけていた為に三日ばかりの後には、足から腰が腫れ上がって来た。これではならぬというので、中央に一本の丸太を入れ、その一方の人々をできるだけ壁に向かって押し寄せておき、交代で暫時土間に坐り、体を休ませることにした。食物としては小さな薩摩芋を朝に一切れ、晩に一切れ支給するのみである。子供を抱えた婦人などはそれすら自分の口には入れ得ないで、飢えを叫ぶ子供の手に奪われてしまう。ひもじさに泣き狂える我が子の為、血まみれとなるまで顔面を掻き破られた婦人すらあった。

かかる有様で、老人や子供などはいかほどもなく精魂が尽き、次から次へとあえなく倒れた。真っ先に死んだのは助市という老翁であったが、死骸を葬ることすら許されず、五昼夜もそのまま牢内に棄て置かれた。為に重なりあえる大勢に押しつぶされ、死骸はほとんど平たくなってしまった。

牢内には便所の設けさえないので、その不潔といい、臭気といい、まったく形容すべき言葉すらない。やがては蛆虫が湧き、ウヨウヨと土間一杯にひろがり、衣服を伝って体に這い上がって来る。生きながらその蛆に噛まれる者も少なくはなかった。特に婦人牢の惨状は想像も何もおよばないほどで、十三歳の少女ドミニカ・タセのごときは、蛆に下腹を噛み破られて死亡した。政五郎という五歳の幼児は、一滴の水も与えられない苦しさに、「アップアップ」（水のこと）と泣きながら、息を引き取ったという。

かくまで悲惨、目を蔽うに忍びざる境遇に置かれながら、大人はいうまでもなく、十一、二歳の少女マリア・タキは熱病に侵され、頭髪は抜け落ち、体はいたく痩せ細り、試みに踝をのばして立たせようとしても、すぐにグッタリと折れ曲がって、どうしても立っていられないほどであった。しかし彼女はいささかの悲しい風情も見せず、無邪気な輝かしい瞳を天に注いで、

「私は天国へ昇ります。お父さんもお母さんもさようなら」

といって、そのまま安き眠りについた。彼女の母は後になっても、娘の臨終を物語るごとに、溢れ落ちる涙と、湧き狂う感情とに喉をつまらせて暫しは物もいえないくらいで、

「今こそ思い出しては涙もこぼし泣きもしますが、その当時は親も子も決して泣いたり悲しんだりするのではありませんでしたよ」

と涙ながらに物語るのであった。

マツという婦人は独り引き離されて、前から懇意にしていた足軽の屋敷に庇われた。しかし夜な夜な外に出て牢屋の方を打ち眺めながら涙を流している。主人が、

「なぜ泣くのか？」

と怪んで問えば、マツは、

「私も牢屋の娘と一つになって死ぬことができれば、思い遺すところはございません」

というので、主人も、

「それでは仕方がない。入れてやろう」

といって、入牢の手続きをしてくれた。彼女は果たして望み通りに牢死した。

入牢中、役人は幾度となくキリシタンに脅迫を加えて、棄教させようと努めた。しかしいつも徒労に終わるので、後ではほとんど持て余した体であった。仏僧なども引導を渡してくれるのだといって、よくジャランジャランと鈴を鳴らし、盛んに経文を誦《とな》えつつ牢屋の周囲を廻る。しかしキリシタンがその都度一斉に声を張り上げてコンタスを始めるので、彼らも気後れがしたか、すごすごと逃げ去ったものである。

野首のソメという婦人は吹雪の烈しかった一夜、牢屋から引き出され、裸体のまま丘の上に立たされて、夜晒しの刑にあった。

牢内に囚われることおよそ八ヶ月ばかりで、頭分《かしらぶん》を除き、他はすべて放免された。死亡者三十九名、出牢後の死亡者三名、頭分がことごとく放免されたのは二年有余の後であった。

島田喜蔵神父は上五島江袋《えぶくろ》の人で、当時ラテン学生として長崎大浦天守堂内に潜んでいたものである。明治二年末、浦上キリシタンが遠島されるにおよんで、深堀喜四郎、真田善之助ほか一名と共に久賀島に身を隠した。

二ヶ月ばかりは屋曾根《やぞね》の浜村繁造方に忍んだ。その間は毎朝仄暗い中から家を出て山中に隠れ、夜に入って又宿に帰るというようにした。後で外輪に移り、牛小屋の屋根裏に潜伏した。宿を代えるには夜陰を待たなければならぬ。途中二、三ヶ所に立ち寄った。いつも夕の祈りを誦えるとか、夕飯を食べるとかいう頃であった。しかし祈るにも食事をするにも一枚の畳どころか床板すらない。竹の上に藁を敷き、その上に坐っている。否、ただそれだけの設備すら屋内全部ではなく、必要な間だけに止めている。家には壁というものはない。茅や樹枝を差し入れてわずかに風雨を凌ぐにすぎない。頭を見れば男女、老若一人として髪を貯えたものとてない。やっと一寸ばかりのびているのみだ。むろん食物などあろうはずがない。葛の根を掘ってこれを食し、その葛の根を掘り尽すと、今度は野老《ところ》という山芋類の塊茎を掘って口を糊するのであった。

「それはまったく樹の根を齧るようなもので、自分も試みにこれを口にしてみたが、まったく食われたものではなかった」

と島田神父は物語っている。師もその頃は無経験な一青年のこととて、キリシタンがなぜかかる悲惨な生活をしているのか、合点がゆかない。久賀島といえばまったく別世界だなと思っていたのだが、数日の後、隠れ家の主婦に髪のない理由を問い、初めてそれが迫害の結果だと判った。主婦はいった。

「私たちに髪がないのは、無理無惨に責められ、苦しめられ、きつい病いに悩まされた結果です。牢内で髪は皆抜けて、ちょうど瓢箪のごとくなりました。ごらんの通り、床板も戸も障子も鍋釜、椀、皿、その他一切の家具、壁にさしておいた鈎までも奪い去られ、家はこの通り荒らされてしまったのです。食物は家にあるのも畑にあるのも残らず持ち去られました。出牢後、一口の食物もないので、海草や葛の根や野老を食っている次第です。畑に蒔く種物すら持ちません。牛も鶏も犬も猫も船や農具に至るまで一切奪い取られ、森は切り払われ、それこそまったく無一物です。生命こそ助かりましたが、出牢後の苦痛は一通りではありません」

島田神父も流石にいうところを知らず、わずかに涙をもって答えるのみであった。ああ彼らはその生命財産をもって天国と引き替えたのであった。

3　非常日記

この日記は野首の野浜安五郎氏がキリシタンの出牢後、各人につき一々問い糺して書き留めたもので、簡略すぎるきらいこそあるが、貴重な史料たることを失わぬと思う。ただ入牢者全部を網羅していないのは遺憾の至りである。

(一) フランセスコ　力蔵　年五十四才
但しこの人、辰十月八日呵責、十三日算木責、十四日同じ責、牢屋に入る。牢内にて死す。
(二) テカラ　とせ　四十九才
同八日呵責、火責、十七日算木責、廿日牢屋に入る。
(三) カチリナ　たき　九才
同廿日呵責を蒙り、牢屋に入る。
(四) ミギル　文介　四十二才
右同断。
(五) パウロ・マルコス　作次郎　三十一才
同六日牢屋に入る。
(六) マリア　きせ　二十八才
同十八日呵責を受け、二十日牢屋に入る。
(七) ドミンゴス　次吉　四才
同二十日呵責を受け、牢屋に入る。
(八) ドミンゴス・ベレス　又介　二十八才
同六日牢屋に入る。
(九) カチリナ　そめ　二十四才
同十六日算木責、廿一日裸にしてしばりつけらる、後入牢。
(一〇) ドミンゴス・アンドレアス　勝五郎　三十才
同六日入牢。

（一一）マリヤ　いつ　二十六才
同廿日呵責を受け、後入牢
（一二）ノレンソ（ロレンソ）　栄五郎　三才
同廿日入牢。
（一三）ノレンソ　栄八　五十八才
九月廿四日入牢。
（一四）カチリナ　えの　五十二才
十月廿日入牢。
（一五）ジス（ルイス？）フランセスコ　次惣　二十四才
同十七日算木責、呵責を受け、廿日入牢。
（一六）ジワンナ　よし　十七才
同廿日入牢。
（一七）トメイ　忠右衛門　二十二才
（一八）トメイ　富吉　十六才
兩人共同十七日算木責、廿日入牢。
（一九）パウロ　助蔵　十二才
同二十日入牢。
（二〇）パウロ　八蔵　二十六才
六月入牢。
（二一）？　とせ　十九才
同二十日入牢。
（二二）トメイ　末七　二十一才
同六日に入牢。

（二三）ガラサ　のい　四十九才
同十七日呵責を受け、後入牢。
（二四）トメイ　参三郎　二十八才
同六日入牢。
（二五）テカラ　そね　二十六才
同廿日入牢。
（二六）パウロ　蔵吉　二十四才
同六日入牢。
（二七）ジワンナ　よね　四十六才
同廿日入牢。
（二八）パウロ　年松　二十一才
同廿日呵責を蒙り、押柄責。
（二九）トメイ　勘介　十六才
同廿日呵責を受け、後入牢。
（三〇）テカラ　はつ　十三才
同廿日入牢。牢内にて死す。
（三一）カチリナ　そめ　七才
（三二）？　そめの妹なよ
同廿日入牢。牢内にて死す。
（三三）パウロ　末五郎　三十一才
同四日入牢。
（三四）ジワンナ　さと　二十四才
同廿日入牢。

(三五) ドミニカ　ふい　五才
同廿日入牢。
(三六) ジワン　増左右衛門　二十六才
同四日入牢。牢内にて死す。
(三七) マダリナ　のよ　二十才
同廿日入牢。
(三八) ペトロ　要助　十六才
同廿日入牢。
(三九) パウロ　助市　七十九才
同廿日呵責を受け、後入牢。最初の牢死者
(四〇) ノレンソ　長八　四十二才
同廿日入牢。
(四一) トメイ　近太郎　十六才
同廿日呵責を受け、後入牢。
(四二) トメイ　勇介　十三才
同廿日呵責を受け、後入牢。
(四三) テカラ　とめ　四十一才
同廿日入牢。牢内にて死す。
(四四) ジワンナ　かよ　十八才
同廿日呵責を受け、後入牢。
(四五) ジワンナ　つい　七才
同廿日呵責を受け、後入牢。
(四六) トメイ・フランセスコ　近介　三十九才
同八日入牢。
(四七) ジワンナ　しも　三十八才
同廿日呵責を受け、後入牢。
(四八) テカラ　いちや　九才
同廿日呵責を受け、後入牢。
(四九) ミギル　長右衛門　四才
同廿日入牢。
(五〇) ドミンゴス　種吉　二十五才
同廿日呵責を受け、後入牢。牢内にて死す。
(五一) ジワンナ　しも　二十一才
同廿日呵責を受け、後入牢。
(五二) ドミンゴス　善吉　十九才
同廿日呵責を受け、後入牢。
(五三) ジワンナ　いよ　三十八才
同廿日呵責を受け、後入牢。
(五四) マダリナ　うき　三十二才
同十三日算木責、廿日入牢。
(五五) ペトロ　三之介　三十才
同廿日入牢。
(五六) ガラサ　えみ　二十六才
同廿日呵責、後入牢。
(五七) ミギル　久六　六才
同廿日入牢。

(五八) ドミンゴス　要助　三才
(五九) フランセスコ　好造　?
　右に同じ。牢内にて死す。
(六〇) イザベリナ　のし　五十二才
　同廿日呵責を受け、後入牢。
(六一) イザベリナ　てし　十才
　同廿日入牢。
(六二) ジワンナ　えつ (牢内にて死す)　八十七才
(六三) テカラ　さき　十九才
　同廿日算木責。
(六四) ジワンナ　えつ　十六才
　右同断。
(六五) トメイ　義平　二十八才
　同廿日呵責を受け、後入牢。
(六六) マリヤ　しめ　二十八才
　右同断。
(六七) ノレンソ　利八　三才
　同廿日入牢。牢内にて死す。
(六八) ミギル　浅五郎　三十一才
　同十二日呵責、火を手に乗せて責めらる。同廿日入牢。
(六九) マリナ　きの　三十三才
　同十三日呵責を受け、算木責、裸体にして氷責。

(七〇) ドミンゴス　末松　十才
　同十二日呵責を受け、後入牢。
(七一) トメイ　平六　六才
(七二) ジワンナ　つね　二才
(七三) ミギル　半五郎　三十四才
　同廿日押柄責、算木責、後入牢。
(七四) ジワンナ　いそ　三十三才
　同廿日呵責を受け、後入牢。牢内にて死す。
(七五) マリヤ　よし　十三才
　右同断。
(七六) ペトロ　友吉　十一才
　右同断。
(七七) パウロ　久米蔵　四十八才
　同廿四日入牢。
(七八) マリヤ　さよ　四十五才
　同廿日入牢。牢内にて死す。
(七九) トメイ　末蔵　十七才
　同廿日呵責を受け、後入牢。
(八〇) ミギル　文之助　十一才
　右同断。
(八一) トメイ　富蔵　四才
　同廿日入牢。
(八二) ジワンナ　かの　九才

同廿日呵責を受け、後入牢。牢屋を出て直ぐ死す。
(八三) トメイ　市蔵　三十四才
同十五日呵責を受け、後入牢。
(八四) ジワンナ　つよ　三十才
同十八日呵責を受け、廿日入牢。
(八五) マリヤ　たき　十才
同廿日入牢。牢内にて死す。
(八六) マリヤ　さも　七才
右に同じ。
(八七)　しも（牢内にて死す）一才
(八八) テカラ　もよ　四才
右に同じ。　牢内にて死す。
(八九) イザベリナ　よも　四十一才
右に同じ。牢内にて死す。
(九〇) ペトロ　忠五郎　三十六才
同廿日呵責を受け、後入牢。
(九一) マリヤ　しよ　三十五才
同廿日呵責、算木責、入牢。牢内にて死す。
(九二) ドミニカ　たせ　十三才
同廿日呵責を受け、入牢。牢内にて死す。
(九三) トメイ　政次郎　五才
右に同じ。牢内にて死す。
(九四) ミギル　喜代蔵　三十四才
廿日入牢。
(九五) テカラ　よせ　二十八才
同廿日呵責を受け、後入牢。
(九六) トメイ　兵五郎　二十五才
右同断。
(九七) ドミニカ　はつ　十六才
同廿日入牢。
(九八) フランセスコ・ジワン　善太　四十四才
十七日呵責、算木責、水責を受け、廿日入牢。
(九九) ドミニカ　ふく　四十一才
同廿日入牢。
(一〇〇) ジワンナ　きた　二十才
入牢。
(一〇一) パウロ　作介　十二才
同廿三日入牢。
(一〇二) ドミンゴス　忠右衛門　八才
同廿日入牢。
(一〇三) マダリナ　とき　四才
右同断。
(一〇四) ジワンナ　しな　十六才
右同断。牢を出て直ちに死す。
(一〇五) ペトロ　要介　四十五才
辰九月右同断。

（一〇六）ドミニカ　えの　四十一才
辰十月十五日算木責、裸晒し、水責、廿日算木責、入牢。
（一〇七）ミギリ　常八　九才
同廿日呵責、水責、入牢。
（一〇八）パウロ・ヘレナル　助蔵　二十五才
同廿日呵責を受く、廿日入牢。
（一〇九）カチリナ　さき　二十三才
右同断。牢内にて死す。
（一一〇）ドミンゴス　三介　五十六才
同十六日算木責、廿日入牢。
（一一一）マダリナ　もや　五十四才
右同断。
（一一二）フランセスコ　吉平　二十二才
同廿日入牢。
（一一三）テカラ　さの　十六才
右同断。
（一一四）ドミニカ　ふみ　十才
牢内にて死す。
（一一五）ルリナ（ルフィナ）　とせ　十三才
右同断。
（一一六）トメイ・ジワンネス　乙五郎　二十九才
右同断。
（一一七）ジワンナ　たけ　二十八才
同廿日呵責を受く、入牢。
（一一八）フランセスコ・ジワンネス　惣五郎　三十五才
同十三日、氷責、算木責、水責、火責、廿日入牢。
（一一九）カチリナ　みち　二十才
（一二〇）ミギル　八五郎　三十六才
同十八日呵責を受け、廿日入牢。
（一二一）マリヤ　せの　三十三才
同廿日入牢。牢内にて死す。
（一二二）ノレンソ　猿松　十一才
右に同断。
（一二三）パウロ　福松　六才
右に同断。
（一二四）ペトロ　三蔵　四才
右に同断。牢内にて死す。
（一二五）ジワンナ　のせ　九才
右に同断。牢内にて死す。
（一二六）ミギル　岩助　三十四才
右に同断。
（一二七）ルリナ（ルフィナ）　かめ　二十六才
同廿日呵責を受け、入牢。
（一二八）ドミンゴス　半助　五才
同廿日入牢。

（一二九）テカラ　まし　七才
同廿日呵責を受け、入牢。
（一三〇）パウロ　力松　三才
同廿日入牢。牢内にて死す。
（一三一）マリヤ　はる　五十六才
呵責を受け入牢。牢内にて死す。
（一三二）ミギル　藤助　三十才
同六日入牢。
（一三三）カチリナ　せき　三十二才
同廿日入牢。
（一三四）ドミニカ　ちせ　六才
右同断。
（一三五）ドミンゴス　善助　三才
右同断。
（一三六）ドミンゴス　仁助　三十才
同廿日呵責を受け、入牢。
（一三七）ジワンナ　みよ　二十三才
同廿日入牢。
（一三八）トメイ　留蔵　六十一才
同廿日呵責を受け、入牢。
（一三九）ジワンナ　のわ　五十六才
同十三日晒し責、廿日入牢。牢内にて死す。
（一四〇）トメイ　藤蔵　六才
同廿日に入牢。
（一四一）ミギル　常八　二十八才
同六日入牢。
（一四二）マダリナ　なせ　二十一才
同十六日算木責、入牢。
（一四三）ミギル　政吉　二十六才
同六日入牢。
（一四四）ドミニカ　やさ　二十二才
同十六日算木責。
（一四五）ドミニカ　なつ　十三才
同廿日入牢。
（一四六）ノレンソ　甚右衛門　三十四才
同六日入牢。
（一四七）ガスパリ　太七　三十五才
同廿日呵責を受け、入牢。
（一四八）イザベリナ　ふり　三十一才
右同断。
（一四九）ノレンソ　栄蔵　十一才
廿日入牢。
（一五〇）ドミンゴス　忠平　九才
右同断。
（一五一）ジワン　又吉　六才
右同断。

（一五二）トメイ　常蔵　三才
右同断。
（一五三）ドミンゴス　七平　二十九才
同廿日呵責を受け、入牢。
（一五四）マダリナ　とせ　二十四才
同廿日はりつけ、廿一日入牢。
（一五五）ジワンナ　つい　四十九才
同廿日入牢。
（一五六）ジワン　藤七　一才
牢内にて死す。
（一五七）トメイ　力松　二十九才
同四日入牢。
（一五八）イザベリナ　きさ　二十八才
同廿日入牢。
（一五九）ガスパリ　友吉　三才
（一六〇）カチリナ　たけ　七才
同廿日入牢。
（一六一）ガスパリ　助蔵　二十五才
同四日入牢。
（一六二）ペトロ　友蔵　五十七才
同廿日呵責を受け、入牢。
（一六三）マダリナ　つや　四十九才
右同断。

（一六四）ドミンゴス　富助　六才
同廿日入牢。
（一六五）カラナ　ふい　二十二才
右に同断。牢を出て直ぐ死す。
（一六六）イザベリナ　しも　二十一才
右同断。
（一六七）カチリナ　まさ　十三才
右同断。
（一六八）ジワン　貞吉　四十二才
右同断。
（一六九）ペトロ　富蔵　四十二才
同廿日呵責を受け、入牢。
（一七〇）ドミニカ　きさ　十九才
同廿日入牢。
（一七一）カチリナ　よし　二才
右同断。
（一七二）フランセスコ　忠蔵　三十才
同廿日呵責を受け、入牢。
（一七三）イザベリナ　みせ　二十七才
右同断。
（一七四）フランセスコ　兼助　二十二才
同廿日呵責を受け、入牢。
（一七五）ガスパリ　すみ　十七才

（一七六）トメイ　長右衛門　十四才
同廿日入牢。
（一七七）ジワンナ　まつ　五十六才
同廿日入牢。牢内にて死す。
（一七八）ジワン　十蔵　五十八才
同廿日呵責を受け、入牢。
（一七九）ドミンゴス　近介　二十才
同廿日入牢。
（一八〇）ルリナ　スエ　五十八才
同廿日呵責を受け、入牢。
（一八一）ガスパリ　豊蔵　三十才
九日呵責を受け、算木責、押柄責、裸体にして竹にて責められ、又算木責を受け、耳、口等に十手を押込まれ、流血するに至る、廿日入牢。
（一八二）ジワン　千吉　四才
同廿日入牢。
（一八三）カチリナ　ちせ　二十六才
同廿日呵責を受け、入牢。
（一八四）イザベリナ　たま　六才
同廿日入牢。
（一八五）ドミンゴス　久五郎　（年不詳）
同四日入牢。
（一八六）マリヤ　はる　十七才
同廿日入牢。
（一八七）マダリナ　とわ　二十四才
同廿日呵責を受け、入牢。
（一八八）ジワン　末五郎　四十才
辰十月十四日久賀島より出て福江に戻り、廿日福江牢屋より久賀島に戻り、廿一日久賀島松ケ浦の牢屋に入る。

註「押柄責」とは、算木責の一種で、算木の上に膝を立てさせ、石を積み、腿と脚との間に棒を差し入れて、之を前後に押し動かして苦痛を与えたものである。

4　奥浦村

奥浦村は福江に隣接せる一村で、一五六六年アルメイダ（Almeida）が初めて五島にキリスト

教を宣教した時、最初に聖堂の建立されたのも奥浦の大工町であったとか。（クラッセ上三三二ページ——本書第一編を見よ）

しかし打ち続く迫害の嵐に、キリシタンの種子はほとんど尽き果てたと思われた寛政年間に、大村藩のキリシタンが続々と移住して来た。平蔵、浦頭《うらがしら》、大泊、浜泊《はまどまり》、堂崎、嵯峨瀬、宮原《みやはる》、半泊《はんどまり》、間伏《まぶし》などにそれぞれキリシタン部落を作り、開墾に従事し、いつしか鎖国の鉄門は破れ、黒船が渡来し、長崎には天守堂さえ建立されるに至った。彼らの胸は喜びに躍った。早速長崎行きを思い立ち、自ら宣教師に名のり出てその教えを承けた。

明治元年久賀島に迫害の火の手が上がるや、奥浦のキリシタンも危難の身におよばんことを恐れ、戦々兢々一日として安き心はなく、家を棄て山に忍んで小さくなっていたものだ。困ったのは子供らで、彼らは親の愛情のほかに知るところがない。彼らの為には親がすべてだ。唯一の宝だ。親と共にさえいることができれば他に恐るべきものはない。勝手に泣き、勝手に騒ぎ廻り、役人が呼べばニコニコ顔で「あい」と答え、親には冷汗を絞らせるのであった。

ついに皆捕手の網に掬いとられた。しかしこれを入れておく家がないので、弱い婦人小児らは放免となり、五十九名だけが浦頭の中尾喜助の家に繋がれた。家は五十畳も敷かれる非常に大きなものであったが、畳から床板まで残らず剥ぎ取って、ただの土間となし、その上に少しばかりの藁を敷いてこれに追い込み、役人が三名、足軽が四名で監視するのであった。

藁が新しい間はさまでもなかったが、追々その藁が切れてぼろぼろとなり、蚤や虱が盛んに湧いて来た。食物といえば少しの薩摩芋をあてがうばかり、辛うじて命こそ繋げるが、ひもじさはいいようもない。ただパライソを取るのだと思って、ようやく耐え忍ぶことができた。なお放免になった家族や近隣の人々が役人の目を盗んだり、あるいは彼らに酒を飲ませて見ぬふりをさせたりして、その間に多少の差し入れをして助けてくれた。

時は厳寒の侯であったのに、衣類は一枚のほか着ることを許さない。もとより寝具の備えもあるのではなく、夜は藁や薦をかぶって、わずかに寒さを凌がねばならぬ。後では近隣の人々が夜の更けるのを待って、あるかぎりの衣服を投げ入れ、朝は東の空の仄白くなるかならぬ間に、いち早く取り出して山中に隠し、もって彼らの困難を救ってくれた。

陰暦の正月が近くなった。キリシタンは奥浦まで二町ばかりのところを船で送られ、永林寺の前に立たされた。通門の際、

「着物は一枚か」

と問われ、

「ハイ」

と答えた者は無事に通されたが、中には、

「襦袢と二枚でございます」

と正直に答え、その為に殴打された者もあった。その時の一枚というのは、なかなか厚みのある一枚で、役人もこれを見ては流石に苦笑せざるを得ない。

「一枚か」

と尋ねると、信者は、

「ハイ、一枚でございます」

と答える。役人が、

「何枚も着ているじゃないか」

といえば、信者は、

「いえ、縫いつけてあります」

と答える。一切万事形式化した旧幕府時代にあっては、何とか答弁の道が立ちさえすれば、それで一時を糊塗し、急場を切り抜けることができたのである。

さて寺の前庭に引き出された信者らは、青竹や生木の棍棒で叩かれるか、算木に乗せられるかした。彼らはまず庭の土の上に裸体のまま坐らせられ、周り三、四寸、長さ一尋ばかりの青竹で叩かれた。しかし大の男が力任せに叩くので、三つも四つも叩くと竹はパラリと割れてしまう。よって今度は草津《そうづ》の山から切り出した三寸周りほどの生木でもって叩いた。時としてはその生木の棒さえ打ち折れるくらいに滅多やたらに叩いた。一叩きごとに、

「棄てろ、棄てろ、棄てんか」

と怒鳴り、信者はまた、

「棄てません、棄て得ません」

と答える。その悲痛な叫びは凄まじい青竹や生木の音と合して、半里ばかりも隔てた堂崎あたりまでも響き渡り、ずいぶん聞く人の胆を寒からしめた。聞く人はただ胆を寒くしたのみだが、本人になると、膚はつんざけ、鮮血はほとばしり、苦しさは喩えようもない。浜口金蔵の

ごときは力まかせに臀を叩かれ、余りの痛さに思わず手を臀部に当てると、第二の棒が舞い込んで来た為に、腕骨を無残に打ち折られたということである。

責め方のあまりに酷烈なのを見て、さすがに怖じけを催し、おめおめと改心を申し立てる者があり、隙を伺って寺の庭から逃亡する者もあった。しかし大多数は、「棄てません」といいはって終わりまで耐え忍んだ。船三隻に乗せられて再び浦頭の浜に送られ、四つん這いになるやら、肩に負われるやら、もっこに入れて担われるやらして、ようやく元の牢舎へ帰った。

責めの役に当たったのは福江城下、一番町の足軽連で、彼らは四、五名ずつ交代にやって来る。責める時はいつも永林寺へ引き出すのであったが、しかし毎日は責めない。一日責めては一週間休み、時としては二十日も一ヶ月も休むことすらあった。

責めといっても、叩き責めばかりではない。熾《おき》を懐に入れられたり、掌に握らされたりした者があり、水責めや算木責めにあわされた者もあった。割木の上にきちんと坐らせ、膝には切石を顎に達するまで積み重ねる。口に木を突き刺すか、漏斗を差し入れるかしておいて、水をドシドシ注ぎ込む。腹一杯になると、仰向けにして腹に板を載せてその水を押し出し、それからまた水を飲ませる。これがいわゆる水責めで、鍋内伊助、浦徳助、山本多助、その妻のミヨなど、この責めにかかった者は幾十名もあった。

算木責めは例のごとく削りたての木の上に膝を乗せさせ、その上に重い石を積むとか、一本の木を渡して両端に大の男が乗るとかして責めたもので、一たびこの責めにかけられた者は、脚の骨が二つにも三つにも折れるような目にあい、声さえ出し得ないで、ただ「ウーウー」と唸るのみであった。

婦人の中には山本ミヨの妹マシをはじめ、幾十名も腰巻まで剥ぎ取られ、素っ裸のまま右様の責めに処せられた。

奥浦の信者も久賀島その他の信者と同じく、代々キリシタンの血を伝えているというばかりで、宣教師に知られてからは日なお浅く、まだ格別宣教師に通じてもいない。洗礼を授かった者すら多くはないくらいなのに、かかる残虐無道な迫害をいつまでもいつまでも加えられては、とうてい最後まで頑張り得ようはずがない。決心の帯はそろそろ緩み出した。よって一同協議の上、役人に改心を申し立て、ようやく解放の身となった。一ヶ月余り入牢していたというのであるから、時はなお陰暦の正月中であったに相違ない。

解放といえばすこぶる耳障りのよい言葉であるが、しかし「たすかりの道は一つなり」と堅く信じていた彼らのためには、それこそ耐え難い煩悶の種子だ。彼らは出牢後長くせぬうちに、再び改心取消しの申合わせをなし、役人までにその旨を届け出た。

「いったん棄てた上は決して受付けない」と役人も最初は取合わなかった。しかし信者が頑として動かないので、婦人、小児はそのまま家に残し、男子ばかりを牢内に収容した。でもその頃はもう迫害の残酷さから外交問題を引き起こし、列国公使の厳談にあい、中央政府も答弁に苦しんでいた時なので、福江藩でもよほど寛容の態度を採った。前回のごとくひもじい目をみせず、監視も厳重にしない。五月の芋植時となるや、信者は夜陰に乗じて、牢内を抜け出て植付けをなしたもので、夜明けにちゃんと帰牢してさえおれば、役人の方でも見て見ぬ振りをしてくれるのであった。

そうしているうちに浦頭の木村浅右衛門が先頭に立ち、二百余名の信者と共に役人の前に出て、我身のキリシタンなることを公表した。彼らが今までその信仰を隠していたのは、決して迫害に怯えた為ではない。全村の信者が一度に入牢すると、婦女子の世話をする者がいない。田畑も荒れるに任せて置いては餓死を待つより他はない。よって一同協議の上、前後二回に信仰を公表することとしたのであったとか。しかし前述のごとき事情であった為に、福江藩でもよほど取締りに手心を加え、彼らを叩き放しに処してそのまま放免した。ただ浅右衛門だけは、堂崎の山本次郎太、源平、久右衛門、大泊の梅木兵蔵《ひょうぞう》、浜泊の江口庄市、鍋内伊助らと共に入牢を命ぜられ、奥浦永林寺の近傍、田中というところの路傍に小さな掘建小屋を急造し、二カ年ばかりもこれに閉じ込められた。その間には「改心しろ、改心しろ」と口先の説得を受けたばかりで、別に打たれも叩かれもしなかった。

なお初回の入牢の際、中島伊三郎と留吉の兄弟は脱走して大泊の椎木山に隠れ、それから信者の情によって真向かいの多々羅島《たたらじま》という無人島に送られ、長崎行きの通報船に便乗して大浦天守堂へ駆け込んだ。留吉は傷の為に間もなく死亡したが、伊三郎は後で大山の伝道師となって大いに活躍した。

この頃、半泊の要蔵、善吉、榮七、峯某、和助、三吉の六名は、一艘の舟に乗合って上五島へ行き、頭ケ島の親族を訪問した。西の浜に舟を着け、榮七、要蔵、峯某の三名がまず上陸した。時はすでに夜である。家人は戸を締めきり、何か声を潜めて囁き合っている様子だ。「どうかの」と挨拶をして三人は戸を引き開け、内へ入るが早いか、真っ先の一人はたちまち捕えられた。家人と思ったのは異教徒だったのだ。キリシタン征伐の話合いでもしていたものであろう。他の二人は慌てて浜に逃げ下り、船に飛び乗った。

「逃げようじゃないか」

という者もいたが、同行の一人を見捨てて帰るのも情において忍びない。そのまま留まることにしたが、しかし皆ひどく恐れて、夕飯を食べようとする者すらいない。そうしていると、善吉の姉か妹でカヨという婦人が下って来た。

「下船《しもぶね》よ、下船よ、何事もないから着けなさい」

と叫んだので、五人は不安ながらもいわれるままに船を着けた。たちまち船は異教徒の手に押収され、身に縄をうたれて翌朝友住《ともずみ》というところへ曳かれた。みな拷問にかかり、ひどい苦しみをみた上で、大雪の降る日に有川に送られ、村中を引き回された。和助と三吉のごときは互いに髻を括り合わせて愚弄された。牢内で饑餓に苦しむこと一週間、下五島へ護送され、当時三尾野にあった庄屋の手に渡り、それから福江の牢獄に繋がれた。迫害が終わるまで、冷たい鉄窓の月を眺めたものである。

嵯峨瀬は戸岐郷《ときごう》に属するキリシタン部落だ。大泊、浜泊の信者が召し捕られた頃、嵯峨瀬のドミンゴ谷口今吉《いまきち》も父久米蔵と共に縄にかかり、戸岐に引き出された。種々の困難苦労と戦った後、今吉は放免されたが。久米蔵だけは浦頭の牢屋に打込まれた。時々永林寺へ引き出されて、水責めや火責めにもあった。しかし奥浦の迫害は久賀のそれからみると、ものの半分もなかった。奥浦では婦女子はたいてい家に残されたが、久賀では婦人も幼児も入牢させられ、猫や鶏や牛までも掠奪された。今吉の姉スエと妹のフイは久賀に嫁いでいたので、やはり入牢の憂目をみた。彼らが非常に苦しんでいる由を聞き、今吉は二回ほど見舞いに行った。第一回は無事目的を達したので、二回目には餅をついて俵に入れ、それを担いで行ったものだ。すると運悪く夏越の峠で張番に押えられた。

「貴様らは何者か。持物はやれ（渡せの意）」

といって餅も何も没収され、三日間も拘留されて飲まず食わずの苦しみを受け、種々虐待を蒙ったが、色々と申し開きをして、やっと体だけは放免された。

尤も一行中の二、三人は許可を得て牢屋まで行き、囚人を訪問した。餅を没収された話をして双方とも大いに口惜しがった。フイは牢内で病いにかかったが、出牢の許可は与えられず、どうしようもない。訪問に行っても、そのまますごすご帰るばかりであった。やがて一同放免となったので、嵯峨瀬から引き取りに行ってみると、フイは痩せ衰えて目も当てられぬ体を、藁くずの上に横たえているではないか。舟に乗せて連れ帰る途中、よほどの飢えに苦しんでいたとみえ、鹿尾菜《ひじき》でもよいから取って食べさせてくれと頼むのであったが、嵯峨瀬に着くや間もなく主の喜びへ入った。

平蔵郷の大川仁蔵《にぞう》一家は、キリシタン問題がやかましくなって来たとみるや、霜月の寒い夜に家も家財もそのままにして親子七人、富江村の繁敷郷《しげしきごう》・山ノ田《やまのた》に遁れた。山ノ田といえば非常に辺鄙な山奥で、ここばかりは少しの波風も立たない安全地帯だろうと思い、親族を頼って避難したのであったが、案に相違してずいぶん騒いでいる。二昼夜というものは芋がまの奥に息を殺して小さくなっていたが、これではならぬと三日目には平蔵の我が家へ取って返した。時に福江と富江との関係はますます緊張し、行く時は何事もなかったのに、帰りには足軽らが要所々々に篝火を焚いて詰番をしている。「コラ」と呼びとめられたことが幾回あったかしれない。

ようやく平蔵へ帰りつき、もとの家を覗いて見ると、所帯の道具は一切持ち去られ、家はがらあきになっている。幸い早崎《はやさき》（大泊の中）というところに二人の姉妹が嫁いでいたので、その家を叩いてみると、ここもキリシタンの吟味がなかなか厳しくて、時には山狩りまですると いうことだ。親子は早速その家を去って山中に隠れた。しかし山狩りをされては大変なので、同一箇所に長く落ち着いているわけにはゆかない。あっちこっちと始終隠所を代える。ために食物を運んでくれる娘らでも、往々在処がわからず困却することがあるので、目印に苫を立てておくこととした。

一番困ったのは頑是ない末子の三造だ。いつも高いところに登り、海が見えると「キャッキャッ」と嬉しがる。母はこれを制するのにすこぶる骨が折れた。ことに呼ぶにも探すにも大声を立てられないので、いよいよ困り抜いたものである。

かくて二ヶ月ばかりも過ごしたが、何といっても寒中に青天井の下では、たまったものではない。よって仁蔵は樹の枝などを結びつけて屋根つきの小屋を造り、どうやら雨風を防げるようにした。やや安堵して、ほっと一息ついているところに、見回りの役人が踏み込んで仁蔵を引捕えた。家族六人もこの新小屋で初めての一夜を過ごし、翌日は一同連れ出されて浦頭の牢屋に打ち込まれた。それから青竹や生木で叩かれ、最後には節だらけの柞の樹の棍棒を見舞われた。特に仁蔵はひどい目にあわされたものである。

出牢後一家は浦上へ走り、親子は離れればなれになって自活の道を求めていると、やがて浦上キリシタンの大輸送となり、仁蔵の一家は浦上で生まれたサヨ女を合せた親子八人が、伊勢の二本木に送られ、一ヶ月ばかりも経て伊賀の上野に移された。浦上キリシタンを預かった二十三藩中で、伊賀藩ほど優遇を加えてくれたのはなかった。大きな道場に彼らを収容して、一人前五合扶持を給し、大声をあげてオラショを誦えたからとて、毫も咎め立てをするのではない。子供には「いろは」の手本を与えて習字をさせ、大人は望みのままに日雇い稼ぎにも出してくれた。仁蔵のごときは毎日井戸掘りに傭われて、小遣銭をかせいだものであった。明治六年放免となって帰国した。（大坪譲氏『値嘉の波風』より）

終わりに奥浦村の迫害史に逸してならないのは、大泊の梅木兵造翁である。キリシタンを白眼視していた五島の元住民も、翁にだけは一目置いていたもので、「大泊の兵造」といえば、誰一人知らない者なしであった。

翁は体格も頑丈に出来、力は人一倍勝れていたもので、かつて三井楽へ行った際、岐宿の川原を過ぎ、路傍の力石に腰打ち掛けて憩うていると、川原の青年らが出て来て、

「力石に腰をかけるとは失礼にもほどがあるぞ」

と見咎めた。

「なアにこのくらいのものを力石とは」

というが早いか、翁は両手をのばしてその石を肩に持ち上げ、川原めがけてどぶんと投げ込み、呆気に取られて目をぱちぱちさせている青年らを振り向きもしないで、そのまま立ち去った。

翁は力の勝れているだけに、胆っ玉も大きく、物に動ぜず、誰一人恐ろしい者がいない。思ったことは何でもやってのける。福江代官の前に出る時でも、

「よい、どうかなどうかな」

と親しい友人か誰かに対するごとく、無雑作に挨拶し、代官もまた、

「兵造かい」

と優しく応接したものである。

翁の勢力は中五島方面にも及んだ。迫害の火の手が挙がろうとするたびに、翁は代官を訪うて色々と懇願する。一方にはまた、信者たちを諭して宗教以外の事にはよく代官の命に服せしめ、かくて事を未然に防ぎ、大事に至らしめなかった事も一再にとどまらなかった。したがって下五島や中五島のキリシタンは厚く翁を信頼し、翁が来訪したと聞くや、部落こぞって、これを出迎え、心から歓待優遇するのであった。

総じて五島では官憲の迫害以外に郷民の私刑が到るところに行われ、信者はみな家財をまき上げられ、めちゃめちゃに踏み潰されたものである。しかし奥浦村に限って、さる暴行をみな

かったのは、翁の睨みが充分利いていた結果ではなかったろうか。

5　岐宿村

岐宿村は奥浦村の西北に隣接する大村だ。ここのキリシタンもやはり大野や牧野や神《こう》の浦の出身で、楠原、水ノ浦、打折《うちおれ》、姫島などに分れ住んでいるのであった。

慶応二年の頃であったろうか。南五島有福江の一婦人が水ノ浦へ来た。黒船の渡来と天守堂の建立を伝え、正統信仰に帰依すべく勧めた。実否を確かめるがために、帳方の水浦久三郎《きゅうさぶろう》、同禎蔵、浜端吉松《はまばたきちまつ》の三人が同年十一月八日の夕方、浦を漕ぎ出して長崎に安着し、まずその中の一人を上げて天守堂の門を叩かせた。長らく帰らないので、ひそかに気遣っていると、やがてメダイ、十字架などを沢山貰い受けて、にこにこ顔で戻って来た。

「舟子も上げろ」

ということだったので、三人相携えて上陸し、プチジャン司教に面謁した。

「十字架のしるしをしてみよ」

といわれた。昔はクロスということをしたものであったそうであるが、仕損なえば罪になるから、せぬ方がよい、といい伝えられていたくらいで、一人も知った者がいない。よって司教はその場で、丁寧にその仕方を教えた。久三郎らは水ノ浦へ帰るや、さっそく常蔵、増蔵に頼んで教理の勉強を始めた。仏壇、神棚も容赦なく取り棄てた。伝道士養成の目的で、水ノ浦から水浦捨五郎と山川政吉《まさきち》の両名、楠原からは、狩浦犬蔵、同春吉、赤窄《あかさこ》市蔵の三名を選抜して頭ケ島へ遣わした。

当時水ノ浦の帳方は水浦久三郎、水方は山川力蔵で、楠原では狩浦喜代助が帳方を、佐舗喜《さじきき》六《ろく》が水方を勤めたものであった。

そうしているうちに世はいつしか慶応二年霜月となり、御身のナタル（陽暦十二月二十五日吾主御降誕）が来た。水ノ浦の信者は一同帳方の久三郎宅に集まった。従来の習慣により夜半までお伽徹夜をなし、十二時過ぎから、いよいよ祈りを始めているところに、入口源太夫という足軽が突然踏み込んだ。翌日になるとキリシタンは残らず岐宿の役場に出頭を命ぜられた。色々と言葉を尽して棄教を勧められたが、一人として応ずる者がない。その翌日足軽連が水浦久三郎方に押しかけ、座敷と納戸の壁板を剥ぎ取り、直径二寸ばかりの丸太を格子形に打付けて仮牢に引直した。これを見たキリシタンは、早速コンタス、メダイ、十字架などを全部取り纏めて土瓶に入れ、山の中に埋蔵した。それから四、五日も経つと、果たして水浦久三郎、同禎蔵、同留蔵、同伝蔵、同三吉、同捨五郎、浜端忠吉《ちゅうきち》、同吉松、同福次郎、片山藤吉、同三吉、中村久五郎、同兵吉《ひょうきち》、山川力蔵、同政吉以下男子三十余名が件の急造牢屋に繋がれた。

さて牢内のキリシタンは、山中に埋めておいたコンタスやメダイなどが気がかりでたまらぬのと、今一つは今度の出来事をプチジャン司教の耳に入れたいのとで、一同評議の上、捨五郎、政吉の両名を通報人に仕立て、ひそかに牢を忍び出させた。時に信者の持船は残らず陸に引上げられてあった。二人は深更を待ってその中の一番新しいのを突き下ろした。それから大事な大事な土瓶を掘り出してこれに乗せ、櫓声を忍ばせて沖へ漕ぎ出で、暗の中に隠れてしまった。翌朝牢番の足軽らはその事を知って大いに驚き、捨五郎の妻ソネと政吉の妻ミツの両女を捕えて牢屋に打込んだ。

師走の終わり頃になると、姫島の竹山豊次郎、同要蔵、平山留蔵、同太三郎、同要助、磯辺初五郎、同三蔵、同十郎、同万五郎、同庄助、川上筞次郎、岩下末松、同庄三郎、西里岩助《いわすけ》、同勇蔵、清川沢二郎、同初五郎、同筞造ら十八名が捕えられて水浦の牢屋に叩き込まれた。

これより先、楠原でも頭ケ島の常蔵について、老若男女の別なく日々大声をあげて教理を勉強していたが、水ノ浦キリシタンが捕縛されてから間もないことである。楠原郷民は見習小頭赤窄勢蔵宅に集まって何か協議をしていると、足軽の金兵衛という者が、素知らぬ顔して入って来た。末座の二、三人と打解けて雑談し、郷内のことやら、宗教上のことやらを喋り散らし、ついに帳方は誰、水方は誰というように、それとなく調べ上げてしまった。何か確かな証拠がなと思っているところに、中野福次郎の携帯せるコンタスが目に付いた。金兵衛はこれを押収するや、たちまち仮面を脱ぎ捨てて厳しい足軽となり、

「ただではおかぬぞ、覚悟しろ」

といわんばかりの剣幕を見せて岐宿へ引返した。

一説によると、明治元年福江と富江とが不和を醸し、今にも干戈をもって相まみえんばかりに双方の関係が緊張して来たので、岐宿方面でも足軽が多く召集され、水ノ浦、楠原のキリシタンはその夫役に引出された。もう禁教令も緩みかけた頃なので、彼らも以前ほど用心しない。

つれづれまぎれにキリシタンの話をしたもので、いつしかそれが足軽連の耳に入った。誰が頭目でどうして教えを学んだか、長崎へ行った者は誰かなど厳しく取り糺され一々白状してしまった。翌晩も再び呼び出され、説諭を受けたのか、赤窄勢蔵方での出来事がこの時の話であるのか、当時の事情を知れる老人は早や死亡し去って確かめようもない。

とにかく、大変なことになった、どうしたらよいかと、一同額をあつめて評議をしてみたが、なにぶん肝腎な帳方と水方が、暦か何かの調べごとで大泊の梅木兵造方へ行っているので、一向よい智慧も出て来ない。よって八窪久助と宇田留蔵の両名を急使として夜中楠原を発足せしめた。両人は薄気味悪い山路を押分けて、ひた走りに走り、やっと大泊に着いた時は、もう東の空が美しく薔薇色をさした東雲の頃であった。両名は兵造方の重い戸をがらりと引開けた。音を聞いて兵造翁は奥から飛び出して来て、

「何か変わった事でも起こったのか」

と尋ねた。

「はい、楠原でもとうとうばれてしまいました」

という二人の答に、

「それこそ待っていたところです」

といった兵造翁の声には熱があった。帳方と水方は久助らと急いで楠原へ引返した。

二、三日もするとキリシタンは残らず岐宿の役場に召出されて、訊問を受けた。彼らはもう充分覚悟の腹をきめている。帳方の狩浦喜代助は小頭でもあったので、ことさらやかましく叱責

された。

「そのような外道にかぶれている奴は小頭たる資格がない」

という役人の言葉に喜代助もさる者、

「資格がないものなら、とうてい勤まりません」

とただちに腰の脇差を取り外して、これを役人に返した。こういう意気込みであったから、いくら言葉を尽して勧められても背教を肯ずるはずがない。あらゆる嘲弄を浴びせられた上で、その日はそのまま放還された。しかし帰途岐宿の村内を通過する際、後ろから礫《つぶて》の雨がしきりに飛んで来て、ために負傷した者も少なくはなかった。


楠原では狩浦喜代助宅を牢屋に充てられた。構えは水ノ浦と同一で、これに繋がれたのは帳方ロレンソ狩浦喜代助、水方ジワン佐鋪喜六をはじめとし、狩浦犬蔵、同力蔵、同要蔵、同春吉、宇田喜蔵、同徳蔵、同喜左衛門、同捨五郎、同留蔵、瀬戸伊勢松、大窄《おおさこ》貞吉、同五郎吉、中野福次郎、樽角力蔵、同常蔵、同久蔵、同亀吉、同七平、同尋六、佐鋪吉五郎、同茂市、同庄吉、同重蔵、同久米蔵、同榮助、同浅吉《あさきち》、八窪《はちくぼ》萬蔵、同久助、同善七、高巣《たかのひら》作蔵、同光蔵の三十三名であった。時はまさに陰暦師走の始め方、北風の吹き荒ぶ酷寒の節だ。服は一枚より着ることが出来ないので、牢中着物といって、裏を二枚にした筒袖を新たに仕立てて着込んだものだが、それでも寒い。上がり口の広間には二人の足軽が陣取って、昼夜監視の眼を光らせている。何か差入れをしようと思っても、出来る話ではない。ただ食事だけは郷内から二人ずつ交代に出て来て世話をすることになっていたので、さまで不自由を感じなかった。しかし夜になっても、一枚の夜具すらあてがってくれない。着のみ着のまま寒風に吹きさらされつつ、淋しい夢を結ばねばならなかった。

でも彼らはそれを、かくべつ苦痛とは思わなかった。コンタスを繰るやら、聖教の話をするやらして、互いに励み励まされ、いつ岐宿から通知が来て成敗されることだろうかと、ただそればかりを待っている。もう妻も要らない、子も要らない、財産も要らない、力一杯精一杯、迫害を耐え忍んで、天晴れマルチルになってみたいものと決心の帯を堅く締めている。足軽連が抜身を鼻先に突きつけて「覚悟しろ」と威嚇したからとて、びくともしないのであった。

最初はただ囚われの身となったというばかりで、何らの拷問もなかった。しかしこういうように牢屋を二ヶ所も構えてキリシタンを分囚するのは、不経済の至りなので、二十日ばかりも経つと、楠原の囚徒は残らず水ノ浦へ移されることとなった。重立った者が二、三人だけ縄をかけて引立てられ、他はその後に続行した。婦女子は怖れて家の中に閉じ籠り、誰一人見送る者もなかった。

楠原と水ノ浦との間には城山という山が突っ立っている。脚下は水ノ浦、惣津《そうつ》ノ浦、川原など、大小深浅、迂曲きわまりなき入江となり、眼を放てば狂瀾怒濤が意のままに暴れ廻る東シナ海をも望むべく、その風光の明媚にして景色の雄大なるは、他に多く類を見ないくらいだ。喜代助はこの城山の絶頂に立つや、おもむろに青年たちを顧みて、

「海もこれが見納めよ。ゆっくり眺めておくがよい」

といった。無学文盲な水呑百姓だと侮るなかれ、彼らは眼前に横たわる死をも恐れず、静か

に煙波縹渺たる大海原を打ち眺めるだけの、悠々迫らざる態度を失わぬのであった。

水ノ浦、楠原のキリシタンは五島侯のお納戸百姓で、平素から黒蔵の庄屋が彼らの監督に当ったものである。今度囚われの身となるや庄屋が自ら出張して、一切の世話をしてくれた。しかしその費用はすべてキリシタンの肩に負わされ、各戸に二十銭なり、三十銭なりずつ賦課されたことはいうまでもないところだ。

キリシタン取締りの任に当ったのは、お徒目付の俵慶馬《たわらけいま》という福江の役人で、その部下で狂奔したのが、岐宿の西村彈右衛門に亀山政太郎、足軽の源太夫、金兵衛、寺脇、貞方《さだかた》長太郎、寺岡佐男吉《さおきち》、小川原の小柳善吉、同伝次郎、大川原の谷川佐五郎、同次郎兵衛、後川越之助《えつのすけ》、同勢兵衛らであった。彼らが怒号嘲罵の声は永くキリシタンの耳に遺り、覚えず戦慄を禁じ得ざらしめたものである。

水ノ浦へ移されてから三日目に、楠原の信者は残らず岐宿へ引出された。楠原が背教しない限り、水ノ浦はとうてい動くまいというところから、まず彼らの決心を打破ろうと謀ったものであったとか。よって狩浦喜代助、力蔵、樽角《たるかど》力蔵、久蔵、甚六、佐舗久米吉の六人を裸体にして跪かせ、二間ばかりの大きな青竹をもって腰部を力任せに打叩いた。二、三回も叩くと竹は微塵に砕ける、破片が膚に喰い入って肉は裂け、血は止めどもなく流れるが、流血の割に痛みを感ずることが少ないというので、今度は十手をもってめったやたらに打叩いた。ために老年の力蔵はほとんど半死半生の体となり、脇の方に引出された。犬が二、三匹も出て来て、流れる血汐を舐めても、これを追っ払う力すらない。夕方になってようやく拷問は中断された。力蔵は戸板に載せられて水ノ浦へ担ぎ込まれた。

翌日は残りのキリシタンが引出されて、裸体のままずらりと役場の庭に並べられた。竹や笞で叩かれるとか、水樽の中へ頭から突っ込まれ、ぶくぶくと水を飲まされるとか、色々残酷な責苦にあわされた。

しかし何といっても宇田捨五郎、佐舗重蔵のごとく責められた者はなかった。足軽らは柞木の棒をひゅうひゅうと唸らして、容赦もなく両人の体を乱打しながら、

「いまだ棄てぬか、これでも改心せぬか」

としきりに怒罵を浴せるのであった。しかし二人が頑として動かないので、ついには算木の上に坐らせ、膝に大石を積んだ。石は顎に達せんばかりなので、四隅に杭を打ち縄をかけて、そのままに棄ておいた。その間に足軽は他の信者を責め、一時間ばかりもしてから再び二人の前へやって来て、

「どうじゃ、これでも棄てぬか」

と尋ねる。棄てますといわないかぎり、いつまでも石をおろしてくれないのだ。

重蔵はついに力尽きて棄教を申立てた。でも捨五郎だけはあくまで踏みこたえ、ついには気を失って泡を吹いた。

これを見た信者らは急に怖気がさして来た。

「やめようじゃないか」

とひそかに語り合ったが、まだ口にいい出しかねていると、足軽が彼らの足に聖母の御像か

聖絵かを当てて踏ませた。こうなってはもうやむを得ないと落胆して、捨五郎一人を除く他は一斉に棄教してしまった。水ノ浦の信者らは、前日樽角力蔵の加えられた笞刑の残酷さにその決心を動かされていたので、これも残らず改心を申立て、出牢帰宅を許された。楠原信者らの中で笞刑のために重傷を負うた者は、回復するまで狩浦の牢内に収容された。もとより棄教したといっても、それはただ口先だけで心からではない。帰宅の上はさっそく彼らのいわゆる「クーキャ――後悔」をなし、コンチリサンを誦えて罪の赦しを願ったものである。

婦女子には公に迫害はなかった。しかし中村イセ、同ヒチ、浜端マシ、水浦スエ、同ナツらは郷内において足軽連から裸体にされ、直立のまま蝋燭の火を当てて局部を焼かれたり、蓙《ござ》の上に据えられ、竹をもって叩かれたりした。

水浦捨五郎は始終村内を忍び出て長崎へ往来し、牢内の模様を司教に通報し、司教の意中をも牢内に伝えるのであった。ために足軽らは妻のソネ、山川キツを捕えて牢内に繋ぎ、色々にいい寄って彼らを誘惑するので、政吉はついに両人を引連れて夜逃げをした。岐宿村から三井楽村を越える海岸の中浜というところに隠れ、昼は山中に身を潜め、夜に入ると知り合いの家に泊めて貰うことにした。居ること一週間、楠原の「はなれ」らが探索に来るという噂がちらと耳に入ったので、今度は中浜を抜出して姫島に高飛びをした。時はまさに牢内の信者らが残らず棄教した頃なので、多分中浜の隠人《かくれびと》にも棄教させる積りで、足軽が捜索を頼んだものであろう。ちょうどその時、捨五郎がその時長崎から帰って来て、水ノ浦の対岸なる西津《にしつ》に船を着けた。日没を待ってひそかに上陸し、自宅へ辿り着いてみると、母はさも待ちかねていたかのように、彼を屋外に出迎え、迫害がいよいよ激甚を加えて来たことと、妻女は中浜には居た堪れず、ミツを連れて姫島に避難したことを告げた。捨五郎は早速船を漕ぎ出して姫島へ渡った。妻のツネ、ミツその他二、三の婦人らを船に乗せて夜明けに纜《ともづな》を解き、奥浦村で、今の堂崎天守堂の裏手に船を着けると、長崎天守堂への通報人が奥浦から三名、久賀島から二名、都合五名便乗した。翌十二月二十八日の晩方、無事浦上の土井に入船し、捨五郎は早速大浦天守堂に駆け付けた。ところが司教の受けがはなはだ面白くない。これまでは面談する度に、

「御門はキリシタンの教えをお許しになるのだけれども、下々が許してくれないのです」

と痛嘆し、ずいぶん捨五郎を可愛がったものである。しかるに今度ばかりは信者の意気地なさを歯痒く思われてか、

「改心した人は要りません」

と、けんもほろろの挨拶をして、一向相手にして下さらぬ。捨五郎は取り付く島もなく悄然と土井へ引返した。

その頃から頭ケ島のドミンゴ森松次郎は、五島を遁れ出て浦上の高野《こうや》に潜んでいたものだ。捨五郎は彼に教理を授けていただいた縁故があるので、彼のもとに婦女子を預けようと思い、その寓宅を叩いて交渉してみた。しかし司教の拒絶せる者を、自分が引受けて世話する訳には行かぬと思ったものであろう。松次郎も承諾してくれない。進退きわまっていると、同じ高野に忠蔵《ちゅうぞう》という情深い人がいて、

「まァ何とかなりましょう。宅でもよければ上げなさい」

と親切にいってくれた。捨五郎は大いに喜び、いわれるままに婦女子を忠蔵に托けて帰島した。

信者らが迫害に堪え得ないで、棄教を申立てたのは明治元年陰暦十二月下旬であった。越えて翌年正月二十三日岐宿から役人が来て宗門調べをした。信者たちはこの機を逸せず一同棄教を取消した。よって老若男女の別なく役場に呼出され、さんざんに叱責された挙句の果ては、再び水浦久三郎方に囚われの身となった。姫島の竹山豊次郎、平山大三郎、清川初五郎、同沢二郎も同じく岐宿の役場に出頭して改心を取消し、そのまま水ノ浦に繋がれた。

この時のことである。或る日楠原の大窄貞吉方に足軽が突然入って来て、「枕を出せ」といった。貞吉は心中すこぶる狼狽したが出さない訳にはゆかぬ。足軽は枕を受取るが早いか抽出をさらりと引出した。中にはちゃんとコンタスが入っていたのだ。足軽はこれを取上げながら貞吉の眉間を狙って拳骨を一つ見舞い、そのままこれを水ノ浦に引立てた。貞吉はその拳骨が因となって後日ついに失明の不幸をみるに至った。

今度水ノ浦に囚われたのは水ノ浦、楠原のキリシタンばかりではなく、姫島、打折などのキリシタンまでが一つに叩き込まれたので、その窮屈さはいいようもない。婦女子は座敷と納戸に、男子は上り口、土間、床下の芋がま（冬の間芋を貯蔵する所）、馬屋（五島では牛馬を屋内に置く）にまで溢れても、なお鮨詰めの苦痛は免れ難いのであった。

しかし今度の迫害は前回のからみると、まったくいうに足りなかった。もとより意地悪の足軽が番に当ると、じっと監視しているのでは何やら物足りなく覚えたらしく、算木に坐らせるやら、臀部を捲って打叩くやら、ずいぶん残酷なことをやったものである。

だが足軽といっても、無情な鬼ばかりはいない。中にはねんごろに信者を労り、あくまで初志を翻さないよう、激励してくれるのさえいる。

鮪の漁期に入ると、青年を許して漁船に乗せ、植付、収穫の時には、老人を身代わりにして入牢させ、少壮者は野良仕事に出す、あるいは楠原の「はなれ」連に命じて水ノ浦の田植を手伝わせるというようにしたものである。

尤もそうしたのは、決して足軽連の一存に出たものではない。列国公使らがプチジャン司教の報告によって、五島の迫害の残虐、没義道なのに驚き、政府に向かって厳重な抗議を申立てたので、政府の方でも公使らの前では極力事実無根を主張しながらも、内心は不安にたえないところがあって、迫害に手心を加えさせた結果である。

「洋服の人が来て、汝らも食わずにはおれまいから、植付のためだけは出牢を許す、といってくれた」

と信者間に語り伝えられているが、その「洋服の人」とは長崎県から視察に遣わされた属官楠本平之允らしい。

あれやこれやで、五島藩ではいつまでも彼らを囚禁しておく訳にはいかなかったので、明治二年陰暦五月の某日、大雨の降りしきる中に一同を岐宿戸野川の寺の前に引出して、丁度雨垂れが盆の窪に落ちる所に立たせて、幾時間か捨ておいた。それから幾日か経て、再び彼らを寺の前に引き据え、裸体になして足軽が左右から腰部をしたたかに打敲き、いわゆる「敲払い」

を喰わして、そのまま放免してくれた。かくて信者はついに最後の勝利を博し、自由の身となった。それからというものは、宗教上、別にやかましい問題は起こらなかった。

藩役人の迫害のほかにも、岐宿や川原の異教徒はほしいままに無法極まる私刑を加えた。信者は五島に移住してから鋭意熱心に農耕に従事し、山林を開墾したり、異教徒から田地を買取ったりして暫時生活の基礎を据えた。しかるに迫害が突発して彼らが牢内の人となるや、田畑の売主は金平、好五郎らの足軽を先頭に、二、三文の銭を家の中に投げつけて、否応なしにそれらを巻き上げてしまった。尤も信者が新たに開墾したのには手をつけない。それにしても何か少しの過失——牢内をちょっと抜出るようなこと——でもあると、多額の罰金を課して、これをも没収する策とした。水浦捨五郎のごときは、兄らの罰金を支払うために、肥料桶一荷と枕一つを残して、他は残らず売り払ったものである。

すべて水ノ浦にあるものは動産にせよ、不動産にせよ、売買の証書が付いているものは一つ残らず没収されてしまった。ただ没収を免れたのは証書付きでないものばかりで、これに手をかけると横領罪に問われる恐れがあるので、村民もさすがに遠慮したものらしい。

楠原でも家主が召されると、異教徒連は先を争って信者部落に踏み込んだ。入牢した以上キリシタンは必ず惨亡する。惨亡した後の財産は官没となるにきまっている。自分の売渡したものを役人の手に引取られるのは愚の骨頂だといって、彼らは何ら抵抗の出来ない婦女子の前に売買証書を突き付け、ほんの申し訳だけの金子を投げ出して無理無法に取戻す。家から家へとのぞき歩き、少し善さそうにみえるものは牛でも馬でも二束三文の代価で引ったくる。鶏などは一厘半毛も出さないで、そのまま掠奪して行く。ちと横着なものになると、無断で家宅捜索をし、衣類にせよ家具にせよ、どしどし取出したものである。幸い黒蔵の庄屋が出張して、折から収穫中の米俵を大窄貞吉方に取集めて、異教徒の掠奪を禁じ、万一の場合に備え、信者がいよいよ出牢放免となるや、それを各々に分配して、もって一時の急を救ってくれた。

迫害の終った翌年は稀な大凶作で、信者たちは食うに物なく、わずかに野老の根を掘って露命を繋いだものである。

暴行を働いたのは主として岐宿や川原の異教徒であったが、しかし悪銭は決して身につかない。こうした強盗の子孫で富裕な者というのはほとんどいない。

ちなみにお徒目付の俵慶馬は二十石ぐらいの小身者で、廃藩後には神官めいたことをしてわずかに口を糊したものだ。彼の妻はタカといい、浦上の薬商新平という者と水ノ浦のキリシタン、フデとの間に生まれた女であった。多少の蓮っ葉性を帯び、親許に留まることを欲せず、あちこちと浮かれ廻るうちに、慶馬に拾われて福江に落ち着いた。慶馬の死後長子を頼って大阪へ行き、大正十二年に大病を患い、洗礼を授かった。昭和三年頃、八十五才の高齢に達していたが、その後の消息は不明である。慶馬はその妻に曳かれてキリシタン責めに手心を用いると疑われ、ために一層厳烈な態度を取った。しかし迫害が収まってからは、「はなれ」連に向かい、教会に帰服せよとしきりに勧めるのであった。

なお姫島の磯部留蔵、水ノ浦の水浦久三郎、山川力蔵、楠原の狩浦喜代助、佐舗喜六、樽角力蔵、高巣作蔵、打折の中浜榮助の八名は、首領株として引続き二年余も水ノ浦の牢内に留め置かれた。

6　三井楽村

三井楽のキリシタンも明治元年に迫害を受けた。時の浜之畔《はまのくり》代官は松園嘉三次《かそうじ》、迫害令の執行に当ったのは福江から来た代官で、俵慶馬の弟の忠孤《ちゅうこ》とかいうのであった。直接に手を下して信徒を虐待した主な足軽は、浜之畔の貞方甚之丞《ていかたじんのじょう》と柏の貞方三次郎で、その虐待の場所は現三井楽村役場であった。

足軽らは三井楽村岳郷字向江の山下善三郎の住宅を牢屋にしつらい、これに山下善蔵、同七蔵、同善三郎、同善吉、竹本福松、吉原榮蔵、平山伝蔵、同テツの六家族、男女各々十八名都合三十六名を打込んだ。

五島の迫害中でも三井楽のは特に寛容であった。最初、岳郷《たけごう》で踏絵があり、その踏絵を肯ぜずして前記六家族が入牢を命ぜられたものである。牢屋はために満員となり、それから後はキリシタンたる事を公表しても、

「よろしい、下がれ」

と一喝されるばかりで、何らの虐待も受けなかった。捕われた六家族は浜之畔の代官屋敷に引き立てられ、最初、十手、棍棒などで打擲された。それでも棄教するといわないので、地面に丸太を敷き並べて、その上に幾人も坐らせられ、脛と股の間に三角の棒を挟み、膝の上には

大石を積まれた。両手は後ろに括り上げて背の上にも大石を載せられたものだ。

或る日甚之丞が善三郎の父七蔵の面前で、

「吾が子が可愛ければ、教えを棄てろ」

といいざま、善三郎の首を締め、半死半生の体になした。その後甚之丞が牢屋に来ると、善三郎は手近にあった草履を取って甚之丞の顔に投げ付けた。

「お前はまだおれを覚えているね」

と甚之丞が苦笑したという話がある。

六家族は浜之畔で虐待されること一週間、幸いに一人の棄教者も死亡者も出さないで、そのまま岳の牢屋に引き戻された。牢屋は山下善三郎の住宅の二間に三間の土間で、これを二つに仕切り、麦藁を敷き、男女を別々に収容した。三名の足軽が側にいて見張りをするばかりで、何らの虐待をも加えない。三度の食事も十分に与え、親族の訪問、食品の差入れなども勝手にさせた。後では土間から座敷に上げた。屋外に出ることを許さないばかりで、別に苦しい思いをさせなかった。約一ヶ月もすると出牢放免の恩典を与えた。

7　富江村、山ノ田

富江村の繁敷郷に山ノ田といって非常に奥まった山間の一僻地がある。今から余り古くもない弘化か嘉永の頃であろうか、半泊の福見に住んでいた木場田《こばた》利助という者が榮八、庄八、弥助、助蔵、好五郎、末松の六子を引連れてここに移住し、開墾に従事した。六子はやがて成長し、それぞれに家を定め、富裕というのでもないが、生活には差支えないだけの資産を得た。しかしかかる僻地に隠れていても、踏絵だけはどうしても遁れることは出来ない。毎年一度農閑期に上村という所に召出されて、この涜神行為を強いられる。利助一族の心苦しさはいいようもない。いろいろ考えた末、たとえ踏みは踏んでも、足の汚れが聖絵に付かなければ幾分でも罪が軽いのではあるまいかと思い、踏絵に出る前には家族は揃ってデウスに祈念をこらし、それから足を丁寧に洗い、足の裏の脂をふいて構える。

踏絵場に行った時も、汗が付いてはいけないというので、足を重ねては坐らない。恐る恐る踏絵を済まして宅へ帰ると、又一同「クーキャ」を誦えて謝罪するのであった。

富江村では部落ごとに一人の組頭という者を置いて、厳重にキリシタンの浸潤を防いだものであるが、いずくんぞ知らん、山ノ田の組頭庄八は、熱烈稀にみるキリシタンだったのである。庄八は九ケ年間この役を務めた。その間、宗門擁護のために嘗めた辛酸はとうてい心も言葉も及ぶところではなかった。しかし隠れたるより顕わるるはなしだ。いくら山ノ田のキリシタンが異教徒の風を装っていても、胸に抱ける信仰の宝は、自ずと言語動作の上に光を発せずにはいない。富江の役人らはいつしか嫌疑の目角を尖らせて彼らを睨み、小川のささやくほかに物音一つ聞えない閑静な山谷をゆり動かして「庄八御用だ、出て来るぞ」と一週に三度も四度も山の上から呼び立てる。庄八はその度ごとに胆をひやりとさせ、今度こそキリシタンの一件が持ち出されはしまいかと、幾十人もの生命を双肩に担っている組頭のこととて、並々ならぬ心配に胸を痛めるのであった。明治三年陰暦三月十二日から、庄八は毎日の出来事を簡単に筆記して置いた。今左にそれを転載して、山ノ田キリシタンが信仰のため、いかに惨澹たる苦心を重ねたかを知るための一助ともなそう。


午（明治三年）三月十二日、庄屋がキリシタンの話を切出す。

十五日、いよいよキリシタンをあらわす。

十六日、村民の制止（制裁の意）。「改心せよ」と皆が二回ずつ強要せらる。田地、牛、馬、何から何まで一切没収される。

十七日、暁方、呼出されて、制止を受く。「郷では許すが、しかし世間を慎め」と言われた。帰った上で看板だけの神棚を取払う。

十九日、村方の役人皆と二人の富江人より、おのおの二遍または三遍ずつ撲られる。

二十日、代官、大庄屋、散使《さじ》等四人の制止、又村方小役人仲間の制止、ツヤ女（吉五郎の妻）は刺だらけの木で打たれたり、かきむしられたりした。

二十二日、内軒（本戸数に入らないもの）の久市、弥助、勘次郎は、牛馬、田地、一切をまき上げられる。同じく本軒の吉五郎、喜平、庄八の田地も没収された。

二十八日、三内軒は改宗して、捲き上げられた諸物品の返還を誓願した。

四月一日、寺（妙泉寺）の制止。

二日、本軒中の牛、馬一切を横領される。本軒、内軒も併せて八軒山中に追立てられる。

三日、横領ののこりの品を片付けて、皆山中に住う。（山から降って見ると畳も何も奪い去られて居る。僅に取り残しの品をかき集めて山に登り、くさぎ（臭木）の若葉に塩をかけて食し、露命を繋いだとか）
四日、カモト（富江）の庄屋の周旋によって各々帰宅を許される。
六日、村方の小役人仲間からみな程々に撲らる。
七日、代官から捕えられる。
（多分富江の牢獄に投ぜられたものらしい。六月十五日まで記事なし）
六月十五日、福江の代官、手附の制止、吉五郎、口制止（口責め）、算木を載せて漕がる（身体を揺すぶられる）、十手にて七っほど打たれる。
口制止　ツヤ（妻）　口制止　庄八・ソイ（夫婦）
算木ぜめ　久市（子）　算木ぜめ　光右衛門
口制止　新平　口制止　榮八（庄八の兄）
算木ぜめ　吉松（子）　同じく　赤松浅右衛門
十八日、富江にて制止。
国家老、一ノ家老、大目附、代官、手附、散使、以上六人の前で口制止を受く。
吉五郎、喜平、庄八、浅右衛門、榮八、改心を申立て、爪印を捺す。
廿一日、右五人は富江の家老二人から福江に連れ出された。血判を捺す。改心をしたかと問われる。

十九日、異端（異教の品）と、さんき（?）とが来た。棚（神棚）を飾らされ、札を貼られ、御幣を備えさされ、守を受けさされる。

七月六日、寺参りを命じられる。村中の集会の場で、吉五郎と浅右衛門は位牌を受く。

十七日、大目附一人、手附三人より、いよいよ村中は止めたか、棚を飾ったかと改められる。

十一月十四日、榮八、役人の集会場へ出て、八軒と共に改心を取消す。

廿五日、榮八、一人の役人に信仰を取戻す。

廿六日、庄八、悲しみあり。（何の事か不明）

廿七日、庄八、役人三人、年寄二人に改心を取消して制止を受く。吉五郎もその場に立合う。

十二月十四日、榮八、弥市、久市、庄八、吉五郎、喜平は異教徒から田畑を引上げられる。


続いて庄八翁は、その引上げられた田畑から、牛馬、穀類、家具、金銭に至るまで詳細に記入している。

こういう塩梅に、山ノ田のキリシタンは没義道きわまる迫害を浴びせられ、六月十八日、一応は改心を申立てて血判まで捺した。

しかし二百年以前から代々伝え来った信仰だ。弊履（やぶれぞうり）でも抛つがごとく、そう易々と棄てられたものではない。十一月十八日に至って改心を取消し、旧の信仰に立戻った。

ために再び制止を受け、田畑は巻き上げられ、住むに家なく、食うに物なく、たまりかねて再び改心を誓ったものとみえ、左のごとき誓詞が遺っている。

一、私共これまでキリシタン之邪教信仰罷在り候処、今般妙泉寺様の御説諭に付き、改心つかまつり候段相違御座なく候。向後こんちりさん（後悔）など申し、キリシタンに立帰り候儀は決してつかまつる間敷く候。
一、朝廷より仰せ出され候件、一々違背つかまつり間敷く。
一、産土神は申すに及ばず、一切の神明尊敬つかまつるべく候。
一、内佛は毎戸に安置、朝暮礼拝つかまつるべく候。
一、御法度御立て成され候節は、皆々参詣聴聞つかまつるべく候。
一、生子又死去の者これあり候節は、旦那寺に急度（きっと）御届け申すべく候。
一、キリシタンの者は近き親類たりといえども出入仕り間敷く候。
附、有論（怪しい）の旅人止宿致させ間敷く候。
右之条々決して違背つかまつり間敷く候。若し違約つかまつり候節は、如何様の曲事仰付けられ候とも、一言申すまじく候。

富江繁敷村居付

明治四年未六月十三日　吉五郎　血判

同　廿八日　五人

喜平家

ふで

メ六人

弥助

メ四人

勘二郎弟玉八六月廿一日脱走　勘二郎

メ七人

浅右衛門

メ七人

庄八

メ九人

栄八弟好五郎六月廿一日脱走　栄八

メ八人

久一

メ七人

男女五拾三人の内二人未だ行衛相分らず候。

富江村

御役人様

二七　上五島の迫害

上五島でキリシタン迫害の行われたのは、奈留島村の葛島《かつらじま》と有福島《ありふくじま》、中通島南部の桐古《きりふる》、宿《しゅく》ノ浦両郷と、北部の鯛ノ浦、頭ケ島、青砂《あおさ》ケ浦、茂久里《もぐり》、曽根、江袋、仲知《ちゅうち》、野崎島の野首、瀬戸脇などである。尤も野首と瀬戸脇と仲知とは当時平戸藩に属し、別種の迫害に見舞われている。

1　葛島と有福島

葛島は奈留島の北に位し、周囲約一里、三十四戸、百九十五人のカトリック島で、未信者は分教場の教員二家族十一名のみである。もとは無人島であったらしい。最初ここに移住したのは、大村藩の三重《みえ》村樫山郷《むらかしやまごおり》の長吉、正吉、北平の三人であった。長吉は正吉の子の留吉を養子にしていたほどで、互いに仲良しであったが、北平は独りのけものにされて、居づらくなり、どこかへ逃亡した。その後、長吉も正吉も原因はわからないが、一人は観音崎の内の方へ、一人は水ノ浦より東の方へ移住しようとしている時、甚五郎という人の一家がこの島に漂着した。水ノ浦に行くつもりで船出をしたのであったが、途中奈留島の汐池に到着し、葛島の話を聞き、上陸してみると、飲料水があるので、ここに定住することにした。一方長吉と正吉の二人も仲間がふえたので、そのまま居坐ったものであるという。

甚五郎は岩造、甚五郎、その次は不詳、留次郎の四人兄弟で、四人とも外海の迫害が余りきびしいので、夜逃げをして来たものであるとか。岩造はその後赤崎に住んだ。妻との間に、豊助、小助、ナミ、イセの二男二女があった。甚五郎の妻はナセといい、吉蔵、フデ、久兵衛、留蔵、惣右衛門の五子を挙げ、留次郎の妻はノブ、子は力造ただ一人であった。四人の兄弟は各々別戸を立て、半農半漁で口を糊し、妻子を養ったものである。

その後葛島の人口は年と共に増殖して、力造、小助、久兵衛、惣右衛門、又吉、友人、吉兵衛、留蔵、豊助、吉蔵、留吉、才助の十二戸となった。この十二戸は長らく官の前には知られていなかったが、明治に入ってから奈留の代官に呼び出された時、はじめて判った。今その時の模様を簡単に記すと——

初めの日には戸主十二名が奈留に召喚された。代官が奈留に居たからであって、福江の奉行喜右衛門も見えていた。時の葛島の頭取（今の区長のようなもの）は力造、惣右衛門、留蔵で、三人は他の九人が帰宅を許されてからも、引続き訊問を受けた。算木責めなどにもあった。九人は帰宅する時、代官から石を持参せよと命じられた。九人の中の年長であった又吉は、その石を持って行ったら、あとに残った三人が必ずそれでもって石責めにあうに相違ないから、持って行くべきではないと注意したので、誰も持って行かなかった。男子がまだ奈留に居る時、婦人、子供も呼び出された。しかし何の責めもなく、その日のうちに帰宅を許された。

その頃の宿老は惣右衛門で、猪《いの》ノ瀬戸から大きな瓦ぶきの家を買って来て、今の聖堂屋敷を建てた。次の宿老甚五郎の時、その家に造作を加えて聖堂らしくなした。当時の神父はブレール師で、五島全体（上五島全体ならん）をかけ持ちしておられたので、毎月一回ぐらい巡回して来られるのであった。

ちなみにブレール師は一八七六（明治九）年日本に渡り、五島地区を担当したものである。一八八一（明治十四）年自分の活動を報告して、こういっている。

奈留島は五島の中央に位し、旧キリシタンの子孫も三百人を数える。二人の伝道師の奮発と聖なる人々の祈りとによりて、きりくずしが始まり、十戸だけが立ちかえり、大抵は洗礼を受けた。私は何処へでも行く。皆からも歓迎される。異教者までが良い心構えを持って居るように見受けられる。しかし如何せん、私一人である。私は三千五百の信者を担当して居る。〈離れ――旧キリシタン〉もそれ位は居る。学校の先生が居ない為に自分で世話をせねばならぬ。

一八八五（明治十八）年四月十六日、師は長崎から五島へ帰る途中、暴風雨に船を覆されて、あえなく海底の藻屑となられた。あるいは曰く、有川の鯨組に救助されたのを漁夫らが殺害したのであるとか。

有福島は日ノ島村の一部で周囲約三里、九十三戸を数え、その内三分の一の二百七十四名が信者で、異教徒が一家族、その他は元帳（旧キリシタン）で、いまのところ、改宗の見込みがない。大村藩の神浦村から小田犬蔵氏の三代か四代前の人がここに移住したので、当時有福は無人島であった。異教徒一家も有福島の元住民ではなく、他村から来たものである。明治に入ってから、男では清川沢二郎伝道士、女では「おトメさん」、真手《まて》ノ浦の「サモさん」、焼崎《やけざき》の人たちが来て信仰をすすめ、再洗の恵みに浴せしめた。

原塚の祖先は神の浦から来た八田大吉という人で、はじめは青方の樽見に移住し、樽見から明治の迫害を避けて、日ノ島の佐根《さね》ケ浦に移って潜伏したのである。樽見《たるみ》から日ノ島に移る時は、明日にも役人の縄にかからねばならぬという噂が高かった為に、財産も何も打捨て、着のみ着のまま夜陰に乗じて逃亡したのである。今日佐根ケ浦には誰も住んではいない。ただ網を張る時、網子が仮住いをするだけであるが、その当時は五戸もあった模様である。佐根ケ浦に居る時、日ノ島の元住民が比較的温厚であったかした為に、迫害らしい迫害をみずにすんだ訳である。

2　桐古郷と宿ノ浦郷

寛政年間五島侯に貰い受けられた外海キリシタンの中に、卯平、徳右衛門、清吉、周吉、安兵衛、善次郎、吉五郎、要右衛門、弥平、長八、福松、佐平、長右衛門、藤右衛門の十四名だけは若松村に配置され、内七名は桐ノ浦に、七名は桐古里に居を定めて開墾に従事した。

桐古里は最初宿ノ浦郷に属したものであったが、年月を経るに従い子孫が大いに繁殖し、戸数も日にまし増加したので、維新の際、宿ノ浦郷から分離して別に桐古郷と称するに至った。

　ガスパル与作（後年改名して下村鉄之助と称す）はこの桐古郷の人で、彼の運動によって同郷のキリシタンは早くも宣教師に帰服した。一八六八（明治元）年ペトロ下村善七（与作の父）、ドミンゴ利右衛門、ガスパル下川八十吉、ジワン弥吉、同忠右衛門、ガスパル下崎松蔵、ミギル有喜蔵、ガスパル下村卯五郎らは長崎天守堂において洗礼を受けた。洗礼を受けた上は今までのごとく仏壇神棚を備えて置く訳にはいかないので、同年九月十五日、善七、卯五郎、八十吉、与助の四人が信者一同を代表して若松の役所に出頭し、その旨を届け出た。早速代官入江利右衛門政秋は様子を探知すべく桐ノ浦へ来た。すると気の早いカタリナ下川ナツ、同カタリナ・キヤ、マグリナ下崎スマ、ドミニカ下村トワの四婦人は子供を引連れて家を遁れ出で、桐古里の上の七郎が窄という所に小屋を作り、そこに隠れた。

　翌日代官は宿ノ浦の釜殿《かまどの》(1)（樵夫《きこり》の監督）儀右衛門に命を下して桐古郷に遣わした。儀右衛門は一通り郷内を検分した上で宿ノ浦へ下ろして貰いたいと郷民に頼んだ。早速八十吉、忠右衛門、有喜蔵、利右衛門の四人で船を出し、宿ノ浦さして漕ぎ行く途中、儀右衛門はにわかに船首を若松へ廻すべく命じた。波止に着くが早いか、待ち構えた足軽や村の老人連が四人を押っ取り巻き、これを縛り上げて、薬師堂の中へ投げ入れ、

「こん畜生め、燃木杭を口に突っ込んでやれ、打ち敲け」

　などと散々に悪罵した。下代役（代官の副）の荒木忠三郎は彼らが冷たい板の上に転がっているのを憐れがり、

「畳を持って来い……芋も入れてやれ」

と足軽に命じた。畳は持って来なかったが、芋だけは差入れてくれた。しかし四人は胸がぞくぞくしてその芋を食べる元気すらなかった。

その日の夕方、若松から二、三十人の役人が村の異教徒を多数引連れて桐古郷に出張し、ガスパル下崎松蔵とその四子ガスパル与助、ドミンゴ新助、パウロ善助、ドミンゴ友助を始め、下村善七、同卯五郎、下川弥吉を召捕えた。翌日になると薬師堂に繋がれていた四人も桐古郷に連れ戻した。

代官政秋はこの機を利用してキリシタンをしぼり、私腹を肥やさんものと、

「天保銭百貫持って来れば、自分が福江へ行って願い下げをしてやる。悪くは取り計らわぬ」

と言葉巧みに説き伏せた。キリシタンはすっかり彼の口車に乗せられ、下川弥吉と卯五郎が一同を代表して土井ノ浦の樫ノ口へ行き、幸三郎という「旧キリシタン」から百貫の天保銭を借り出して来て、代官に渡した。代官や足軽連はその金で酒宴を開き、飲めや歌えの大騒ぎをした。

キリシタンたちは安堵の胸を撫で下ろした。七郎が窄に隠れていた婦女子も帰って来た。久し振りに家族一同枕を高くして円かな夢を結んでいると、夜中突然足軽が踏み込んで有無をいわさず捕縛した。ガラシア下村トヨ、アガタ下村トネの両婦人は七郎が窄に逃げたものではなかったが、他の婦人と同じく縛られて桐ノ浦へ引立てられた。

翌朝未明に足軽の大坪多四郎、同三代吉、荒木嘉平は代官の命により、「旧キリシタン」連を

指揮して、下川弥吉宅に思わせ振りで牢屋を作った。

それから浜辺にあった浜口利八という者の家の前庭にキリシタンを引出し、代官政秋は高座につき、三人の足軽に下知して三角や丸木の算木の上にキリシタンを坐らせるやら、十手を振って打敲かせるやら、ずいぶん残酷な拷問を加えた。三角の算木責めにあわされたのは下村善七、下村卯五郎など頭分だけで、その他の者と子供は丸木の算木に乗せられた。婦人はただ縛られたのみで、別に拷問は受けなかった。下崎松蔵、同与助などは算木に乗らず、ただ説得されたのみであったが、その説得はキリシタン嫌いの代官に似合わず、情理をつくしたものであった。尤もキリシタンが日頃勤勉で、何事にも巧者であることを代官は知っていたので、彼らを若松村から追っ払っては、代官自身のこうむる利害関係も少なくなかったから、何とかして彼らを屈服させ、長く使用したいと思ったものであろう。彼が松蔵の父を説得した言葉は左のごとし。

「お前の父は殿様から裃帯刀さえも許されたほどの立派な家柄ではないか。その家柄や祖先の名誉にたいしても、異国の宗旨を守り、殿様に反対するとは道理に合わない話だ。俺はお前たちのためを思い、今までお前たちの不利益になることはして来なかった。それで日頃の俺がこうしてお前たちに説くのであるから、間違ったことはいわないつもりだ」

こういってから、代官は諄々と神道の教えを語り、屁理屈をならべて聞かせるのであった。

下村善七は与作の父で、与作が伝道に従事している関係から発頭人に見られ、

「貴様の子がこのようにしたのだ」

といってことさら厳しく責められた。彼は後ろ手に縛られ、三角に削った木の上にきちんと

膝を乗せられ、膝の上には三個の大石を積まれた。それればかりか、手の下から十手を入れて捏ね返されるので、頭も体も自ずと前に屈み、膝の上の石を押しつける。脚の痛みは、いよいよ耐え難く、骨さえむき出て、身は青腫れにはれ上がり、半死半生の体になった。

「早く転べ、これでも転ばぬか」

と役人はいよいよ無理無法に責め立てるので、善七もついに本気であったか、無我夢中であったか、

「子供まかせにする」

と口をすべらせた。ところが子の利右衛門は十二か十三の小児に過ぎなかったのだ。無残にも丸木に乗せられて、ぐいぐいと責められ、痛さに堪えかねて、

「もう止めようや、止めようや」

といい出した。善七は「子供まかせにする」といい、子供は「止めようや」といったので、とうとう改心した形にされてしまった。

役人はこれに味を占め、子供を責めて改心させ、その子供への情愛を絆にして親をも改心させようとした。下崎松蔵の妻のスマはいくら子供が「母ちゃんよ、母ちゃんよ」と啼き立てても涙一つ流さない。お前は子供が可愛くないのか、とよく役人にすかされたものだ。信者らはついに拷問の厳しさに堪えかねて残らず改心した。

長崎の宣教師たちは彼らが改心し終わった由を聞き、その意気地なさを咎めた。よって彼らは翌明治二年四月、一同申合せの上、改心戻しを届け出た。届け出た以上はただではすまない。

迫害の来るのは判りきっているので、彼らは逸早く船を艤し、日暮れを待ってこれに飛び乗った。船が岸を離れて間もなく、役人らは高張提灯を掲げて桐古へ踏み込んだということだ。

彼らはたいてい下五島の姫島へ避難した。ただ下川八十吉だけは最初長崎方面へ出奔し、深堀村の有海に潜んでいたが、一ヶ月ばかりも経て、これも同じく姫島に落ち着いた。

姫島に着いてみると、同島の迫害はすでに終わり、信者たちは出牢の恩典に浴しているところであった。二、三ヶ月も厄介になった上で大部分は帰郷した。一、二ヶ年もそのまま踏みとどまったのは八十吉一家のみであった。

帰郷後はたいした迫害にもあわなかったが、まったく無事という訳でもなかった。福江役人の俵慶馬は妻のタカ女が水ノ浦出身という関係から、キリシタン征伐に手心を用いて、厳酷ではないのだ、と同僚にいい立てられ、その腹立たしさに桐古郷へ乗り込んで信者らを捕縛した。その時、槍玉に挙げられたのは第一回の迫害後信仰を公にした浜口利八と同戸一であった。しかし今度の迫害は大事に至らずしてそのまま泣寝入りとなった。ただ善七だけは姫島から帰郷後も長らく若松の牢獄に繋がれ、出牢後久しからずして永眠した。

明治六年平民にも姓を許された時、五島の役人は多く処《ところ》の小字、もしくは地勢を姓に付けてくれた。水浦、樽角《たるかど》、佐舗などは小字の名で、白浜、瀬戸などは附近に白い砂浜や瀬戸があるのに因んだものである。しかるに若松の役人らは桐古郷の頭株には軽侮の意味からして「下」の頭字を付けた。下崎、下村、下田の姓が桐古郷に多いのはこれに原因するのだとか。

若松村方面の教会史上に忘れてならない恩人は、下村善七親子を除けば、清川沢二郎翁であろうか。翁はもと姫島の人で、一時水ノ浦の牢屋に囚われていたものである。明治二年五月出牢放免となり、姫島の峠に芋を挿していると、下から「沢二郎さん、沢二郎さん」と呼ぶ者がある。会ってみると宣教師の命により伊王島《いおうじま》からから連れに来たのだという。早速兄弟らの承諾を得て伊王島へ渡り、二、三ヶ月も滞在した上で長崎へ行き、二ヶ年か三ヶ年間、天守堂内に潜んで聖教を学んだ。

やがて長崎の印刷機を横浜へ移すこととなり、翁も印刷機について横浜へ行きたいと願い出たが許されなかった。五島には伝道師がいないから、あっちへ渡って働くがよいということになり、青方村船隠《ふながくし》へ遣わされた。行ってみるとキリシタンは皆わずかに小屋掛けをして雨露を凌いでいるという塩梅だ。ひそかに人を集めて教理を説くような家とては一軒もないのにはまったく閉口した。それから浜串《はまくし》へ移り、与七という人の家に信者を集めて聖教を教えた。隣郷の岩瀬ノ浦から養子に貰われて来ている男の児にも洗礼を授けた。岩瀬ノ浦といえば、すべて異教部落なので、その事を耳にするや、部落の者どもが養子を戻せといい出した。しかし洗礼を授けた後だ。戻す訳にはいかないと断然拒絶した。これも沢二郎の尻押しに出るのであったので「うぬ、生かしておくものか」と、岩瀬ノ浦の異教徒は怒って鮪網用の庖丁を磨ぎすましているという噂がぱっと拡がった。信者たちは沢二郎の身に万一の事でもあってはと気遣い、しきりに逃亡を勧めた。「なァに斬り得るものか」と沢二郎は自若として動かない。異教徒も沢二郎の肝っ玉に辟易したか、押寄せようともしなかった。

それから中ノ浦、奈麻内、大曾《おおそ》、焼崎、大平《おおびら》などを飛び廻って教えを説いた。沢二郎が教理を授けて長崎へ連れて行き、洗礼を受けさせたのは三百人にも上り、桐古郷の大宿老として厚く諸人に尊敬されていたが、一九二五年八月二十五日多大の功績を担いつつ安然として世を去った。

同じ若松村宿ノ浦郷に中ノ浦、大浦というキリシタン部落がある。祖先は大村から黒崎村の永田に落ち、二代ばかりは永田に住み、三代目の勘五郎に至って、中ノ浦に移住した。中ノ浦、大浦のキリシタンはすべてこの勘五郎から系統を引いているのである。

勘五郎の孫下田喜作、儀平、卯良吉、喜八、勘兵衛、勝平らは明治三年沢二郎について教えを学び、洗礼を授かった。その事がいつしか役人の耳に入り、翌年三月に至って、白ガ浦の与之助、中ノ浦の喜作、儀平、卯良吉、喜八、勘兵衛、勝平ら七名は若松へ呼出された。そのすぐ後のことだった。勘兵衛の妻シナは産後の日なお浅く、外に出てぶらりぶらりと遊んでいると、役人が来て家具一切を出せと命じた。シナは臼二個、鍋一個、藁などを出した。これだけで農業がされるかと役人はなかなか承知しない。実際の話が別に何品もなかったのだけれども、役人はシナがなお隠匿していると疑い、無法にも産後のシナを引き倒して、頭を地面に打付けた。ためにシナは病いを引き起し、いつになっても元の健康体にはなり得なかった。強盗にも劣った血も涙もない役人はついにシナの寝んでいる蒲団を奪って浜へ持ち下った。それを見たシナの従弟は余りの暴状に呆れ果て、

「堂々たる五尺の男子、しかも役人ともあろう者が、婦人の産して寝こんでいる蒲団を奪い去るとは余りにもきたないではないか」

といい咎めた。流石の役人も少しは恥ずかしくなったとみえ、

「これはお前にやるよ」

といってその蒲団を返してくれた。

さて召捕られた男子は入江代官から宿ノ浦へ呼出され、それから若松の牢屋に打込まれた。白ガ浦の与之助と中ノ浦の喜作は頭分と睨まれて、有川まで曳かれて色々と訊問を受けた。それでも改心しないので、再び若松へ連れ戻され、算木責めにかけられた。とても終わりまで辛抱が出来そうにないので、与之助はついに脱牢して、あちこちに身を隠した。

「与之助を逃がしたのは貴様らだ」

と役人は喜作を始め、その他の人々に喰ってかかり、前に倍してしばしば御用にも呼出し、拷問にもかけた。

その酷烈さに堪えかねてついに残らず改心を申し出て、ようやく自由の身となった。しかし自由になると共に良心は煮え繰り返らんばかりの思いに苦しめられる。よって宿ノ浦に取って返し「如何様のことこれあり候とも、決して切支丹宗門は止めまじく候」と立札をして、改心の取消しを表明し、それから村を逃れ出て、浜串およびその附近の山中に隠れた。一週間ばかり経て、そろそろと自宅へ帰ったが、役人も早や諦めたとみえ、知らぬ顔をして、格別の煩いをかけなかった。

（1）五島藩では人民の階級を分って武士、百姓、町人、浜方、釜方となした。浜方は漁師で、釜方は樵

夫、炭焼などを指し、釜方の取締りに当る小役人を釜殿と称するのであった。

3　福見

鰯で有名な奈良尾港を北東に距ること一里半ばかりにして、福見という百十数名のキリシタン部落がある。ここは旧キリシタン五戸、異教徒四戸を数えるばかりで、純然たるキリシタン部落である。

部落の由来をたずねると、寛政年間に、大村藩からもらわれた千人の百姓の中に岩崎一郎兵衛と林幾次郎の両家族が福見に居着き、昼は山を開拓し、夜は海に釣糸を垂れて、わずかに露命をつないでいるのであった。

安政三年浦上の三番崩れが外海に飛火して、樫山の茂重騒動になった時、外海のキリシタンたちの中に、安住の地を求めて信仰を全うしたいものと思い、一郎兵衛や幾次郎をたよって福見に居着いた者も少なくなかった。居着いた当座は住むに家なく、食うに物なく、ただ海に山にかせぎまわって痛ましい苦闘をつづけた。しかし二年、三年と月日を重ねるにしたがい、岩瀬浦郷民の所有地たる福見も次第にキリシタンの手で切り開かれ、青い野菜が伸び、黄色い麦穂が波を打たせ、犬の遠吠え、のんびりした鶏の鳴声などが相聞こえる、という平和な半農半漁の一部落を形づくるに至った。

やがて明治三年となった。時に岩瀬浦の代官を務めているのは坪井子平《こへい》で、福見の小頭は野山佐蔵であった。中ノ浦、浜串、鯛ノ浦のキリシタンが迫害になやまされていることを耳にした福見のキリシタンたちが、心ひそかに恐れを抱いているともれ聞いた佐蔵は、秋も深まった十一月、不気味な空模様の或る日、キリシタンの家を訪れ、さも心配らしい顔付をして、「こりゃ困ったことになった。今日岩瀬浦へ行ったところが、今日明日のうちに代官様がキリシタンを召捕りに来るといったよ。それで早く逃げた方がよくはないかなァ」

といい出した。それを聞いたキリシタンたちは気も遠くならんばかりに仰天した。「信者を全うせんが為にとて、この福見三界まで来ているのに」と痛嘆し、噂は家から家へと流れ伝わり、男子は集まってひそかに話合いを始めた。逃げて来た彼らのことであるから、また逃げようではないかと、評議一決した。

「善事は急げ」だ。早速めいめいの持船に食料、婦人、子供を乗せ、大きい船には家財道具を積んだ。かくして九家族、五十人が九艘の船に乗り、これまで血の汗をしぼって築き上げた家も田畑も打棄て、福見の荒浜を乗り出したのは黒い雲が東へ東へと飛んでいる怪しい空模様の夕暮れであった。そして彼らが指して行く方向はどこであろうか。かつて信仰を保つがために故山を後にした彼らのことである。再びもとの故山へ帰るより他はない。

峯下丈八の家族は八人で家は貧しく、たった四尋の小舟に八人を乗せ、家財道具は林幾次郎の船に積み、小舟も綱をつけて幾次郎の船に曳いてもらった。浮き沈みする小舟に心をはらはらさせながら漕がれてゆくうちに、風も波もようやく激しくなり、小舟はますます危うくなり、ついには命と頼む曳綱までが切れてしまった。星の光の一つだになきぬばたまの真夜中に小舟は激浪に弄ばれて、今にも海底の藻屑とならんとしている。幾次郎も曳綱の切れたことに気付き、危険を冒して引返し、猛り狂う波の中を三回も捜しまわったが、小舟はついに見当たらず、声を限りに叫んでも、荒ぶる波の音に空しく打消されて何の答もない。今は「御旨のままになれかし」とあきらめて再び東を指して舵をとった。夜もほのぼのと明け初めて風も波もようやく収まり、幾次郎の船はやがて西彼杵郡《にしそのぎぐん》三重村《みえむら》畝刈《あぜかり》の浜に安着した。しかし後に残った丈八の家族はどうなったであろうか。どのあたりで荒波に呑まれたであろうかと物案じ顔でいると、はるかの沖合いに黒いものがあらわれ出た。だんだん近づくのを見ると、まさしく丈八の舟だ。わずか四尋の小舟に蓆《むしろ》を帆にして一家八人が無事畝刈の浜にすべりこむではないか。一同天主の御助の有難さに涙ぐみ、浜辺に跪いて感謝の祈りを献げた。

しかし外海（畝刈も外海の一部だ）地方の空気も余り平穏ではなかったので、幾次郎らは北松浦郡黒島に渡り、浜辺の納屋で新年を迎えた。親たちは子供らが餅をほしがり、人の門口に立たないようにと、米を蒸して浜石の上に乗せ、横槌でついて餅となし、子供らに食べさせたという。かくて一ケ年余りもあるいは人に傭われ、あるいは海に出て烏賊を釣り、かんころと換えて細い煙を立てた。はじめて福見に移住した当時にも劣らぬ苦闘生活をつづけたのである。

森幾三郎の船は折からの強風にたえかねて、とある浦に一夜を明かすことにしていると、一隻の船が福見鼻《ふくみばな》に現われた。てっきり捕手の船と思い込み、勇を鼓して帆をまき上げた。扇山には白く雪が降りかかり、十一月（旧暦）の風は身にしみて寒かったが、しかし船は捕手のそれではなかった。

かくて幾三郎の船は平戸の生月《いけづき》にたどり着いたということだが、生月のどこに仮の住居を定めたかは判然としない。

梁《やな》音次郎は船を江ノ島にとどめて日和を待ち、歌ケ浦の字蔵《あざくら》方に宿を借りたという。峯下常吉、岩本惣市、同勇助らは三重村の樫山に、森仁蔵は黒島に、各々親族をたよって遁れ、いずれも悲惨きわまる月日を送った。

黒島に避難した連中は生活が一向思わしくないので、佐賀藩の馬渡島《まだらじま》に移住しようかと相談していると、平戸侯の斡旋で再び五島へ帰れるようになった。

福見のキリシタンが逃亡した際、青方村樽見のキリシタンは船崎に呼び出され、

「血判を押さぬか、押せば赦す、押さねばいのちはないぞ」

と脅迫された。よって甚造、安助、左五郎の三家族十名は夜陰に船を出し、体一つで佐根ケ浦に落ち、そこの山中に潜伏すること三昼夜、それから平島へ漕ぎ渡った。しかし天気が悪くて波止に乗り入れることが出来ない。やむを得ず婦女子は岩の下の穴に潜ませ、男子ばかりが波止に着けた。天気の定まるのを待って婦女子を呼び寄せ、北松浦郡黒島へ避難した。

岩瀬浦郷民は福見のキリシタンが田畑を遺棄して逃走したのを見て多少狼狽した。幸い岩瀬浦郷民で当時福見に住んでいた峯脇元助という者の子供を信者たちが黒島へ連れて行ったところから、元助を使者に立て再び彼らを福見へ呼び戻した。いったい岩瀬浦郷民はキリシタン迫害など思いもよらぬのであったのに、かの小頭佐蔵がキリシタンの家財道具を横領したいばかりにキリシタンたちを逃亡させたのであった。帰ってみると、屋根は飛び壁は落ち、さながら

鳥籠も同様で、彼らはまたもや全くの無一物からかせぎはじめねばならぬのであった。さて岩瀬郷民は佐蔵がキリシタンの家財道具をとりこんだと知り、あとでこれに厳罰を課したというが、その子孫とても一向感心されない者ばかりだと郷民は語っている。

甚造の一家は福見のキリシタンと共に黒島を船出したが、故郷の樽見へ帰らないで、船隠に転住した。左五郎の一家は日ノ島村の原塚に落着いた。

その他、焼崎では家を焼払うと威嚇されたが格別の事もなかった。大平の重立ったキリシタンは逸早く逃亡したので、迫害にはぶつからなかった。要するに中通島南部の迫害は比較的軽微な方で、信者たちは見るに忍び難い拷問にあわなかった代りに、また感嘆すべき信仰美談も格別遺していない。

4　頭ガ島

第二篇にも記せしごとく、頭ガ島では小頭前田義太夫の一家を除く他はすべてキリシタンで、島には面倒な宗門改めもなく安全に信仰を続けられるから、上五島のキリシタンは頭ガ島をもって天国でもあるかのごとくいい囃し、我も我もとこれに移住した。いわんや島には上五島随一のキリシタン頭目ドミンゴ森松次郎が居を構えているので、下五島や中五島方面からまで、青年を抜擢してどしどし頭ガ島へ送り、松次郎について教理を学ばせることとした。松次郎の家は仮聖堂たると共にまた伝道士養成所ともなった。今日その屋敷跡には規模こそ小さけれど、全五島に二つとなき石造天守堂が建立されている。

一八六八（明治元）年末頃、下五島の久賀島に迫害の火の手が挙がった。たまたま黒崎牧野生れの千太夫という無頼漢が頭ガ島に舞込み、前田義太夫方に出入りしていたが、島人のキリシタン宗門を念じている由を嗅ぎ付けて、早速前田に密告した。前田がそれとなく注意している矢先に、島の紺屋市右衛門方から究竟な証拠物件が顕われた。というのは或る日対岸友住の異教婦人が絲を染めに来て、ふと藍瓶の蓋を見るとキリシタンの数珠が載っている。市右衛門の妻のスマがコンタスを誦えて、そのまま忘れたものであったのだ。婦人はそっと拾い上げ、これを懐に収めて持ち帰った。

その婦人がコンタスを証拠に島民を告発したものか、あるいはその話が次から次へと伝わって有川役人の耳に入ったものか、そこは何とも判らないが、とにかく有川役人から前田義太夫に取調べの命が下ったものらしい。彼はある日島民を召集した。

「聞けば久賀島ではキリシタンの制止が始まったとか。頭ガ島にも何分の沙汰がないとも限らない。そこでキリシタン宗門を奉じている者はその旨を打明けてもらいたい。それぞれお上に届けておかないと後で迷惑するところがあっては困るから」

といい終わるや、信者たちは一斉に口を揃えて、我身のキリシタンなることを公表した。

前田は事の由を有川の代官松園嘉平に申し出た。代官は即夜足軽三十六名と他に下代、庄屋などを頭ガ島に差向けた。時にキリシタンたちは松次郎を北魚目村曾根方面へ落した上で、中田権六という者の宅に集まり、一同死を決して熱心に祈念を凝らしている。足軽らはその場に踏み込んだ。

「神も仏もない家だ、草履を脱ぐには及ばぬ」

といって土足のまま座敷に上がった。熊助、その子万吉、茂平、卯助、熊造、幸右衛門、弥《や》雄造《おぞう》、権六、その他十数人の戸主を残らず縛り上げて翌日友住に引立てた。

船から上陸するや、早速ねこだ（藁蓆の大きなもの）の上に算木を四組も五組もならべ、四、五人ずつこれに坐らせ、「五六石」といって厚味五寸、長さ六尺の板石を膝の上に載せた。それから足軽が二人ずつ鉄杖を握って左右に立ち、「打てッ」の号令もろともに、鉄杖を振り上げて、力まかせに打下ろした。キリシタンたちは毫もひるむ様子がない。「まだ止めぬか、今一つ打て」と命じ、膝の上の五六石も一枚加え、二枚積み、次第に重ねてついには下顎に達するまでに至った。しかしキリシタンたちはいかほど責められても棄教を肯じない。役人らも流石に驚いた。バテレンの魔法で、痛さを感じないのであろうと思ったものか、中田権六に向い、

「その方どもはサガラメント（秘蹟）を授かっているから、頑固で仕方がない。そのサガラメントを打消すが為に大神宮の水を飲ましてやる」

といって口を開けさせようとした。権六は堅く歯を喰いしばってなかなか開けない。二度も三度も強いて開けさせようとしても頑として応じない。役人はついに鉄杖を口の中に突き入れ、強いてその水を注ぎ込もうとした。権六は堅く口を閉じ、向歯を何枚か噛み折ってもついに飲まなかった。

数日を経て、役人は再び信者たちを高手小手に縛り上げ、十四、五人目ごとに太鼓担ぎを一人

ずつ置き、さも勇ましくその太鼓を打鳴らし、勝鬨あげて有川へと進んだ。

その頃有川の江の池という所に真宗信徒でかなりの資産家がいた。有川村民は皆浄土宗だ。真宗も喜ばない。彼が旅行中なのに乗じて妻子を追い出し、その家を没収してこれにキリシタンを叩き込んだ。そして毎日きまった時刻には代官屋敷へ引立てる。役人らは一段高い席に傲然と座を占め、キリシタンを睥睨しつつ、

「おい伴天連を拝むよりか俺を拝め。貴様らは仏が可愛いか、妻子が可愛いか。妻子が可愛ければ仏を出せ、出さぬにおいては貴様らを遠島に処し、妻子は餓死させるのだが、それでも承知か」

と怒鳴りつけたものである。三ヶ月ばかりの間はこういうように百方手を尽して棄教を強いたが、キリシタンたちはあくまで強情を張り通し、いつになっても微動だにしない。その間に弥雄造が病いに罹ってどっかと打臥した。しかし医師にもかけず、一服の薬すら飲ましてくれない。病いは日にまし重くなっていくばかりだ。彼は生れた当時水方から旧式の洗礼を受けたのみであったから、権六はこれに新式の洗礼を施した。幾日かの後彼はついに永い眠りにつき、死体は頭ガ島の妻子に引渡された。

有川に囚われている間、キリシタンは主として饑餓の苦しみに悩まされた。在獄三ヶ月、米といえば一粒も見たことがない。毎日一度か二度ずつ幾個かの芋を投げ入れられるばかり。その芋も彼ら自身の畑から掘り取って来てこれを与えるのであった。惜しいかな、彼らは終わりまで堪え忍び得なかった。口先だけではあったにせよ、おめおめと改宗を申立てた。あたかも

よしその頃、例の富江騒動が持ち上り、役人もキリシタン征伐に没頭していられなかった。よって彼らを頭ガ島に連れ戻し、松次郎の長屋に打込み、足軽数輩を置いてこれを看守せしめた。福江藩の異宗徒改宗帖には、「有川村内頭ガ島居付　明治元戊辰より異宗信仰の処、同二巳八月改宗」と見出しをつけ、作二郎、丈平、倉蔵、増右衛門、熊蔵、末松、和助、政右衛門の八戸四十一人の名を出してある。

さて監禁はしたものの、離れ小島の事とて足軽らもいつしか怠り勝ちとなった。キリシタンたちはすきを窺って次第に逃げ去った。足軽らは怒って婦女老幼を残らず捕えて長屋に拘留した。さして広くもない家に大勢を打込んだので、その窮屈さはいわん方ない。すでにして婦女子をことごとく殺害するそうだという噂が高くなった。前に逃亡した戸主らはこれを聞き、夜に乗じて船を漕ぎつけ、足軽らの眠っている間に残らず伴い去った。翌朝目を醒ませば牢内寂として人の影すらない。頭ガ島は再び以前の無人島となった。

島を脱走したキリシタンは全五島に四散した。茂市のごときは浦上に避難するつもりで、便船に乗り込み、長崎に上陸するや、たちまち脱走者と睨まれて、包を検《あらた》められた。五島札（紙幣）とコンタスが出て来たので、五島のキリシタンと判り、庄屋の手に渡って浦上キリシタンの残余と共に伊賀国上野へ遠島された。

有川村の南隣奈良尾村に船隠というキリシタン部落がある。頭ガ島を遁れた信者の中にはわずかに蒲団と鍋釜とを携えてここに避難した幾家族かがあった。彼らは昼は山中に隠れ、夜は多く人家に忍ばせてもらった。雨の時などは誰かが持って来た船の帆を天幕に代用してその下に潜んだものだ。しかし豪雨にあってはとても堪ったものではない。船隠の信者たちが芋を恵んでくれたので、やっと餓死だけは免れていたものの、そのままではとうていやりきれない。たいていは黒島や外海の親戚を頼って避難した。

中田卯平とサノ夫婦は一応黒島に走り、親戚の情に縋ったが、しかしいつまでも人の厄介になってもいられない。よって黒島を辞して対岸相ノ浦前のトコイ島へ移り、船を家として糊口の途を講じようと図った。トコイ島はもとより無人島だが、その前の皆島には蜷《にな》が多い。彼らはその蜷を拾い、海水で煮てわずかに餓を凌ぎ、時々は蜷殻を相ノ浦へ積み出して多少の麦に代え、雑炊を作って舌鼓を打ったものである。

一ヶ月ばかりもこういう惨めな生活をしていると、出津の浜の人で福造というのが伝え聞いて、わざわざ連れに来てくれた。この福造は以前出津の迫害を避けて頭ガ島へ行き、卯平の母に厚遇された因みがあったのである。卯平たちは福造方に半ヶ年ばかりも厄介になっていると、上五島方面の迫害も止んで、親元からは帰れという通知が来た。一同喜んで懐かしい五島の土を踏み、鯛ノ浦に落着くことにした。

5　鯛ノ浦

鯛ノ浦は今日有川町に属しているが、明治初年までは奈良尾村の一部であったとか。頭ガ島と相前後してここも暴虐な迫害に見舞われたらしいが、当時のことを記憶せる老人が多く死亡し終わっているので、話の辻褄を合せ難い憾みがある。しかし最初信者は家も何もかも打棄てて逃亡したものとみえ、明治元年か二年の春頃、戸村若助の一家が曾根から避難して来た時は空家ばかりであった。若助らは無断でその空家に住み込んでいると、いつしか役人に見つかった。「何者か、どこから来た者か」と詰問されてまったく答辞に窮した。幸い妻がちょうど産をしていたので、

「中五島の白河原へ行く途中産気づいたので、やむを得ずここに宿泊しているのでございます」

といってそのまま立去った。

かれこれするうちに迫害は次第に収まった。鯛ノ浦の信者もぽつぽつ帰郷し始めた。ようやく安堵の胸を撫でていると、例の俵慶馬が足軽を引連れて福江から出張した。その頃まで鯛ノ浦に厳存していた寺院の下手に牢屋を急造し、信者を引捕えてそれへ投げ入れた。しかし構えが至って粗末だったので、信者は難なく脱走帰宅してしまった。

慶馬ともあろう者がそのまま知らぬ顔をして捨て置くはずがない。今度は瀧下精蔵方を座敷牢として、これに男子を残らず打込んだ。有川へ引立てて算木責めにかけるやら、縛ったまま海へ投入れ、足に綱をつけて船の艫に結び、五挺櫓を立てて逆漕ぎに漕ぎ廻るやら、散々な目にあわせた。瀧下精蔵、戸村金平、同若助らはことさらひどく迫害された方だ。

或る日、戸村市三郎と瀧下金次郎の二少年（十六才）が役人の前に呼び出された。役人はまず市三郎の指先を固く縛り、両脇にも大きな棒を突き込んで動けないようにしておいて、掌に燠を載せ、フウフウとこれを吹くか、自身にこれを吹かせるかして「熱いか」と問うたが、市

三郎は何とも答えない。次に金次郎の掌にも同じく燠を載せて「熱いか」と問うた。「熱うございます」と答えたら、やがてその燠を振り落とさせたが、金次郎の掌は火傷し、後々までも彼らが残虐の跡を遺していた。

後で慶馬は精蔵だけを魚目村の七目に引出し、再び算木にも乗せれば、逆漕ぎにもあわせた。息が切れると引上げで水を吐かせ、身を暖めたり、薬を飲ませたりして蘇生させ、蘇生すると再び海に突っ込んで漕ぎ廻るというように、ずいぶん惨酷なことをやった。精蔵の述懐によると、両足を一つに括られた時よりも、片足を括って漕がれる時が一層堪え難く覚えたものだ。七目の異教徒はいまだにその事を記憶している。しかし彼らは露ばかりも同情を寄せるのではなかった。信者たちが算木に乗せられるやら、逆漕ぎにあわされるやらして、万死一生の境に出入しているのを気味よげに打眺めつつ、

外道は念ずるやちや割木の上に
　打てど叩けど物言わぬ
外道は念ずるやちや五挺櫓ば立てて
　さかし漕がれて苦労ば見る

と囃し立てたものである。
すべてどこの漁村でも家は多く海岸に建て、波打際には簀子を敷いて涼み台としてある。満

潮になると海水はよくその涼み台の下までちゃぶちゃぶと寄せてくる。これは鯛ノ浦での事か、七目での事か確かには判らぬが、郷民らは信者の両足を捉えて涼み台の上から逆吊りにし、潮が満ちて来て首までも没し、しきりにもがき苦しむのを、さも愉快気に打眺める。潮水をたらふく飲んだと見るや、引上げてこれを吐かせ、しばらく休息させた上で、復これを吊るすというように、午前の四つ時（十時）から午後の八つ過ぎ（二時過ぎ）までも幾回となくこれを繰返したものであった。

それにしても鯛ノ浦の迫害は余り厳烈という方ではなかった。「石を三つ積め」といわれても軽い小さなのを載せる。「三度打て」と命ぜられても二度しか打たないという塩梅であったのは、信者らが御馳走政略を用いたり、鼻薬を嗅がせたりして、足軽らを籠絡した結果であったのである。しかしそれで迫害が終熄した訳ではない。明治三年一月には六人斬りの悲劇さえ演じられた。

6　鯛ノ浦の六人斬り

事の次第はこうである。迫害の嵐にキリシタンは多く四散して姿を晦《くら》ました。役人も独り相撲は取れないので、迫害は追々下火となった。各地に逃げ隠れていた信者たちはこれをみてぽつりぽつり元の古巣に帰るか、新たに家を建てるか、あらためて土地を求めるかして糊口の方法を講じた。中田寅吉という男は平戸方面に避難していたのだが、この情勢をみて、再び鯛ノ浦へ舞い戻り、鷹巣という所に空家があったのを手に入れて、開墾に従事した。彼は妻ヨネとの間に勇次、ノシ、レツの一男二女をあげ、一家五人暮しであった。

ヨネにはコンと呼ぶ妹がいた。友吉という若者に嫁して、キエ、長吉の二子を産み、まさに第三子の母とならんばかりのところであった。この一家も平戸に逃亡していたのだが、こういう物騒な世の中には、血を分けた兄弟姉妹がことさら懐かしいもので、ヨネは妹に向け、

「もう鯛ノ浦方面では迫害も止んだ。最近家も手に入った。ちょっと見舞いに来ないか」

といい送った。コンは産期も近づいたので、姉の世話を受けて身二つになったならばと思い、親子四人相携えて鯛ノ浦へ来た。時は一八七〇（明治三）年正月廿四日で、それから三日目の土曜日、鹿ノ子という所の親戚に不幸があって、寅吉が悔みに行った留守中のことである。二家族の者が夕の祈りをすまし、床に就いてはみたが、どうした訳か妙に胸騒ぎがして眠れない。一同起きてコンタスを繰り、また床に就いたが、やはり胸の騒ぎが収まらない。三たび起きてコンタスを誦え、やがて横になっていると突然戸外に常ならぬ光が見え、四名の荒武者が幾張りかの提灯を持ち、抜身を引提げて乱入した。

「我々は新しい刀の斬れ味を試しに来たのだ」

といいざま、寅吉の家に入るや、友吉、コン、ヨネ、勇次、レツ、コンの胎児の都合六名を殺害した。

コンは自分の身重になっている次第を述べて憐れみを求めた。しかし彼らはそれを聞入れる耳も持たねば、そのような人情などの解せる男ではなかった。

「私を殺すのですか、旦那様、私を殺すのですか」

と今年六才になる長吉がワイワイ泣き立てると、

「お前は殺さぬ。泣くな、泣くと人が寄りたかるから斬るぞ」

といってこれを宥めた。「一人だけは殺さずに遺すものだ」という習慣が昔からあったとかで、長吉のみはそのままに遺したのであったという。


長吉の他にキエとノシの二女も殺害を免れた。キエは年甫《あらた》めて十一、母の足の方に寝ていたのだが、父母の斬られる一刹那に床下へ辷り込み、芋がまの中に隠れて生命を拾った。七才のノシは叔母のコンに抱かれていて、繃帯をした武士の足を夜具の下から見ていたほどであったのに、どうした訳か気付かれなかった。侍らが立去り、物音も静かになったのをみて、キエは床下から恐る恐る匍い出て来た。家の中は真っ暗だ。もう生存者は自分一人だと思っていると、幸いノシと長吉は血塗れの死骸の中に茫然と坐っている。燈火を点けて一々死体を検めた。畳の上はまったく血の海だ。ヨネは右手に白刃を防いだものとみえ、中指から掌にかけて斬られ、両の乳房を突かれている。懐に抱けるわずか一才のレツは咽喉を刺され、勇次は膝を立てたまま首を落とされ、コンは平伏して嘆願せるところを襟首から小脇にかけて斬り付けられたものらしい。友吉は急にことときれとならなかったか、多少抵抗でもしたものか、めったやたらに突き刺されている。惨状目も当てられない。三人は甲斐甲斐しくも死体に衣物をかけて見苦しからぬようにし、血糊の漂える屋内に長き冬の一夜を泣き明かした。十一才を頭に七才と六才の頑是ない子供が、薄暗い燈火の下、父母兄弟の冷たい血塗れの死体に取縋って、しくしくと泣きに泣いているその惨状のいかに憐れなりしことよ。

東の空が少し白み出すと、キエはようやく起ち上がった。どの家もこの通り殺されているに相違ない。粥なりと二人の子供に食べさせ、大曾の叔父が舟で来ているという話があるから、それを頼って行こうと思い、わずかに残れる米を取り出し、屋外の瓶から水を汲み取り、土瓶にいれて粥を煮た。椀に盛ってみると意外にもその粥は赤色をしている。キエは一応不思議に思ったが、そのまま二人の子供に食べさせた。自分は腹が膨れて食べられない。たださめざめと泣くのみであった。後で調べてみると、粥の赤いのは親兄弟の血の色で、侍らは帰りがけに瓶の水で刀や手足の血糊を洗って立去ったのであった。

明くれば日曜日である。未信者の一人が寅吉を傭おうと未明に来て、この惨状を見て立去った。当時曾根から迫害を避けて鯛ノ浦に来ていた市次という老人が、日曜日の集まりに髯を剃って出席するつもりで、早朝寅吉方を叩き、この目も当てられぬ有様を見て驚倒し、だれかれに話したので寅吉の親族にあたる七右衛門と三五郎の両人が来て、それぞれに周旋し、生存せる三児童を自宅へ引取り、早速その筋に届け出た。たちまち鯛ノ浦中は上を下への大騒ぎとなり、俵慶馬が有川から臨検に来た。嬰児レツの無惨な斬られ方を見て、侍らの所業を憎々しく思い、

「こんなに可愛らしい幼児をよくまあ斬られたものだな、大根でも切るように！」

と憤慨した。屍は全部一まとめにして、菰に巻き、福江から検使が来るまで葬らなかった。一応検視がすんでから棺に収め、二、三ヶ月も七右衛門の家にしまい置き、いろいろ取調べもあった後に埋葬した。後長崎大浦天守堂からの指令により、発掘して各自の手の骨一本ずつを

天守堂に送った。

なお、森与重翁《よじゅう》（森松次郎の甥）が古老から聞いたこととして伝えるところをここに附記しておこう。

福江から目明《めあか》し（今の判検事）が来て、下手人を物色したけれども容易にわからぬ。一青年の家では被服に血痕のあるのをその母がみとがめて、これは何だろうかと怪んだというくらいで、本人らの他にはだれにも知られぬように、よほど注意深く隠密にしたものらしい。目明しが人が寝しずまってから、心あたりの家の床下に忍び入ったことも一、二回にとどまらなかった。それでもとうていわかりそうにないので、近々福江へ帰ると称して日夜酒宴に耽り、犯人の捜索などはまったく度外視しているかのごとく見せかけて、下手人らを油断させた。そして彼らが或る夜の一時頃か二時頃かを期して会合するはずだと探知し、ひそかにその家の奥座敷の床下に潜み、彼らの談話や、その善後策などを聞き知った。宿所に帰るや、朝は平常のごとく何知らぬ顔で起き、明日は福江に帰るとて離別の盛宴を張った。いよいよ出船という日に、突然それと思う家へのりこんで、六、七人の青壮者を引捕えた。それから長吉を呼んで下手人の首実験をさせた。

一説には、有川の代官が村内の十五才以上の男子をことごとく役所の庭に召集し、長吉を抱いて、一座の面々を見廻わさせ、

「お父さんたちを殺したのはだれか」

と問うた。時に長吉は数え年わずか六才に過ぎなかったが、臆する色もなく、

「この人がお父さんを斬りました。この人がお母さんを、この人が叔母さんを」

と一々指示した。その時、白装束を着けた一人の武士が長吉の前に立ち顕われ、

「俺も殺したのじゃないか」

と問えば、長吉は直ちに頭を横に振った。

「いや、あなたは斬りません。あの人がこの衣物を着て斬りました」

と少しの躊躇もせず、さらさらと答えた。実際その白装束はその人が侍に貸したのであったとか。役人らも長吉の眼光に驚いた。やっと六才ばかりの子供で、しかもそういう万死一生の場合に顔から服装まで寸分違わず記憶しているというのは、どうしても人間並とは思われない、いずれも舌を巻かずにおられなかった。長吉が帰宅してから、首実験の時の話を聞こうと人々は集まって来た。しかし「今はもう何もわからぬ」といって、長吉は何一つ話し得なかったとか。


下手人四名は発見された。そのまま福江に送られ、鉄窓の月を眺めること六ヶ月、顔は蒼ざめ、身は骨と皮ばかりになって再び有川に引廻された上で、切腹を命ぜられた。三日間の猶予が与えられたので、親族朋友は山海の珍味を携えて訣別に来た。しかし死を眼前に控えている彼らだ、いかなる珍味も喉を通らない。

「七従兄弟半まで遺言しておく、他家の犬猫すら殺してくれるな」

といって型のごとく専念寺の前庭で切腹して相果てた。墓は今もなお専念寺に在る。碑の前面には、

中山文三郎藤原珍照塚
原広助藤原宗利塚
藤原朝臣本清霊神
藤原朝臣勝定霊神

と記し、日付は中山と原のには明治三庚午七月十有二日とし、後の両人のには明治三庚午七月十有一日と刻んである。一日を隔てて二人ずつ切腹したものらしい。切腹に先だって役人側では長吉に親の仇を討たせようとした。しかし復讐は聖教の本旨ではないといって親族が固く謝絶した。

さて彼らはなぜかかる暴挙に出たのであろうか。キリシタンは生え抜きの五島人ではなく、皆大村藩の移住民だけに、島民は平生からこれをひどく軽視していたものである。その上、政府さえ公然と外道退治をやっているくらいだ。殺したとて格別の責めはあるまい。次第によると厚き恩賞に与らんとも限らぬ。そうなったら続いて全郷のキリシタンを残らず平げてやろうと計り、寅吉の家がほとんど一軒家で、往来にもかけ離れているところから、まずこれに侵入して小手調べをやったものではあるまいか。その二、三ヶ月前、萬吉の妻スエが彼の家に寄寓し

ていると、有川の足軽連は毎夜のごとくやって来る。或る夜のごときは二、三人も屋内に踏み込み、

「頭ガ島の奴は来ていないか」

と隅から隅まで捜索した。手がかりとなりそうなものが一つも見つからなかった腹いせに、スエを引捉えて、

「お前らは外道を信じているから殺したって何の咎めもない。今夜はお前らを殺しに来たのだ」

と暴言を吐き散らし、スエの髪を髻から切り取り、

「これで殺したのも同然だ」

と毒づいて立去ったということである。

彼らの供述には、奥浦に袋竹刀《しない》用の竹を買いに行ったの、友吉に喧嘩を売られてやむを得ずこれを買ったの、幼児を斬るつもりではなかったが、母を斬ってから見ると幼児も死んでいたのと、いいかげんな弁解をしているが、殺害の現場を一見したばかりで、それが真っ赤な嘘たることは明らかである。彼らを同道してわざわざ鷹巣までは来たものの、人を殺すのが流石に恐ろしくなり、「腹痛が起こった」の何のといって、途中から引返した者も二、三いたことは万人の知るところである。鷹巣に来てからも何ら争論がましきことをやり出したのではなく、いきなり寝込みを襲って斬り付けたのである。友吉というのは大兵強力な若者であった。もしこれが死に物狂いに抵抗しようものなら、彼らとても手傷の一つぐらいは負うたはずである。ただ友吉が信仰の為に殺されるのだと思い、おとなしく彼らの毒刃を受けたので、容易に目的を

達し得たのだと思わなければならぬ。ついでに彼らは友吉の隣家に来て刀を抜こうとしたが、奥に神棚の飾付けてあるのを見て、

「これは我々の仲間だ」

といってそのまま立去ったということだ。要するに友吉ら六人は、「外道征伐――In odium fidei」に殺された。他に何らの理由もあった訳ではない。

ついでにこの事件につき、福江藩から長崎県庁に具申した出鱈目の文書を転載しておこう。

口上　福江藩廳

一、去る廿二日取敢えず御届け申上げ置き候、有川村郷士共にて、異宗信仰の者を切害いたし候調書、並びに同人共より差出候願書、別紙の通りに御座候。如何に相心得候哉、此段伺い奉り候。以上

二月廿七日　福江藩廳

長崎県

御役所

福江藩支配福江自海上十三里

有川村郷士　中山文三郎

原　広助
宗　岩尾
江口清人
宗　岩尾

一、右の人数正月廿七日夜、有川村持の内、奥浦村にて異宗信仰の友吉並びに同人女房こん、寅吉の女房よね、同人倅勇次、同人娘れつ殺害に及び候始末、問合はせ候処、左の通り申出で候。

一、私共正月廿七日晝過より、有川村剣術道場へ出席つかまつり稽古仕廻《しまい》（舞）の上、夕七ツ時頃、引取り候節、原広助申出で候は、有川より一里余りの処に有之候奥浦村に、袋竹刀用竹を買いに到り度き示談これあり、直に四人同道にて罷越し候。通行筋友吉宅へ水飲みに立寄り、序に兼て異宗信仰の者共故、改宗いたし候様、種々申諭し候処、何分聞入れ申さず、致方なく立帰り、右用事相仕舞い帰り道、最早夜に入り候に付き、提灯の火相談いたし度く、又以て立寄候処、宗旨違いにつき提灯の火は勿論、煙草抔《など》も吸付け候義相成り兼ね、異宗の家には罷出で候趣意もこれなき段申出で候に付、右様の不法の宗旨は皇国にたいして不埒の者と申入れ候処、私共を宗旨に対し不埒者と一統悪口申出で、それより互に争論相募り候央《うち》、友吉爐辺より飛立ち、庭に有之候薪を以て、文三郎を打擲いたし、よねとて熱湯の土瓶を投付け、甚だ以て無礼の段、士道捨置き兼ね、已事を得ず友吉を広助にて相果し、同人女房こんを文三郎にて打果し、寅吉女房よね、並びに同人倅勇次を清人にて打果し、同人娘れつを岩尾にて打果し申候。尤もよねは倅勇次を抱居候に付き、成る丈け引出し相助くべく心得の処、前条切迫の場合にて致方なく、よねを切害いたし、早速勇次取出し改見候処、最早相果て居り申候。畢竟子供には不法これなきに付、相果たすべき所存これなく、当牛五才に相成候長吉は、其儘助け置き候義に御座候。去り乍ら右勇次絶命仕り候為め、重々恐入り奉り候。これに依り軽からざる御手数相成り候に付き、別段願書を以て存寄《ぞんじ》る筋申上げ奉り候。願の通り仰付けられ候はば難有く奉存候旨、申出で候。

二月　　　　福江藩観察局(1)

先に寅吉方に身を寄せていたスエは、この悲劇の演ぜられる前に夫万吉、長男好五郎、老父母熊助及びタモと都合五人小舟から平戸へ遁れ、萬吉は一日三銭の賃金で炭坑に傭われた。しかしいくら米の安い当時とはいえ、一日三銭で五人の口が養われるはずがない。家族四人は船所帯をし、相ノ浦口のトコイ島を根拠地として毎日小魚を釣り、蜷を拾ってわずかに露命を繋いでいたものである。或る日楠泊附近の下神崎《しもこうざき》という所に碇泊していると、土地の役人に怪しまれ、五島のキリシタンと分って、平戸の城下に曳かれた。二、三日の間に拷問をかけられ、ついで御用船から上五島の立串に送られ、例の前田義太夫に引渡された。有川に上陸するや、萬吉は老父の熊助と背手に縛られ、骨も砕けよとばかり打擲された。

時は中山文三郎ら四人が有川で切腹を申付けられてから未だ久しきを経ていなかったので、拷問場の四周にはたちまち人山が築かれた。中にも四人の父兄親族は、手に手に燃木杭を提げて来て、前後左右から萬吉親子の体や手足に突付け、

「キリシタンの畜生め、貴様らのお陰で四人は殺された。四人の敵だ、思い知れ」

と悪罵して両人を責め虐むのであった。その時の苦しさばかりはいつになっても忘れられぬと、萬吉は後々までいいいいしていた。
二、三日間も責められてから一家はようやく放免となり、頭ガ島に帰ることが出来た。しかし帰るには帰っても、家は屋根と柱があるばかり、一個の家具も一枚の畳もある訳ではなく、日々磯辺に下って若布や鹿尾菜を採り、海水で煮て飢えを凌いだ。
とかくする中に五島の空模様は次第に明るくなり、迫害の嵐も収まったようにみえた。逃亡のキリシタンはおいおい故郷の頭ガ島へ帰った。これからは安心して信仰もされよう、家業にも就かれようと喜んで一年ばかりも経ったかと思う頃、突然、例の俵慶馬が頭ガ島住民の入れ替えを命じた。キリシタンは老いも若きもことごとく船に積まれて魚目村の七目《ななめ》に上げられ、叩き払いに処せられた。彼らは再び浪々の身となり、五島の各部落に流れて行った。

しかし明治六年から七年にかけて迫害はまったく終わりを告げた。頭ガ島の住民も今は自由に懐かしい古里へ落着くことが出来た。それからは信仰上何らの煩いをも受けず、キリシタンの数は年々増加して目下四十戸、三百二十人を算し、異教者は一人もいない。前田義太夫の曾

孫ですら二人ともキリシタンになっている。

昔ローマのラクタンチウス（Lactantius）は「迫害者の死に就て――De morte persecutorum」と題する小冊子を著わして、迫害者が一人として終わりを全うし得なかったことを、事実の上から証明しているが、頭ガ島の迫害者もやはりその数に洩れなかった。小頭の前田義太夫は頓死した。有川や友住で信者を虐待した足軽連も、天誅か何かは知らぬが、皆面白からぬ最期を遂げた。人間らしい死に様をしたのは一人もいなかったとか。

（1）長崎図書館の所蔵文書

7　青砂ケ浦と冷水

北魚目村の西南を青方村（今は町）と称し、大村藩の移民はその各部落に割り込んでいたものだが、しかし迫害にぶつかったのは青砂ケ浦と茂久里、冷水のキリシタンのみであった。青砂ケ浦（信者間では奈麻内とも呼んでいる）のキリシタンは早く信仰を発表しなかった。なるほど明治二年の末、平戸藩の仲知、瀬戸脇、野首が迫害に見舞われた際、御用狩人に化けて、彼らの持船や、穀類や、家具金銭を取纏めて保管してやった者もいたという話が残っている。又星野猿松というのは、曾根あたりが迫害の猛焰に包まれている最中に、ただ一人浦上へ行き、洗礼を受けて青砂ケ浦へ帰り、親族、隣人を訪問して、ひそかに入教を勧めた。奈麻郷の異教徒はいつしかその事を嗅ぎ出して猿松を引捕え、散々に打敲いて半死半生の体にした。猿松も今はどうすることも出来ず、身を以て仲知に逃れ、それから黒島へ走ったという。

かくて青砂ケ浦のキリシタンは、明治五、六年、上五島方面の迫害が終焉する頃までは、じっと息を殺して潜伏していたものだ。無論その間にも奈麻郷民は決して警戒を怠らない。キリシタンは各部落に顕われ出た。しかもその顕われ出たキリシタンは皆大村藩の移民だ。青砂ケ浦にも同系の移民がいる。油断ならぬと危惧して移民部落をぐるぐると巡視したものである。

信者の中には、こうして永く隅ッこに潜伏しているのは卑怯だ、もうどこを見ても迫害は終わりを告げている。今顕われ出ても、たいしたことはあるまいと思い、小原金五郎夫婦、同榮造、松次、二本松久造ら四、五名の者が、思い切ってその所信を公にした。

たちまち奈麻郷へ引致され、打殺されんばかりに敲かれた。はては一冊の聖教初学要理を捜し出され、これを土足にかけるべく強要された。もとより信仰に燃え立っている彼らだ。そのような涜聖的命令に服するはずがない。断然それを拒絶した。しかし「誠意から信仰しているならば、書物が足にくっ着く」といわれ、そんな事があるものかと争い、ついにこれを踏み付けてみせた。無論棄教のしるしを踏んだのではないが、郷民はその意味にこれを解釈して彼らを放免した。

帰ってみると、同志のキリシタンが寄ってたかって彼らの仕打ちを攻撃した。ことに二本松久造の親族は、自分らの信者たることまで口走ったというので、久造を引捕えて散々に打擲した。榮造は宿の主人に迫られて郷内を出奔した。

残りの三名も同志が少なくて異教徒に対抗すること能わず、表面上棄教した体にして、時期の熟するのを待つより他はなかった。彼らがいよいよ信仰に入ったのは伊王島の横尾重右衛門が渡って来て、伝道に従事してからのことである。

茂久里と冷水は奈麻郷北に相隣れるキリシタン部落で、ここのキリシタンは明治元年の末頃、ずいぶん残酷な迫害に見舞われた。

頭ガ島の森松次郎は曾根に遁れて、青砂ケ浦に隠れ、茂久里、冷水などにも忍び入ってひそかに教えを説き、信仰を勧め、洗礼を施した。事はいつしか役人の耳に入った。捜索の手はこの界隈にまで伸びて来た。松次郎は五島教会の柱石だ、万難を排しても彼を無事に庇わねばならぬ。冷水の桑村力蔵他五、六名の若者はひそかに船を艤し、夜陰を待って彼を江袋へ落とした。

船の姿が海面の闇の中に没し去ってしばらくすると「力蔵は居るか」と足軽が怒鳴り込んだ。「唯今よそへ行って居りません」と妻のトメが答えると、足軽は畳みかけて「丹蔵はどこに居るか」と問うたので、トメは「長蔵さん方に居ります」と答えた。丹蔵は力蔵の父で、常に今畑長蔵方に宿泊していたのである。足軽は命じて家主を残らず力蔵方に集め、一同をきっと睨みつけて「力蔵らは松次郎を連れて江袋へ渡ったそうではないか」と詰り、彼らを残らず括って役場へ引立てた。

力蔵らは松次郎を江袋に隠した上、喜び勇んで自宅へ帰ってみると、右の始末だ。もとよりかくあるべしとは豫てより覚悟の前だったので、少しも驚かない。ただ老年の親たちに難儀を見せるというは情において忍び難い。よって江袋から帰った若者らはすぐ役場に自首して、老父の身代わりとなった。ここにおいて、桑村力蔵、寅吉、今畑亀蔵、頭ガ島卯蔵、奥浦猪之助、奥浦伊佐吉、今畑勝右衛門、与七、畑頭久次郎、トキ、今畑テル、ナツの男女十二名は、明治元年陰暦十月二十一日、役場の倉庫の土間に藁を敷いてその上に坐らされ、大きな縄を肩から脇の下へ廻して背で括られ、牛馬のごとく杭に繋がれた。食物は芋やカンコロで、拘留者の家族から二人ずつ出てこれを賄った。二十四日に一同拷問を受け、誰であったかただ一人だけ改心したが、やがてまた取消した。十月から師走まで倉庫内に拘留され、師走からは開《ひらき》という所の小さな空家に囚われた。責役人は釜司（釜殿）の永田吉三郎という者であった。

或る日の夕方力蔵がコンタスを誦えながら眠気を催して、うつらうつらしていると、突然目も輝くばかりに美装せる高貴な婦人が嬰児を抱き、力蔵と畑頭久次郎との間に現われた。力蔵はこれを聖母マリアと見た。聖ヨゼフも御側についておられた。やがて出現が消え失せると、力蔵ははっと我に返り、その事を牢内の人々に物語った。感嘆する者もあったが、嘲り笑う者も少なくなかった。一体力蔵という男は善良な性質の人ではあったが、惜しい哉、才が遅鈍で、教理にもよく通ぜず、幾度か告白のため長崎へ行きながら、宣教師の試問に合格すること能わず、そのまま素戻りしたほどである。したがって不思議な出現を見たといっても、人々が一向これを相手にしなかったのも無理はない。しかし力蔵は少しも不平をいわず、他人の自由判断に任せておいた。しかるにその年の大晦日の夕方、力蔵の縛られていた縄が、独りでにぱらりと解けた。不思議に思いながら、隣の者に頼んで括り直して貰ったが、またたちまち解け落ちた。意外なこともあるものだと、牢内の人々はしばし驚きの目を見張っていたものの、このままにしていては役人に叱りつけられるにきまっている。三たび縛り直したが、復すぐ解けてしまう。力蔵は幾分そら恐ろしくなり、四たび縛って貰いながら一同に向い、

「今晩は大晦日だから、役人が縄を解きに来てくれるに違いないよ」

と何やら重々しい口調でいった。

「また力蔵が当て事をいい出したぞ」

と牢内の一人が嘲笑ったが、しばらくすると吉三郎がやって来た。

「他村は皆改心している。貴様らばかり頑として改心せぬとは、あんまりじゃないか。しかしいくら罪人だとはいえ、今日は年の晩（大晦日）だ。縄を解いてやるから、ゆっくり年でも取れ。ちりぢりになってはいかぬぞ」

といってくれた。一同は顔を見合わせた。これでは聖母の御出現を見たというのも、まんざら夢ではあるまい。思うに力蔵は教理にも暗く、いつでも人のいう通りになる男で、もしやきつい責苦にでもあったら、最初に棄教するのは彼であろうと危ぶまれていたから、聖母が現われて彼の心を強め給うたものではあるまいかと、彼らはようやく力蔵の言を信ずるようになったとか。正月が過ぎると彼らは再び縄をかけられた。

もとよりこの二つの出来事が幾ばくの確実性を持っているのか、長い牢住いの結果、精神の疲労を来たし、夢を見たのではないのか、何とも今から断定は出来ない。

開にいる間に猪之助は改心を申立てたが、間もなくこれを取消し、ために他の二、三人と拷問

をかけられた。ローカニュ師は亀蔵から聞き取った話だとして、次のごとくその日記に認《したた》めて置かれた。

一月二十三日まで空家に居り、二十三日には冷水へ引戻された。昼間は自宅へ行っても可い、ただ夜に入ると同じ家に帰らねばならぬ。これは暫くの間のことで、格別苦しいこともなかった。四月六日冷水から一里許りの曾根に呼出された。曾根のキリシタンも多く召喚された、彼等の勇気は挫け、相次いで倒れた。臨場の役人は目付、代官、庄屋、その下役等であった。

七日、冷水、茂久里のキリシタンはおのおの自宅へ帰されたが、同日再び網上《あみあげ》に呼立てられた。十人の老人も共に召喚され、再び信仰宣言をした上で帰宅を許された。八日か九日に代官は一同を引出し、十六人を拷問にかけた。猪之助は棄教したが他は動じなかった。脚の傷（算木責の結果）を治療する為に暫く帰宅を許された。全治した上で、今一度拷問にかけると云い渡された。亀蔵の兄勝右衛門だけは、十日間も留め置かれて無理無法に責められた。

この時の拷問場は網上の吉三郎方で、信者は十手や榎の棒で打据えられたり、算木に載せられたりした。中でも力蔵はひどくやられて、精も根も尽き果て、昏睡状態に陥ってしまった。勝右衛門がえらい目にあったのは吉三郎に抗弁したからである。

「貴様らの教えは近頃はやり出したのだ。松次郎に騙されてるのが判らぬか」

と吉三郎がいうと、勝右衛門は臆する色なく答えた。

「善いことをすれば天堂に行き、悪いことをすれば、地獄へ落ちると、私どもは先祖から代々教えられています。決して新しい教えではないのです。松次郎に騙されたのでもありません。……たとえ拷問に負けて改心すると申しましても、それは口先だけで、心はあくまで変らぬのです」

と。これを聞いた吉三郎はカッとなって勝右衛門を高手小手に括りあげ、十日間も牛小屋につなぎ、四方八方から息もつかせず、笞の雨を浴せかけた。一同はこれを見て恐れわななき、

「逃げようじゃないか」

とひそかにいい出した。力蔵はこれを制して、

「いやいや途方もない、我々が逃げ出したら、勝右衛門はその代わりに一命を失わねばならぬ。この後の責苦もいよいよ厳烈になるばかりだ。むしろデウス様のため力の限り辛抱してみることにしよう」

と平素の力蔵とは思われぬくらいにこんこんと説き諭した。人々は彼の道理ある言葉に力を得、涙を飲んで堪え忍び、相慰め相励ました。夕方になると意外にも役人は彼らの縄を解き、自宅へ帰してくれた。彼らがこの日の迫害にこりて改心を申立てはしまいかと空頼みにしていたものであろう。帰宅してみると、家はただ屋根と柱と壁があるばかり、家財も農具も一つとして残らない。木片を拾って来て、わずかに畑を耕し植付けをするより他はなかった。

翌十日亀蔵が一人引出された。役人の側にいた一人の異教徒はしきりに逃亡を勧めた。「私の兄弟は郷民の手中にあります。私ら一同の生命をお取りになるか、皆を残らず逃がすかして下さい。私一人ならば動きません」と彼は答えた。十九日また「御用」といって来た。よって老人や女子供を山に隠し、強壮な者ばかり七人ほどが出頭した。今度は茂久里の畑中猿造方の芋がまの中に閉じ籠められた。芋がまの上部は厚い板で塞がれ、ただ食物を差入れるために五寸四方の小さな口を開けてあるのみだ。たまたま奥浦猪之助が大便を催して来たけれども、何分立錐の余地なきまでに重なり合っているのでどうすることも出来ない。しばらくは辛抱もしてみたが、終いには堪りかねて芋がまの外に働いていた一人の「離れ」に頼み、一本の棒を差入れて貰い、それで隅の方を掘り、用を済ませた。すると我も我もと猪之助の例に倣う者が続出し、牢内は臭気紛々として、とても堪えられない。このままにしていては早晩窒息するよりほかはない。一同は命をデウスに任せて静かに事の成行きを待っていると、夕食を運んで来た者が、「今夜のうちに何とかしてここを逃げ出す工夫をめぐらすがよい。青砂ケ浦から迎えに来るという通知があったよ」

とひそかに知らせてくれた。

牢内のキリシタンは天の助けと打喜び、早速今の棒をもって隣接せる芋がまへ抜け孔を穿ち始めた。深更ようやく目的を達して外へ出で、はじめてすっきりとした空気を胸一杯吸った。急いで海岸に下り、家族もろとも船に乗り込み、青砂ケ浦へのがれて各々親族のもとに身を寄せた。江袋や仲知に遁れた者もあって、それらと一つになって七家族二十一名が長崎に飛んだ。六月七日の夜浦上の土井に安着し、力蔵、猿造、勝右衛門の三家族は、田の中の一軒家に厄介になり、亀蔵の家族は相川忠右衛門方に、その他は平ノ宿の伝道師の家に泊めていただいた。ようやく安堵の胸を撫でていると、その年の十二月には浦上信者の大輸送となった。彼らは再びその宿を出て流浪せねばならぬ。平ノ宿と忠右衛門方とに泊まっていた四家族は逸早く外海に走った。田の中の三家族だけはぐずついていた為に事が急になり、朝食を済ます暇すらなく、わずかにはったいを一升ばかりと生米を一合ばかり恵まれて、急遽出津《しつ》を指して逃げ出した。

　これより先、男子はすべて食糧を積込む為に五島へ帰り、残っていたのは五、六人の婦人と小児ばかりだ。粂助という独身者が先達として不案内な滑石山《なめしやま》峠を辿り辿っているうち、子供は飢えに弱ってさらに歩けなくなった。里芋の葉を茶椀に代用し、はったいも粉をねって食べさせるやら、生米を齧らせるやらして元気をつけ、ようやく峠を越して降り坂にさしかかった頃、一人の男が坂を登ってくるのに出くわした。名は判らぬが浦上の者で、三重あたりから帰るところであったらしい。粂助一行の不憫な姿を一目してキリシタンの落人に相違ないと見て取り、

「こういう険阻な山路を、女、わらべで行けるものか。他国へ移されたとはいえ、広い浦上だ。宿るべき所は幾らもある。浦上へ帰りなさい」

　というが早いか、側の小児を背負ってすたすたと歩き出した。一行は不安に堪えないながらも、やむなく後にしたがっていると、背後から文太郎という黒崎のキリシタンが追いついた。

「あの男は棄教者です。あれについて行ったら、とんだ目にあいますよ。是非出津へ引返しな

さい。私は告白の為大浦天守堂へ行く途中ですけれども、それは延期して案内してあげますから」

と親切に注意してくれた。桀助らは大いに驚き、小走りに走って行くその棄教者を呼び止めて小児を下ろさせ、踵を返して畝刈の文太郎の従弟に当る人の家に辿り着き、かんころを振舞われ、その夜はそこに一泊することにした。夕方になると出津のキリシタンで、行商をする熊吉という男も長崎からの帰途立寄った。突然多人数が宿泊することになったので、文太郎は食糧の欠乏を気遣い、熊吉と二人して牛を引出しかんころを買いに出かけ、桀助らには麦を搗かせた。文太郎が出て行った後で、宿の主人は桀助らに向い、

「いい難いことではあるが、一時も早くここを出て下さらぬか。只今どこそこの家に役人が来て、色々喧しくいっているのです。私たちの身の上が案じられてなりません」

とさも当惑したらしくいい出した。無論その一家は「旧キリシタン」だったのだ。桀助らはやむを得ず御礼もそこそこにその家を去り、出津を指してとぼとぼと歩き出した。幸い熊吉が後を追って来て昼間は山に隠し、夕方出津の自宅へ案内してくれた。翌朝赤首へ下り、熊吉の船に便して上五島の赤波江へ送られ、赤波江《あかばえ》から江袋、仲知などに忍び入った。

　話かわって男子らは食糧を積込み、ようやく長崎へ漕ぎ着けてみると、婦女子はもう五島へ帰ったということだった。早速船を返し、江袋へ行って妻子に落合い、それから下五島の姫島へ避難した。居ること七、八年にして、岐宿村の川原郷惣津ノ浦に移り、漁業のかたわら山林を開墾して安住の地と定め、純然たるカトリック部落を形造った。当今冷水に住んでいる四十戸

ばかりのキリシタンは、頭ガ島卯蔵一家を除くと、他はことごとく迫害終焉後に移住したものである。

8　曾根

クゼン師が頭ガ島に忍び入り、宣教を試みられた際、曾根の信者も幾人かは親しくその謦咳に接し、大いに研究熱を煽られた。その中でも権次郎、善助、伊勢松、三五郎、菊蔵、八蔵、判三郎、助八、木曾八らは思い切って自己の信仰を公表しようという急進派であった。しかし共に志を同じうする者は全信者の十分の三位で、他の七分はすこぶる前途を気遣い、むしろ急進派に冒険を試みさせ、その成行きを見て徐《おもむ》ろに事を決しようとする、ずいぶん虫のいい考えを抱いているのであった。

急進派は彼らの煮え切らぬ態度をもどかしく思い、或る日大胆にも小頭の永田善八と郷の長老友太郎の両人を権次郎宅に招いて饗応し、好い頃合を見計らってキリシタンの話を切り出し、黙許の言質を取ろうと謀った。しかし事は意のごとく運ばなかった。「それはとんだ心得違いだ」と二人はたちまち形相を変えた。ことに友太郎は酒気に托せて、散々に悪罵暴言を投げつけ、はては腕力に訴えて権次郎を倒し、これが上に馬乗りとなって、しきりに拳固の雨を浴びせた。善八もまた鞘ぐるみ刀を振り上げ、満身の力をこめて権次郎の背中を叩いた。ところが過って友太郎に当り、その拍子に鞘が破れて刀身が現れ、ひどく友太郎の手を傷つけた。血はたらたらと流れ、膏薬よ、繃帯よと大騒ぎをして、権次郎の話もそのままになってしまった。

折角の冒険が失敗に終り、異教者側の了解も得る由なく、権次郎ら十数人の同志は静かに機の熟するのを待つより外なかった。かかるうちに三人、五人と次第に信仰を公表する者が加わって、一年ばかり経つと、当時四十戸ばかりあった曾根のキリシタンはほとんど皆その信仰を公にし、部落の伝道士を養成して貰う為、善吉という青年を抜擢して、頭ガ島の松次郎宅に遣わした。

間もなく鯛ノ浦から頭ガ島にかけて恐ろしい迫害の嵐が巻き起こった。松次郎は信者たちの懇請に余儀なく、ひそかに島を抜出て、曾根に隠れた。五月の植付けに忙殺されて、一時迫害の手を緩めていた頭ガ島の小頭前田義太夫も、今や植付けも終り、農閑を得たので、早速松次郎の捜索に取掛かった。

まず西彼杵郡三重村出身の喜六という男を探偵に使い、曾根の異教者久平方に泊まり込ませた。

曾根のキリシタンは右の噂を耳にして、いたく松次郎の身の上を気遣い、どこか安全地帯へ避難させようと、白草《しらぐさ》という所に集会を催した。信者たちの中に乙造という男がいた。その日、白草の集会にも顔を出さず、一人自宅に居残っていたが、何を思ったものか、ぶらりと久平宅を訪れ、探偵の喜六が油断なく耳をそばだてているとも知らず、何もかも喋り散らしてしまった。

喜六は直ちにその旨を義太夫に報告した。たまたま福江からも役人が乗込んで来たので、義太夫はこれと打合わせをし、まずは乙造を搦め取り、彼の口から一切を吐き出させようと評議一決して、白昼堂々と乙造方に押寄せた。「そら役人が来たぞ」と近所の人々は乙造に注意した。乙造はすぐに家を飛び出して海藻を積んだ小屋の中に潜伏した。役人らもついに乙造を発見し得ず、すごすごと引返した。

松次郎の捜索は日ましに厳重になって来た。善七が教理研究の為に頭ガ島へ派遣されたこともいつしか露見した。それやこれやで曾根の騒ぎはいよいよ大きくなるばかりで、信者側でもそれだけ注意して松次郎を隠匿した。曾根から青砂ケ浦、青砂ケ浦から冷水というように、始終隠れ家を替えさせ、昼は小屋の枯芋蔓の間に潜ませ、小さい穴から食物を差入れるというようにして、ひたすらその身の安全を図った。しかし探索の手は八方に延び、草の根を分けてもこれを捜し出さずにはやまないという勢いとなった。もうとうてい匿しおおせそうに思われない。よって冷水から江袋に落とし、さらに若松村の大平に伴い、それから長崎に避難させた。彼は浦上の高野（今の高尾町）に潜伏すること約一年、ついでプチジャン司教に随従して香港、呂宋に行き、日本語の書籍を捜索した。ロザリオ記録のごときもその時松次郎がルソンで筆写したものである。

松次郎を無事避難させた曾根の信者たちは、それだけ残虐な責苦にぶつからねばならなかった。有川から大勢の足軽が一時に乗込んでキリシタンを残らず召捕り「仏（御絵や御像）を出せ、改心しろ」と迫り、割木を振り上げて、気絶せんばかりに乱打した。それでも改心するといわないので、権次郎、徳蔵、松蔵、勝五郎、清太、伊左衛門、猿右衛門、七平、幸右衛門、辰蔵ら三十余人を榎津に引致して獄に投じた。そして足軽連は毎日のごとく囚われの信者を代官屋敷に呼出して、拷問にかけ、打擲した。しかし代官はすこぶる好人物で、信者の身の上に深く同情を寄せ、

「今の当座だけ改心するといっておけ。内々で信仰しても差支えないのだ。足軽連が帰るまでのところを改心したらよいじゃないか」

と親切にいってくれたが、実をいえば、この親切が足軽の笞よりも一層危険だったのである。それから入牢中の重立った信者数人が有川に送られて、幾日間か無理無法に責められ、堪りかねてついに改心を申立てて榎津に帰った。牢中のキリシタンもそれを見て勇気を失い、残らず改心した。もとより口先だけの改心であるから、曾根に帰るや、一層大胆に信仰を公表して毫も憚るところがなかった。

伊勢松翁の話によると、榎津の牢は余り広くもないのに、これに繋がれたキリシタンは三十余人に上ったので、一本の縄に三人も四人も括られた。ために一人が動くと、皆が共に動かねばならぬ始末となる。食物は二里三里と隔てた家庭から女子供が一々運ぶので、入牢者は勿論家人までがいかに苦しんだか知れない。幸いその頃福江と富江との軋轢から「魚目騒動」なるものが持上がった。

旧藩時代の魚目村というのは今の青方、魚目、北魚目の三ヶ村を併せたもので、富江藩の領分であった。しかるに明治二年、魚目村はいよいよ宗家の手に帰し、福江の役人が榎津に来てこれを支配することとなるや、村民はその支配を受けたくないと頑張って魚目騒動を起し、た

めに福江の役人は榎津を引揚げて有川に退き、有川の学校を代官役所と定めた。榎津の方では今に有川から福江勢が押寄せて来るというので、盛んに竹槍を作り、防禦の方法を講じたり、村内を錬り廻って示威運動をしたりした。したがって人数は一人でも多きにかぎるので、牢内のキリシタンまでもが竹槍かつぎに使用された。かくしてだれもかも戦闘準備に気を取られて、キリシタンを顧みる暇がない。キリシタンはそれを物怪の幸いとして牢内を飛出し、曾根へ逃げ帰った。後で騒動が収まってから、役所をも榎津に移すよう、魚目村民はよほど運動してみたが、所詮駄目であった。その上、学校を役所にした為、新たに学校を建設することとなり、その費用までも分担させられて大損した。

　それ以後の迫害は官憲が直接手を下したのではない。無論知っていて知らぬ顔をしていたに相違ないが、表向きは郷責めで、郷民が意のままに私刑を加えたのであった。しかもその惨忍苛酷さは恐らく全五島迫害中の随一であったろうか。まず郷中に大きな柱を幾本も立て、これに信者たちを縛りつけて、割木や青竹で打擲する。三角に削った薪の上に膝を乗せさせ、骨も砕けよとばかりに叩きすえる。小屋に隠れていると、外から火をつけて焼払う。家財、衣類、食物などはことごとく没収し、運搬し難い挽臼のごときものは海の中に転がし込む。水瓶の類はこっぱみじんに打砕く。畑の芋は勝手に掘り取り、鮪網に持って行って魚と交換するか、有川へ積み出して金にするかして、それで今日も明日もと盛宴を張り、歌いつ舞いつしているのであった。

　かくしてキリシタンは脛を破られ、膝を傷つけ、跛《びっこ》を引きながら番人の油断に乗じて逃走を企て、浦上や平戸に逐電した者も少なくなかった。

　時に伊勢松は未だほんの若年であった。父が臆病にもじっと日和を見ているのをはがゆく思い、一同に加わって信仰を公表した。郷民も彼が年の若いのに免じて、算木にだけは載せなかった。しかし親を親ともせず、外道に心酔する不届者だと、寄ってたかって彼を虐めた。彼の手に鉄杖を握らせ、伝道士善七を打擲させた。その打擲方が軽かったので「手本を示す、この通り打つのだ」といって力任せに彼を乱打した。彼はついに人事不省になった。暮方目を醒ましてみると、隣室に囚われていた同志は、番人の隙を伺い、ひそかに逃走しているではないか。自分も駈け出したいともがいてはみたが、全く足も腰も立たない。一夜さめざめと泣き明かした。翌朝になると、郷民は彼の四周に押寄せた。「もう同志はみな改心したのだ。お前も改心しろ。改心せぬとあっては、この上どんな目にあわされるか分らぬぞ」と口々に威かすやら、すかすやらして棄教を迫った。五体は砕けんばかりに打叩かれ、立つことすら出来ない。胃袋はしきりに饑えを訴える。今はもう精も根もない。あくまで強情を張り通したら前に倍する責苦にあうのは分りきっている。それではとうてい堪え切れない。ここで棄てても後で取返せぬこともあるまい。こう思った彼はついに、

「改心します」

　と口を滑らした。すると郷民は彼の眼前に改心証文を突付けて、これに血判を捺せと命じた。彼はその罪の恐ろしさに身ぶるいした。しかしもうキッパリと拒絶するだけの勇気を失っている。泣く泣くいわれるままに捺印した。

彼はようやく放還された。四つん這いになって自宅へ帰ってみると、家財はすべて異教徒に没収され、今や何一つ残すところがない。ようやく古ぼけた土瓶を一個見付け出し、それで取り遺しの小さな芋を煮てわずかに饑えを凌いだ。居ること一週間、赤波江に嫁いでいた姉が見舞いに来た。そして彼が棄教した由を聞いて厳しくその不心得を咎めた。棄教者は悪魔も同然だといわんばかりに同居すら潔よしとしない。伊勢松もついに決心した。小頭の門を叩き、「先日はあの通りキリシタンをやめると申しましたが、どう考えてもやめられません。今後はキリシタンとして取扱って下さいませ」

といい棄てて帰った。それから姉も彼を心から愛撫してくれるし、どうにかこうにか細い煙も立てられるようになった。その間にも知合いや縁故の人々はしきりに棄教の利益を説いて、彼の信仰を揺るがそうと努めるのであった。

一ヶ月ばかりも経つと、郷民は再び迫害を始めた。「改心しない外道どもはこの辺に居ってもらっては迷惑だから、先祖の骨まで持って立退いてもらわねばならぬ」といい出した。

「曾根を立退けとの仰せだけならば承知もしますが、死骸の発掘だけは容赦して下さい」

と、キリシタンたちは一応も二応も折り入って相談してみたが、なかなか聞容れてくれない。やむを得ず発掘を行い、骨は筵に包んで庭の片隅に積んだ。ただ困らせる積りでいい出したのに、こう実行されてみると、郷民も多少薄気味悪くなって、「どこへ持って行くのだ」といえば、

「どこへも持って行きません。いよいよ立退くという際、前の海にでも捨てて行きます」

と、もうやけ腹になって、ふてぶてしい返答をした。郷民はいよいよ困り抜いているところに、信者たちはその夜屈強な人物を選抜して榎津に走らせ、死体発掘の一件を詳しく書いて、役所の門に貼付けさせた。役人も流石にこの非人道的行為には驚いた。早速吏員を派して現状を臨検させ、郷民中の顔役たりし友太郎、其吉、太郎の三名を榎津に招致して叱責を喰わせ、信者たちには元通りに埋骨せよと命じた。迫害はここに終りを告げた。時はまさに明治六年で、それからは世の中も次第に太平となり、信教の自由は日を追うてその範囲を広めるのであった。

パウロ三五郎は曾根郷大根河原の人で、やはり信仰の為に牢内に繋がれた一人である。妻をカタリナ・スミといい、彦吉、安之助、清助、ヒデの四子があった。役人らは家族をも残らず召捕らんものと、或る日三五郎を先に立てて、わいわいと騒ぎながらやって来た。狭い谷を一つ隔てて自宅が真向いに見える所まで近づくと、三五郎は声を張上げて「来たぞ、来たぞ」と叫んだ。家族も共に召捕られるそうだという噂が予てよりあったので、妻子は直ちにそれを悟り、取る物も取りあえず表口を閉ざして裏口からそうっと抜け出で、親戚の棄教者を頼って一先ずそこに落着くこととした。しかし棄教するほどの人間に塵ほどの人情もあるべきはずがない。「ここに居られては迷惑至極だから出て貰いたい」というではないか。やむを得ず母子は一応山中に隠れたが、そういつまでも山林生活を続けられそうにもないので、母は清助を背にし、いくばくかの荷物を提げて山中を出た。長男の彦吉と安之助は後になり、先になりして逃路を急ぎ、辛うじて海岸に出て便船に飛乗り、長崎へ遁れて浦上の守山甚三郎方の小屋に庇って貰うこととなった。ようやく大船にでも乗ったかのように喜んだのも束の間で、迫害の嵐は浦上にも殺到し、信者は残らず遠島されることとなった。

時に三五郎は未だ五島に残っている。スミ親子は日夜その身の上を案じ、どうしたものかと途方に暮れている。「三五郎さんが居ったら、皆一緒に行ってもよいのだけれども」と家人は心から別れを惜しんでくれたが、今の場合何とも致し方ない。信者一同が送り出されてから、母子は西高野の磯五郎という人の山に身を潜めた。狐や狸のごとく昼の間はじっと樹蔭に小さくなって居て、夜になると里に下って食物を求め、東の空が白み出せば再び山の中に退くというようにして、いたましい生活を送ったものである。だが、いつまでもこうしている訳にはいかず、父を尋ねて五島へ帰るより他はない。それにしても長崎からの便乗はとうてい覚束ないので、一先ず外海に出ることとした。

時は冬の真只中で、寒風凛冽膚《はだ》えを劈《つんざ》き、雪さえ真白く積っている。母は甚三郎方で生まれた要三郎を懐にし、今年取って十二才の彦吉は三才のヒデを背負い、非常な困難を冒して三重村近くまで行くと、「泣面に蜂」といおうか、村の入口にはすでに関を設け番人を置き、一々通行人を検めている。

これではならぬと母は歩を転じて内海を廻り、山を越え谷を渉って外海に出ることとした。しかし彦吉は児を背負っていたので、村の子守たちの中に交じって共々に遊び戯れながら、番人の目をごまかして関を通り抜け、無事黒崎に辿り着くことが出来た。内海へ迂回した母は食うに物なく宿るに家なく、幼児を抱いて雪の中に野宿すること二夜、三日目にようやく黒崎に出で、母子相擁して無事を喜んだ。

数日の後、村人の情によって五島へ渡して貰い、鯛ノ浦に上陸して三五郎に巡り会った。しかし鯛ノ浦も迫害の嵐に散々荒されている。そこにもここにも空家はあるが食物がない。山に登って草を摘むやら、磯に降って海藻を採るやらしてわずかに露の命を繋いだものである。

その頃、鯛ノ浦で留造という者が腸チブスで倒れた。一応土葬に附したが、墓の向きがよくないというので、更に発掘改葬した。それからチブスの大流行を来し、倒れる者が多かった。三五郎一家もヒデを除く他はことごとくこれに感染した。三五郎のごときは往々熱の為に気が遠くなり、妙なことを口走るようになった。しかし身に纏う衣もなければ、口に入れる食物もないくらいなので、医薬を求めるなど思いもよらぬ。成るがままに放任するより他はない。

だが天主はこの一家を加護し給うた。病いは日を追うて快方に向った。ただ三五郎のみが相変わらず譫言をいっているのみだ。「下五島へ行け。親戚もいるから、何か食べさせてもらえるよ」と正気か譫言か、始終繰返すのであった。一家もついにその気になり、或る日下五島行きの船に便乗を乞うた。船頭は快く承知したが、食物だけは自弁しなければならぬ。一家の所持品といえばわずかに一貫、切芋三升しか買えない。ようやく一日分ありやなしやだ。これでは便乗が出来そうもない。困ったものだと思案の首を投げていると、親戚の一人に智慧を付けられ、三升が三升とも同じ家で買わないで、一升ずつ三軒で求めることにした。すると一升のが二升にもなるという案配で、ようやく便乗の望みもかない、安穏に三井楽の高崎に下ろして貰った。

親戚というのは三五郎の兄弟の与吉という人で、その家に落着いた時、彦吉をはじめ子供らは全く別世界にでも入ったような感に打たれ、これはとても同じ日本の国ではあるまいと驚きに目を円くした。昨日までは一切れの切芋すら容易に口にするを得なかったのに叔父の家では切芋どころか、生の芋を山積してあるではないか。見ただけで生き返った心持にならざるを得なかった。しかし親子六人がいつまでも叔父の厄介だのみなっている訳にもいかぬので、しばらくの後、嵯峨島へ渡って他の親族の世話になり、それから再び三井楽の淵の元へ引返して郷有の畑を分けて貰い、辛うじて糊口の資にありついた。その間に彦吉は農家に奉公して半人前の賃金を得、わずかに家計を助けることとした。

そうしているうちに、奥浦村のきんなごあじろの親戚が訪ねて来た。一家の赤貧洗うがごとき有様を見て同情に堪えず、

「きんなごあじろにこないか、畑の三斗蒔（六畝）もあれば親子六人優に暮らせるが、それくらいの畑は山を拓けば容易に手に入るよ」

といってくれた。一家は感謝の涙に咽びつついわれるままにきんなごあじろに引き移り、土地の人から浜辺という姓までも与えられ、今は何不自由なく生活しているのである。

9　曾根の迫害余談と江袋

ドミニカ中田ミヨ女が二十一才の時（昭和三年には八十一才）であった。曾根のキリシタン吟味が始まり、信仰者はことごとく逃亡し、その他は棄教し終った。ためにしばらく小康を保っ

ていたが、翌朝再び騒動が持上がった。事の起りはこうである。

ミヨ女の父は最初の吟味以来亡命して、そのまま船乗りとなった。或る時長崎土産として一冊の聖教初学要理問答を携えて帰った。ミヨ女の従兄の嘉平というのが一夜ぶらりと遊びに来て、その要理問答を家人に読み聞かせていると、突然異教徒が二人乱入して有無をいわさずその本を奪い取ろうとした。取られるものかと嘉平は渾身の力を振り絞って二人と揉み合った。ミヨ女は行燈の火影の薄暗きに乗じて、そっと嘉平の背後に廻り、二人の手からその本をもぎ取って裏口から飛出し、畑の中に隠した。戻ってみると、附近の異教徒がドヤドヤ押掛け、「一人も出てはならぬぞ」と怒鳴りつつ家人を残らず括り上げようとしている。油断はならぬとミヨ女は再び踵を返し、要理問答を抱いて後ろの山へ走った。喚く声、罵る声、叱咤、怒号する声に胸をドキドキさせながら、息を殺して潜伏した。後で聞けば、嘉平は捕われて俵に打込まれ、火を放たれて焼かれたのだとか。

時に上弦の月はさびしく西の空に懸かっている。それが没し去るころを見計らい、ミヨ女は山を抜出でて東海岸なる小串の親戚に身を寄せた。小串には叔母の家もあったが、その信仰が多少胡散臭かったので、彼女は従兄の家を叩いた。従兄はよほどねんごろに彼女を庇い、家の子供にさえ知らせぬくらいに隠匿してくれた。

ミヨ女が従兄の家に辿り着いたのと相前後して、曾根の異教徒は叔母の家に踏み込んで彼女を捜索した。すんでの事に捕えられるところであったのだ。

翌朝になった。ミヨ女は一応帰宅してみたらばと思い、その旨を従兄に打明けた。従兄は万一を慮って、自ら様子を探りに行ってくれた。ところが曾根の信者たちは昨夜の騒動にことごとく家を敲き出され、背後の番岳に避難している。危険この上なしだ。ミヨ女はやむを得ず、その日も従兄の家に隠れ、翌日を待って曾根と青砂ケ浦の中間に位する広瀬へ走った。昼は山中に潜み、日暮れになるとひそかにその辺の物置小屋に忍び入りて一夜を明かすことにした。三日目に広瀬から青砂ケ浦へ遁れ、一老翁の家に二、三日も厄介になった。ついで鯛ノ浦へ走って父と落合い、相携えて浦上へ飛んだ。中野の守山甚三郎方に御世話になって、洗礼の準備をした。居ること約一年、またぞろ浦上の大崩れとなり、ミヨ女は城の越の酒屋に女中奉公をすることとなった。しかし二ヶ月ばかりの後、暇を取り、外海に出て再び曾根に舞戻った。

帰ってみると、異教徒は相変わらず彼女を捜索している。信者たちも巻添えを喰ってはと恐れて、彼女の郷内にとどまるのを喜ばない様子だ。やむを得ず難を下五島の三井楽に避けた。二、三年も経ち、信教の自由の気運が熟するのを待って、再び上五島に取って返し、鯛ノ浦を永住地と定めた。

浦を隔てて曾根と相対している小部落を江袋と称する。寛政の頃、西彼杵郡神ノ浦村字大中尾に七右衛門とチエの夫婦が居た。千人の貰人に加わって五島に渡り、この江袋に落着き、市右衛門、要助、安平と子孫が縦に長く相継ぐと共に、又横に広く繁殖し、ついに今日の三十二戸二百五十余名からなる江袋部落をなすに至った。

江袋にキリシタン復活の光が見え始めたのは、やはりクゼン師が頭ガ島へ渡られた頃からで、今野要八という者が、同師について教話を聴き、明治元年か二年に長崎において洗礼を受けた。越えて明治三年島本五郎八と谷口熊吉の両人が長崎へ行って教えを学び、受洗後帰って郷民に伝道した。楠本三吉、その他の人々が信仰に入ったのは明治五年頃で、六年にもなると中央政府は迫害の手を全く収めた。浦上のキリシタンは放免となって続々と帰国した。長崎詰めのポアリエ宣教師も時々は和服を着て、黒島や五島の病人を訪問されるくらいで、今や信仰を秘密にする必要はほとんどなくなったのである。しかるに曾根の郷民は全く政府の意に反し、海のごとき明治天皇の御仁愛を無視して、ほしいままに郷責めを開始し、キリシタンの上に迫害の鉄槌を加えてやるぞ、と大いに力み返ったものである。

同年陰暦六月、例の永田善八、木村太郎、与吉及び神官前田周次の四名が首魁となり、曾根郷民を引き具して江袋に押寄せた。

彼らの手にかかって残酷な拷問を喰わされたのは二十一名、その中でも最も無理無法に虐まれたのは楠本三吉、田端久米蔵、谷上米三の三名であった。永田善八を始め、曾根郷民四十人は、梶棒や焼木杭で入れ替り立ち替り三人を打叩いた。それから椿の生木を三つ割にして地に敷き、その上に正しく膝を乗せさせ、腿と脚との間にも同じく割木を挟み、膝の上には百五十斤位の大石を三個までも積み、一度は一時間、一度は二十分間ばかりもそのまま捨ておいた。二度目の時は足が切れたかと思われるほどで、ために顔や足は血に塗れ、目も当てられない惨状に、鬼のごとき前田神官もいささか心を動かしたか、「もうよし」といって積石や割木を取り除けさせた。三人は張りつめた気が急に弛んで、思わず地に倒れると、彼らは麦藁に火を付けてその上に投げかけた。次に善八は天秤棒を取り出して、「俺の打つのは応えるぞ」といいざま、力の限り打ち据えたので、久米蔵の足の皮は剥げて天秤棒に附着した。楠本三吉は打たれた挙句、玉蜀黍畑の蔭に連れ行かれ、「やめたらどうか。身体も役にたたないから、曾根に連れ行って養生さしてやるよ」と言葉優しく棄教を勧められた。しかし三吉は何とも答えない。死人も同様に目を瞑り、心中ひそかに主の御受難を黙想しつつ、我と我が心を励まして終りまで堪え忍んだ。

川端音吉というのは、その時まで信仰を公にしてもいなかったのに、善八らはこれを追い出して青砂ケ浦へ避難させ、家財はことごとく掠奪して、その跡に三吉、米三、久米蔵の三人を担ぎ込ませた。三人は十四、五日間も同家に臥していたが、その間は曾根郷民の命により、山中イネという「離れ」が、家にあった米を炊いて食べさせた。次に山口助造宅に移され、十日ばかりも経てようやく自宅へ帰された。帰宅してみると家は全くの空っぽで、食物から衣類、夜具に至るまで何一つ遺るところはない。やむを得ず幾日間かは空櫃の中に入って寝んだ。

なお、谷口初五郎と上尾市松の両名は手と手を縛り合されて、麦藁火に焼かれ、熱さに堪えかねて、あちこち転がり廻ったものである。

迫害はそれでやんだのではない。胴欲暴虐な郷民らは存分にキリシタンを苦しめた上、家財の没収を企てた。彼らを残らず呼出して散々に打叩き、日が暮れるや川端久米蔵の小屋に投げ入れた。やがて神官前田周次が出て来て、

「明日はもっともっとひどい目にあわされるよ。今夜のうちに逃げ出した方がよくはないか」とさも親切らしく説き勧めた。キリシタンは彼の言葉を真に受けて逃亡の策を廻らした。まず飲料にと貰い受けた水を敷居に流し、音をたてぬようにそっと戸を押開き、人を遣わして番人がよく眠っているか否かを確かめさせた。使は待てども待てども帰って来ない。ついに意を決して一同小屋を抜け出て、隣郷仲知に走り、岩屋の中に隠れた。それを見た曾根郷民は、「でかしたな」と打喜び、何もかも手当たり次第に掠奪して幾隻もの船に積み込んで持ち去った。キリシタンは岩屋の中から沖を眺め、船の来るごとに、「そらまた来たよ」といって、少なからぬ恐怖に身をふるわしたものだ。彼らは穀物から、衣類、夜具、その他一切の家財を奪い、もう何一つ掠める物がないようになった上で、ようやく迫害を中止した。

要するに曾根、江袋両部落のキリシタンを散々に苦しめたのは、役人よりもむしろ郷民であった。吾らは必ずしもラクタンチウスの口吻を真似る訳ではないが、しかし曾根郷民ほど覿面《てきめん》に天罰を蒙った者はあるまい。首魁友太郎のごときは、迫害のやんでから間もなく、身体は腐爛れて歩行はおろか、立つことすら得能わず、四つん這いとなって各所をぶらつき廻り、「天網恢々疎にして漏らさず」という格言の実物教示となって、近年まで生き延びていたものだ。自身もまた天罰ということは十分わきまえて、

「俺は余りキリシタンを虐めたから、その罰でこのような憂目をみるのよ」

と機さえあれば、懺悔話をしていたということだ。彼ばかりではない。曾根の異教徒はすべて呪われている。迫害当時（明治五、六年頃）四十戸内外であったが、今もそのままで減じはし

ても増しはしない。それればかりか、悲惨極まる貧困に見舞われている。田地の少々も持っているのはわずかに二、三戸に過ぎない。その他はすべてキリシタンや他郷の人に、その田地を買い上げられ、わずかに小作をして細い煙を立てている。キリシタンの財産、家具に至るまで一切巻き上げて、一時甘い汁を啜った報いだと、彼らも自覚しているのである。

10　仲知と野崎島

仲知、米山、津和崎の三部落は中通島の北端に位し、今日では南松浦郡に属し、北魚目村の一部をなしているが、旧藩時代には平戸藩の領分であった。そして米山と津和崎には、明治初年までキリシタンの片影すら認められなかったが、仲知だけは当時すでに立派なキリシタン部落であった。

仲知の開拓者は牧野（西彼杵郡黒崎村）のドミンゴ島本与治右衛門とドミニカ・ツヤの夫婦である。与治右衛門は狩人でもあったものか、五島植民熱の盛んだった寛政年間に、鹿や猪を狩りに上五島へ渡った。仲知の島首という所に、海藻が多く打寄せているのを見て好個の移住地と認め、一家を挙げてここへ引越した。勝右衛門、芳五郎、与蔵、久松、周次郎と子孫相継いで今に及んでいる。

津和崎と帯のごとき海峡を隔て、南北に横たわっている周囲四里十六丁の一小島を野崎島と称する。北端の野崎は異教徒の部落で、キリシタンは中央の野首と南端の瀬戸脇とに住んでいる。野首のキリシタンは直接に外海から渡来したのではなく、下五島の三井楽や久賀島から移住したものだという。

初め久賀島に長吉という人が住んでいた。その子松太郎の代になって、貧困の余り島にも居たたまれず、忠造と米造の二子を引連れて天草の長島へ引越した。岩窟内に住んで貝類を拾い、樹の実、葛の根を採ってわずかに露命を繋いだ。しかしそれらもいつしか食い尽したので、再び五島へ舞い戻り、野崎島の瀬戸脇と野首の中間にある、蝿止りという所に開墾を試みた。しかし野猪が出没して収穫を皆無にするので、やむを得ずそこを立退き、島の中央部である野首に居を移した。この松太郎と、別に三井楽から移住した一家族とが、野首キリシタンの祖先なのである。瀬戸脇（船森ともいうとか）のキリシタンにつき、「聖サヴィエルと平戸キリシタン」の著者板橋勉氏は一個のほほえましい逸話をもらしている。

小値賀町笛吹の船問屋田口家十四代の徳平治は、小値賀から大村附近へかけて運漕業を営んでいたが、或るうららかな春の日、いつものように漁獲物を積んで大村へ入港し、その海岸で永い航海の疲れを休めて居た。その時三人の男が岩蔭で何事かをしている姿が目に入った。一人は岩にもたれかかり、一人は砂の上に坐し、一人は何やら天に祈って居るようすである。徳平治は近づいて、〝これこれお前たちはそこで何をして居るか、何かわけがありそうだが〟と言葉をかけると、三人は初めびっくりした様子であったが、徳平治の穏やかな態度に安心してか、〝ハイ私ども三人はキリシタンで明日死刑に処せられますので、ここで最後のオラショをして居るのでございます〞と答えた。徳平治は同情の念にかられてその場を立ち去りかねている。〝だんな様、御心はよくわかります。しかし私どもは普通の人間ではありません。詮議厳しいキリシタンでございます。もしもの事があればあなたの命にもかかわります。どうぞ構わずにお引取り下さいませ〞と云ったけれども、徳平治は同情のあまりに決心して三人を船中の漁網の中に隠し、長居はめんどうと纜をといて港を出帆した。折しも春雨煙る夕暮で、デウスもこの三人に恵みをたれさせ給うたかのようであった。間もなく船は港の出口の見張番所にさしかかった。役人は〝この夕方雨降る中を出港するとは怪しい〞といって、漁網を一々槍でつきさしたので、この時ばかりは徳平治も全身に冷水を浴びた感じがしたという。三人は無事小値賀に着くや、徳平治の情で野崎島の先端五島の津和崎に面した船森の地に移住した。ここは無人島であって、役人の目は届かない。世間ではキリシタン弾圧にあえいで居る時、ここばかりはキリストの御教がスクスクと伸びていった。年と共に子孫がふえ、現在は三百人あまりの住民がいる。彼等は往時の徳平治の恩をいまだに忘れず、永く田口家を親としたっているとのことである。

(『聖サヴィエルと平戸キリシタン』二一七、二一八ページ)

＊大村の港とは早岐であったというが、いつ頃のことか不明である。

野首のキリシタンも、瀬戸脇のキリシタンも部落内にそれぞれ帳方や水方を定め、特に雪のサンタ・マリアとサン・ジワン・バプチスタを尊敬したものである。

慶応二年の頃、青砂ケ浦のキリシタンで長崎へ行き、大浦天守堂の様子を見て来たという人の話を聞き、野首の方でもにわかに色めき立った。水方の弥八、帳方のジワン忠兵衛、及び幸次郎、船吉の四人は早速長崎へ赴き、サンタ・クルス（聖十字架）を見、プチジャン司教の教話を聞き、これこそ救いの道に相違ないことを確かめた。帰島の上、人々にその旨を伝え、天守堂と往来を始め、教理の勉強に取掛かった。まず神棚に関係のないジワン忠兵衛、アントニオ長吉、ドメゴス又五郎、トマス岩助、留助、兼吉の六名だけが、一八六七（慶応三）年三月六日長崎天守堂において、クゼン師から洗礼を授かった。

戸主は神棚を備えている為に、受洗の幸福に洩れ、遺憾に堪えない。何とかならぬものかと夜な夜な集会して評議を凝らした。

「日本に居っては、とうてい神棚を打捨て、心安々と教えを守っていけるものではない。一つ思い切って無人島を探してこれに移住してはどうじゃ。聞けば朝鮮近海の竹島は、どの国にも属せぬ離れ島で、大きな竹が見事に茂り、鮑のごときはその竹に生り下がっているとか。これこそ屈強の隠所だ。まずこれが探検に出掛けようではないか」

衆議一決して早速長崎へ行き、望遠鏡一個（七円のもの）、羅針盤三個、鉄砲四挺、南京米四百斤、酒五升を求めた。それから、六尋一尺の三年船にわらじとみを施し、諸般の準備をし、明治元年九月二十日の夕方、野首の長吉、留五郎、忠兵衛、瀬戸脇の弥八、幸次郎、丸尾（中通島の地名）の鶴松の六名が北東風に帆を孕ませ「油断するなよ」との掛声もろともに野首の西の浜を乗出した。夜の明け方には下五島の姫島を遥か後方に眺める所まで進んだ。二日目には朝鮮が右の方に雲か霞のごとく見えた。なお一日二夜帆走を続けると急に海が浅く、泥色をなしている。一同胆を潰した。帆を下し、舵を抜き、深みを求めて漕ぎ廻った。長吉が綱を下して測量してみると、九尋ばかりしか無い。彼らはにわかに怖気がさして「帰ろうじゃないか」といい出した。地理に暗い彼らは北東の日本海中に横たわる竹島を探検せんとて、西北の朝鮮海に入ったものらしい。朝鮮海は黄海の一部で、その水は泥色を帯び、しかも潮汐干満の差がすこぶる大なので、干潮の際に、浅海を現出したものと思われる。

さて帰るにしても方向がさらに分らない。どの方向に船を向けたならば日本へ帰着し得るか、全く見当が付かない。途方に暮れていると「旭の下は日本よ」と誰かがいい出した。よってその説に従い、東へ東へと一昼夜帆走し、午前三時頃朝鮮の一地点に着いた。八時頃になると、白衣の鮮人二名が田に出て来たので、日本の方角を問わんものと、進んでこれに近づけば、あわてふためき、二人が一頭の馬に飛乗って逃走した。呆気に取られていると、たちまち五、六十名もの鮮人が追いかけて来るではないか。そら恐ろしくなったので、すぐに帆を上げ漕ぎ出した。ままよ、成行きに托せて行ける所まで行こう、と腹を決め、日の下をさして船を走らせた。そのうちに食物が無くなったので、六人は綱具をしゃぶってやっと生命を繋ぎ「塵芥の浮ぶのを見ては、島の近きを知れ」と聞いていたから、来る日も来る日も目を皿のようにして海上を見守っている。すると朔の朝になって、竹竿一本と藁屑の二重に曲ったのが流れて来た。一同は飛立つばかりに喜んでいると、案に違わず、やがて一つの島影が見えた。日本か唐の国か判らないが、海はいよいよ荒れて来るし、とにもかくにも漕ぎ寄せてみると、かなり大きな島だ。

巨船が一隻碇泊している。試みに救いを乞うと「錨のたどり（錨綱）に掛れ」と答え、口を指して食べたかと問うた。頭を横に振ると、大きな飯櫃を伝馬に乗せて来て、六人に食べさせた。なかなか親切な、行届いた船人だったのである。

六人は「ここは何という国ですか」と問えば、船人は「七島の国じゃ」と答えた。七島の国とは彼らには初耳で、いずれ唐の国であろうと思い、何とも知れぬ心細さを覚えた。六人は「肥前長崎はご存じですか」と尋ねれば、船人は「分らぬ」と頭を左右に振るのみである。とうてい日本の内ではあるまい、と落胆して、忠兵衛と幸次郎の両人は伝馬に便して本船に行った。初めて薩南宝七島に漂着せることが分り小躍りして喜んだ。島の名は臥蛇《がじゃ》島といい、周囲一里三合、島民は皆白衣を着けている。

八日を経て口ノ島というのに移った。全島の戸数は二十二戸で、島の周囲は三里、春季南風の吹く頃までは海が荒れて渡航は覚束ない。よって精吉と呼ぶ島人の家に、百四日間も為すこともなく厄介になって親切な待遇を受けた。一家は四人暮しで、父を精吉、母をチョケサと呼び、精太郎とヨネの一男一女があった。その家に世話になっている間、六人は朝夕打連れて山に入りオラショを誦えるのであった。

いよいよ南風の吹き渡る春季となるや、呼ばれて島司の前へ出た。平戸地方では平生「ハイ」の代りに「ナイ」というので、彼らも常に「ナイ」詞を使ったものであろう。道すがら村役人が注意した。

「島司様の前では、決してナイと答えてはいけない。島では首がない時に限ってナイというのだから。ナイと答えたら首はないものぞ。必ずハイと答えなさい」

さて島司の前に出ると、島司は極めて厳かに声さえ荒々しく訊問を切り出した。

島司「和ッ子どもはどこの奴か」

六人「肥前の旗下、平戸の者でございます」

島司「何の為に国を出たか」

六人「難船を救おうとして共に流されました」

島司は出帆の月日、灘中の天候、漂流の道筋、着けている服の数など細かに問い糺し、一々書きつけてこれを六人に携帯させた。

一同は長らく精吉の世話になった謝礼として銀三分を包んで差出したが、島では未だ金というものを知らない。これは何の役に立つ品か、こんなものは用がない、といって押し返した。よって長崎で求めた三個の羅針盤を与えると、両手を合せて拝まんばかりに喜んだ。

口ノ島から屋久島へ渡り、両三日を経て口の永良部に航し、滞留一週間、いよいよ薩摩国山川港に上陸し、上から下まで綿密に改められた上で、鹿児島へ送られた。鹿児島藩から平戸藩宛の書き付けを貰い、役人が付添い宿送りとなり、途中一厘の旅籠料すら払わないで阿久根港へ出た。ちょうど折よく長崎行きの船が出帆しようとしているところだったので、役人の一声でこれに便乗させて貰い、長崎の東南茂木港に錨を下ろした。それから長崎へ陸行し、大浦天守堂を訪れるとプチジャン司教は非常に喜ばれた。

「五島ではあなたたちが生きて帰ろうとは一人も思っていない。もう死んだものとして仮葬式を行ったという話だ。当天守堂でもあなたたち六人の為に死者のミサを献げたくらいです。早く帰って皆を喜ばせなさい」

といって下さった。深更浦上に立ち寄り、一本木の甚三郎方の戸を叩いた。

「誰か」

「野首の長吉」

「野首の長吉が死んだのはいつのことか」

と答えて、取合わない。ややあって戸を細めに開き、長吉の顔をすかして見てから、ようやく内へ入れた。翌朝便船に乗って野首に帰ってみると、家には旦那寺の命により位牌を飾っているではないか。早速火の中に投込んで焼捨てた。時は明治二年四月十六日（陰暦三月十六日）であった。

同年九月十日頃になると、野首ではキリシタン宗門を念じているそうだという噂が、野崎や隣島の小値賀で高まった。実否を確かめる為、小値賀の旦那寺から僧侶が渡って来る由を聞き、信徒は路傍の高みに見張を出して監視させた。或る日果して仏僧は二、三の野崎役人を引連れて、仏壇神棚の有無を調べに来た。信者たちは見張の注進によって逸早くその事を知り、自分らから進んで仏壇も神棚も一切取り毀して焼捨てた。役人らはその後に来て証拠物件として灰を紙に包んで持帰った。

十月六日になると、役人が出張して男子をことごとく縛り上げて小値賀の庄屋に引立てた。庄屋から野首宿（野首人の出入りする問屋）に連れ行かれ、藁屑を敷いた土間に十日ばかりも捨て置かれた。その間食物は自宅から差入れたのであったが、しかし、差入物の運搬に当るのは野崎の異教徒で、妻子が誠意をこめて調理した美味は自分らが勝手に喰い散らし、その余りを届けるに過ぎなかった。

そうしているうちに、婦女子も残らず小値賀へ連れ行かれた。時に野首の信徒数は八戸、瀬戸脇のは七戸であったから、確かに五十人はいただろうと思う。

仲知のキリシタンの中で率先して聖教を学び、明治二年大浦天守堂において洗礼を授かったのは真浦榮吉であった。帰郷後榮吉は自家の仏壇神棚を取払い、その信仰の偽りなきを公表した。事は早くも役人の耳に入った。同年十月八日、榮吉、その妻ユリ、父榮作、幼児榮太郎、長作らは役人に召捕られて小値賀に護送された。それを見た仲知のキリシタンたちはいよいよ信仰熱に燃え立ち、四、五日を出ずしてことごとく仏壇神棚を取払い、「御坐」という郷内の集会所に祀らせてあった仏像は粉砕してこれを海中に投捨てた。こうなると捕縛はどうせ免れ難いので、多くは取る物も取りあえず山中に逃げ込むか、他郷へ高飛びするかした。ただ島本貞吉、谷中勇吉、妻のサト、真浦才吉、同長八、久志セキ、山下エモら男女併せて三十四名は小値賀へ積出された。男子は寺院の本殿に押込められ、婦女子は何とかいう丘の岩上に海藻を敷き、その上に囚われること十日ばかり。それから野首、瀬戸脇のキリシタンと共にきびしく背手に縛られ、漕船で平戸へ護送された。野首の岩助、竹次郎、兼吉の三名は漕船に乗せられた為に縄をかけられなかったので、船人を助けて勇ましく櫓を漕いでやった。船員や役人らはこれを見て「喜んでいやがる。ふてぶてしい奴だ」とひどく打驚いた。夕方平戸港に着き、十五才以上の男子は監獄に繋がれ、婦女子は中ノ崎の長屋に留置された。

仲知の男子と、野首、瀬戸脇の男子とは壁一重を隔てて別房に囚われた。そして一人ずつ毎日小川庵という寺院の外庭に引据えられて「キリシタンをやめるか、やめぬか」と迫られ「どんなことがあってもやめない」と断然答えるや、例によって算木責めに処せられた。

仲知のキリシタンで最も残酷に責められたのは真浦榮作、榮吉の父子と谷中勇吉、島本貞吉の四名で、拷問中幾度も気絶した。貞吉の体には綱や笞の跡が後々まで残っていたくらいだ。野首、瀬戸脇のキリシタンも同じく算木に坐らせられたり、青竹で叩かれたりして気絶した者が往々あった。ある日、白浜岩五郎とフジ、その子芳松、岩助、セオの五名が小川庵に引出された。セオは七才の幼児だったので、炭俵の上に据置かれたに過ぎなかったが、四人は外庭に在った一尺五寸廻りの柱に朝の五つ時（今の八時）から翌日の八つ時（午前二時）まで繋がれた。

時はまさに十一月の半ば頃で、夜中はずいぶん冷えるのに一昼夜もそのまま捨置かれた。セオのごときは寒さと飢えとで火の付くように啼き通しに啼いて仕方がなかった。今でも岩助の手首には縛られた綱痕がはっきりと遺っている。あれやこれやで自ずと恐怖心に襲われたものとみえ、彼らは翌年の正月に入ってから残らず改心を申立て、獄を出て婦女子と同じ長屋に入れられた。ついで戸主と婦女子は帰郷を許され、ただ青年処女だけは三ヶ年ばかりも侍屋敷で苦役をさせられた。

野首のキリシタンの話によると、戸主と婦女子が里へ帰ってみると、家は屋根と四壁が遺っているばかりで、家具も穀類も何一つ見当らない。埋蔵して置いた二、三の鍋釜だけは無事だったが、これに入れて煮る物がない。海に出て魚を釣り、山に入って鹿を取っては来ても、塩もなければ味噌もない。皆野崎の異教徒が奪い去ってしまっている。わずかに小値賀の知人から醤油の粕を恵まれて味をつけ、鮑の殼を求めて鍋釜に代用したものである。

瀬戸脇の幸次郎は、一同が小値賀に積出される時、丁度病み臥していた為に、役人も容赦して手を掛けなかった。しかし居残っても死ぬ、入牢しても死ぬ、死は一つだ、むしろ牢内で死にたいといい、自ら進んで捕えられたが、果して平戸の牢内で死んだ。すると獄吏が来て、髻を掴み、引きずり出して俵に入れ、戸石川の辺に埋めた。

牢内での食糧は玄米一合の割で、その一合を小さな袋に入れ、大釜の中で煮たもので、半生のまま食わされることすら珍しくはなかった。

時に平戸藩黒島のキリシタンも同じ監獄に繋がれていたが、そのうちの三平と市之助、仲知の貞吉と弥造、瀬戸脇の金作の五名は発頭人と認められ、他の若者が侍屋敷へ送られても、なお牢獄内に留め置かれた。幾十日の後、彼らは相謀って脱牢し、紐差村京崎の要五郎方に潜伏した。しかしいつしか探偵に嗅ぎ出され、あわや捕われるところを辛くも遁れて黒島に飛んだ。間もなく迫害の火の手は次第に衰え、危険もなくなり、大手を振って故郷へ帰ることが出来た。

初め仲知の井手淵茂助は真浦榮吉と共に長崎へ行って聖教を学んだが、榮吉は病身の故をもって、少し急いで洗礼を授かり、一足先に仲知へ帰って今度の迫害に打つかった。榮吉が捕えられるや、島本与蔵、真浦才吉他二名は、宣教師にこの事を通報せんものとひそかに船を出した。途中風の都合で西彼杵郡神ノ浦に漕ぎ着けてみると、ちょうど折よく茂助が洗礼を授かる予備条件として神棚を取払う為、五島へ帰ろうと便船を待ち合わせているのに出くわした。よって同人に道案内を頼み、夜中長崎へ徒行し、浦上の元助の案内で、大浦天守堂に忍び入り、ローカニュ師に事の次第を告げた。ローカニュ師は彼らの労を多とし、その場で洗礼を授けられた。四人は早速仲知へ引返した。才吉は直ちに捕われて入牢したが、しかし茂助は家族を浦上に残していたので島を脱れて浦上へ走った。やっと辿り着いてみると、浦上の信者も国預けとなり、家族はすでに陸路外海に出て五島へ帰った後であった。茂助は巧みに役人の目を忍んで各地に潜伏し、平戸の牢獄をも訪れて同志を慰めたという。

さて仲知のキリシタンは平戸から帰ってみると、曾根の郷民が縦横無尽に暴れ廻り、あらゆる暴虐をキリシタンの上に加えている。これでは一向油断がならぬ。いつ自分らにも、とばっちりが及んで来ないとも限らぬ。むしろこの序でに藩外へ飛ぼうではないかと一同申合せ、相次いて久賀島へ走った。参考の為に平戸藩の届書と捕縛依頼状とを掲げておく。

一、当藩管轄地異宗徒脱走の内、追々御届け申上げ候通り立戻り候処、尚又此節都合六人立戻り候に付き取糺《とりただし》候処、客冬《さる》異宗徒露顕の砌《みぎり》、一時驚散いたし候迄にて、全く以て異宗信仰の筋毛頭これなきに付き、それぞれ鎮撫置き候。且又残り四十九人の儀は脱走後、捕亡取斗らい居候えども、行方相分り申さず候。此段、御届け申上げ候様、平戸表より申付

け越し候に付き申上げ奉り候。以上

庚午

九月四日

平戸藩

中原道助

右御届候事

これは迫害の初めに逃亡した者の話で、平戸から帰還後に脱走したキリシタンのことは、次の文書に出ている。

一、別紙名前附の者ども、異宗相信じ居り、昨年召捕え説諭の上、改心いたし候処、此度尚又変心去る日脱走いたし候に付ては、早速五島筋へ捕亡手筈申付け居り候。其県御管轄地内へ潜遁致居り候も測りがたきに付き、当藩邸詰の者へも厳敷く申付け越し置き候間、自然其県捕亡方等にて、其踪跡心付け候儀もこれあり候えば、然るべく御処分の上、早々御釣合い越し下され度く此段御相談に及び候也。

庚午

閏十月

平戸藩廳

大村藩廳

長崎県廳　各通
福江藩廳

上五島仲知出奔の者面附

倉助
右女　よし
右倅　才助
右女　きよ
孫　喜八
同　要八
同　みき

〆七人
以　下　略　す
合計三十二人(1)

彼らは一ヶ年ばかりも久賀島に潜伏し、いよいよ折紙崎という所に永住する積りにしていると、たまたま仲知から使いが来て「迫害はやんだ、帰れ」と通知してくれたので、皆大いに喜び、蒼惶《そうこう》荷造をして帰郷した。

(1)　長崎図書館所蔵文書

11　五島迫害談の後に

五島の迫害を一言をもって約すれば、ただ残虐暴戻《ぼうれい》の極みだというより他はない。よくも己が配下の民を、同郷の人々を、かくまで無理無法に虐待させたものだ。何かそこにはそれ相当の理由がないであろうかといえば、キリシタン邪宗門という一般的誤解を別にして、それには二個の有力な原因が伏在していたのである。

まず五島藩は小藩中の小藩で、土地は痩せ、藩民も豊かならず、文化の中心には遠く懸け離れているところから、自ずと一種の狭隘な島国根性に囚われ、敦厚温和の気風に乏しかったように思われる節がないではない。

次にキリシタンはわずか三、四十年前に大村藩から移住したもので、気質といい、言語、習俗といい、在来の島民とはずいぶん大きな逕庭《けいてい》があった。

「其徒は元来……居食者と唱え、諸国に所謂「入百姓」の類にて、従来の国人等は大に此徒を卑め、縁組は勿論、親睦をも結ばず、別種のものの如く取扱われ候者にて云々」

と長崎府の報告書に認めてあるのは、実情を穿ったものといわなければならぬ。

こういう次第で、島民はキリシタンをもって特殊部落民となし、対等の権利すら認めなかった。活かそうと殺そうと、追放しようと踏み潰そうと勝手放題だと信じて、思いのままに暴れ廻ったのである。

明治六年頃、曾根のキリシタンに浜田徳蔵という者がいた。異教徒の為に何から何まで捲き上げられて、今や残るところはただ味噌樽一個となった。しかし味噌さえあれば喰えないものでも喰われる、せめて餓死だけは免れ得る。何とかしてこれだけは奪われたくないものと思い、牛小屋の中に匿して上から藁を蔽い、さらに牛の堆肥を積み上げた。これならば誰が見てもとうていそれと気づくはずがないと安心していると、或る日例の永田善八がキリシタン虐めにと出掛けて徳蔵方へやって来た。帰ろうという時には早や日はとっぷりと暮れている。提灯はない、どうすることも出来ない。善八はしばらく思案に暮れていたが、たちまち一計を案じ、徳蔵方から火種を取出して牛小屋に放火し、その炎々と燃え上がる火光で路を照らし、徳蔵方とは谷一つ隔てて一町ばかりも向こうにある我家へと帰った。かくて徳蔵はただ牛小屋を焼かれたばかりか、その大事な大事な秘蔵物までも灰燼に帰し去られたのである。見るべし五島島民の人もなげなる横暴振りを。

かかる非人道的虐待を浴びせられた以上、定めしキリシタンは今なお官憲を怨み、同郷の迫害者に含むところがないだろうか。その心配は全く御無用である。キリシタンはそのような浅ましい心の持主ではない。彼らの奉じているのは愛の教えだ。復讐をもって君父に対する忠孝の道でもあるかのごとく説いている似而非宗教とは段が違う。

「汝の敵を愛し、汝等を憎む人を恵み、汝等を迫害し且つ讒謗する人の為に祈れ」（マテオ五ノ四四）

と教えているくらいだ。

いわんや信仰の為に迫害されるのは、真正なキリスト教徒の誇りとするところである。「我が為に人々汝等を呪い、且つ迫害し……あらゆる悪声を放たん時、汝等は福なる哉、歓び躍れ」（マテオ五ノ一一）

とキリストも宣うたではないか。

鯛ノ浦六人斬り事件について、加害者側と被害者側との態度を比較して見よ、四人の加害者が切腹の際、官辺では遺子の長吉に仇を打たせようとした。しかし親族の人々が教旨に副わないといって堅くこれを謝絶した。却って萬吉が平戸から拉致されて有川代官の庭に引据えられるや、四人の親族は何の関係もない萬吉に対して、いかなる暴行を加え、怨みを報いんとしたか。

とにかくキリスト教徒の胸中は光風霽月《せいげつ》、何らの蟠りもない。却って昭和の今日でも、彼らを特殊部落民扱いにし、共に伍するを厭うがごとき弊風は異教徒側にこそ多分に遺っている。県当局者あたりでは、その辺の消息が一向判らないとみえる。大正十二年六月十三日、庶第一六五をもって南松浦郡各村長に送った「公教信者に関する調査一覧表」には、思い切った与太を飛ばしておられる。今その中の二、三を抜抄して読者の高覧に供しよう。

一、公教信者と他宗派との関係

公教信者は多く部落をなして群居し、他宗信者と軒を並べ、同一部落に雑居するを好まざるのみならず、同村に居住しながら、日常互に往復せざるは勿論、偶々途中にて出逢うも、通り一返（遍）の挨拶に止めて、多くは言葉を換うるを欲せず。彼等は常に他宗教信者をゼンチョウと呼んで異端視し、是等と相往来し親交するは、一種の罪悪と考え居るものの如し。

ゼンチョウとは異教徒というに同じで、別に侮蔑の意味があるわけではない。却って異教徒こそ公教信徒を呼ぶに、黒とか、外道とか、十文字とか、あらゆる侮蔑の語を投げつけているではないか。「公教徒が他宗教徒と言語も交えぬ」とは全くの初耳だ。隠れキリシタンとして世を忍べる六、七十年前にでも、表面だけは何喰わぬ顔して当り前に人付き合いをしていった彼らではないか。もし他宗教と融和しない点がありとすれば、それは彼らに出るのではなく、むしろ他宗教徒が彼らを一種の部落民扱いにするところから起ったものに他ならぬ。彼らは今なお「居着き」と呼ばれ、「外道」と侮蔑されている。

「従来信者は農事を主とせし関係上、専用漁業権に対しては頗る不利の立場にこれあり候」と北魚目村村長の宮田氏もいっておられる。実際、ひじき、わかめ、その他海藻類は、近年までこれを対等に採取することを許されなかった。鯛ノ浦では郷民が三日間採取した残りだけが、ようやく彼らの手に委ねられるのであった。久賀島のごときは、今日でも対等の権利を享有していないとかいう話である。

二、公教信者と教育程度

公教信者は文化の程度低く、常識乏き者多き状態にあるを以て、是非善悪の観念の如きも、公教の……神の命に添うや否やに依りて判断し、その解説観もまた極めて単純にして、誤りて悪事を犯すも、神の代表司教（司祭）に罪一切を告白懺悔し、悔い改めることによりて、贖罪せられ浄化せらるるものなりと信じ……斯く彼等の頭は単純なるを以て、此の公教信者部落は他宗教信者部落に比して、傷害、姦通、賭博等の小犯罪多しと云う。

「の如し」とか、「と云う」とかの文字を羅列して、罪もない人の顔に泥を塗り付けるその人の

「是非善悪の観念」こそ、むしろ怪しいものではないだろうか。なるほど公教信者は天主の命に添うや否やによって是非を断ずる。天主は全知に在して心の奥底までも明かに洞察し給う。天主の御前には隠される事がない。故に公教信者は外に顕われる言行のみならず、内心に潜める思い、望みまでも慎み、不善を思わなかったか、不義を望まなかったかと、一日三省の工夫を怠らない。

これに反していわゆる程度の極めて高い罪悪感を抱ける他宗徒は、国法に触れ、警察の厄介にならない限りは、いかなる悪事を働いても涼しい顔をしてござるのだ。現に南松浦郡には、我が教会で設立した孤児院が二ヶ所もある。その孤児院に収容されるのは、父母に死に別れた寄るべなき孤児は余りいない。ほとんどみな不品行、姦通の結果に出たものだ。しかもこれらの孤児院には、「傷害、姦通、賭博等の小犯罪多しという公教信者」の腹に宿った者は受付けないことにしているのだから、この両院に収容される孤児という孤児は、ほとんどみな「道徳観念の極めて高き他宗徒」の体よき棄児なのである。

むろん公教信者といえども天使ではない。罪も犯す。ただ彼らはこれを懺悔し、賠償し、遷善の工夫を凝らすことを知っている。彼らが懺悔をする時は誠意から前非を悔い、以後これを再びすまじ、と決心し、盗物があればこれを返却し、損害を加えていれば、能う限りこれを賠償し、しかる後天主の代表者にその罪を告白するのだ。告白さえすれば罪が赦されるから、平気でこれを繰返してよいの何のと、教えられてもいなければ、思ってもいない。却って他宗教の人を見られよ、人妻を犯そうと、砂利を喰おうと、機密文書を売ろうと、官金を盗費しようと、警官に睨まれない間、検事の手が掛らない限り、懺悔もせず、吐き出しもせず、賠償もせず、洒々然として澄ましているではないか。それでいて自ずと贖罪され、浄化され、悪の影すら無くなるというならば、これほどめでたいことはない。一日も早く警察署も裁判所も全廃してしかるべきであろう。

三には「公教信者の特異なる風習」と題して、数項の特異点を掲げ、その中に「公教信者は衣食住概して不潔なること」の一項を添えてある。美衣を纏い、美食に飽き、大廈高楼に安臥したきは人情である。公教信者といえどもこれを願わない者はないはずだ。しかしながら「衣食足りて礼節を知る」と古人もいっている。衣食住の清潔や礼節の如何を顧みる前に、まず生きて行かねばならぬ。しかるに公教徒は生きて行くのに必要欠くべからざる物まで一切捲き上げられてから、わずかに五十年を出ない。幾十《いくそ》百代前から美田良土を占有している上に、教徒が粒々たる汗の結晶になった寸土微財までも、一切手の中に丸め終った異教徒に比べて、野卑だの、中等教育を受けた者が少ないだの、衣食住が概して不潔だの、と呼ばわるのは不見識もまた甚だしいではないか。人の子を裸にして泥の中に突き込み、散々に苦しめた挙句「貴様はどうしてそのように不潔なんだ」と悪罵するのと選むところがあるであろうか。

最後に我らは姉崎博士の言を拝借して答弁に代えることとする。

今日長崎県下で善良の村といえば、先ず是等の村（カトリックの村）に指を屈する。納税の滞納も少ければ、壮丁検査に花柳病は全然なく、村に入れば、どこにも清潔と秩序とが見える。村の中央には、何れも大小の天守堂があり、清らかな白堊《はくあ》の壁には聖母像前、常に新鮮の花が供えてある。「女部屋」には村の処女が集まって、仕事にいそしみ、主の日、ドミンゴ（日曜）には、白い布を頭に被って礼拝に出かける。黒衣のパテル様は村の世話役で、有形無形、村民の指導を掌り、自分はフランス語の書物で聖者の物語を読み、ラテン語で神学の要点を諳《そらん》じて居る。浦上の村で、老人に逢って「旅の話」（明治初年の流竄物語）を聞けば、此の様な朴訥な民に、あの様に死を恐れぬ勇気と熱情とがどうして出たのかと驚く。此の如き部落が嘗《かつ》ては、謀叛人の巣窟の如くに、同心や散吏に蹂躙せられ、此の如き順良の民が、不逞の暴民として、水責め、火責めに逢ったのだとは、如何にも不思議に思える。而もそれは五十余年前の事実、且つ四年五年に亘っての迫害であったのである。当時、迫害拷問の遂行に当った人々、又外国使臣に対して彼等を暴民だと云い張った大官等をして、今日此等の部落を巡見せしめて、そのいう所をきいて見たい。（『切支丹禁制の終末』九ページ）

一体「国憲を重んじ、国法に遵う」というのが国民の最大義務で、この義務を全うする者こそ、誠心誠意国民道徳を実践躬行し、忠君愛国の美を発揮するのである。幾ら国旗ばかり掲げ、神社の前に額づいても、納税を怠り、品行を損い、犯罪を重ね、何の役にもたたぬ体となっては、果してどこに取るべきところがあるであろうか。請う、左の統計表を一瞥せられたい。不完全ながらも庶務係の「如し」や「と云う」に優ることは万々であろう。

北魚目村キリスト教及其他の宗教信仰者との納税歩合調

年度別	宗教別	課税戸数	百分比（総戸数ニ対スル）	未納戸数（自宗教課税戸数中）	百分比（自宗教課税戸数ニ対スル）
大正十一年度	基督教	二六九	三二、〇〇〇	一五	五、五七
	其他	五七一	六八、〇〇〇	四六	五、五七
大正十二年度	基督教	二五一	三〇、〇〇〇	一七	六、七七
	其他	五八二	七〇、〇〇〇	五六	九、六二
大正十三年度	基督教	二六一	三二、〇〇〇	一九	七、二七
	其他	五四三	六八、〇〇〇	五〇	九、二〇
大正十四年度	基督教	二六三	三一、〇〇〇	五〇	四、九四
	其他	五六八	六九、〇〇〇	六三	一一、〇九

平均				
基督教	二六一	三一、〇〇〇	一六	六、一三
其他	五六六	六九、〇〇〇	一六	九、三六

キリスト教信者ノ其他ノ宗教ニ対スル課税戸数歩合ハ四割六歩合ニシテ、未納戸数歩合ハ三割ナリ、故ニ差引一割六歩ダケ他ノ宗教信者ニ比シ納税成績良好ナリ。

宮田村長

壮丁数及現役、補充兵ノ者

年度	全村ノ分 壮丁総数	全村ノ分 現役兵	全村ノ分 補充兵	全村ノ分 壮丁中花柳病患者	信徒ノ分 壮丁総数	信徒ノ分 現役兵	信徒ノ分 補充兵	信徒ノ分 壮丁中花柳病患者
十〇年度	五〇	一七	二二	四	二七	一〇	四	二
十一年度	七二	一六	二九	三	三七	九	一五	一
十二年度	七一	一四	二一		二八	四	六	
十三年度	四八	二三	二三	二	二四	五	七	二
十四年度	四八	六	二一	一	一八	六	四	一

既決犯罪者

年度	全村ノ分	信徒ノ分
十〇年度	八	三
十一年度	二	
十二年度	六	三
十三年度	五	
十四年度	一	

あとがき ――五島カトリック信者諸君に告ぐ――

終りに臨み、五島カトリック信者諸君に一言さして戴きたい。諸君は三百年以上の光栄なる歴史を持っていられる。諸君の祖先中には、信仰の強固な、徳望の高い、しかも謙遜で、堅忍で、火のような布教熱に燃えたドン・ルイス（純尭《すみたか》公）のごとき、九州唯一の聖人たる五島ジュアンのごとき大人物があり、明治初年にも諸君の祖父母たちは、信仰のために家を追われ、財を奪われ、算木に乗せられ、青竹で叩かれ、十手をくわされるなど、ありとあらゆる苦しい、たえがたい拷問を加えられながら、毅然として屈せず、あくまでねばり、あくまでふんばり通し、もって五島キリシタンの名を世界に高らしめたものである。有史以来、五島人の中にその名を世界の隅々にまで轟かしているのは、おそらく殿ではドン・ルイス公、庶民では聖五島ジュアン、及び明治初年の殉教者たちのみではないだろうか。

諸君はいつになっても、こうした光彩陸離たる祖先の遺徳を忘れず、雨の朝にも風の夕にも語りつぎ、聞き伝えてもって自ら戒め、自ら励み、「この祖先にしてこの子孫あり」といわれ得るよう努めなければならぬ。

なお県庁側なり、五島元住民なりは、相変わらず諸君を「居着き者」として軽視しておられることは、前に掲げた「一覧表」を見ても明かである。なるほどかの時から三十四、五年にもなるので、今日では少なくも県庁側にはあれほどの認識不足はないかも知れぬが、それにしても昭和十二年に長崎県庁から発行された『長崎県案内』三三一ページには、「三百十三年前の寛永年間、キリスト教の禁令により信者のこの島に流されし者多く、その子孫今尚存して居る」と、麗々と書き付けてあるくらいである。

いずれにせよ、このような汚辱は必ずこれを雪がなければならぬ。しかしそれは諸君の腕一つ、心掛けいかんによることである。道徳は別として、金や学問が物をいう今の世の中であるから、たとえ「居着き者」であるにせよ、相当の金と学問とがありさえすれば、必ず皆の頭は諸君の前に下がるのだ。諸君は天主の御栄えのため、カトリック教会の名誉のため、また諸君自身の雪辱のため、是が非でも飲酒を慎み、奢侈を戒め、節倹力行して相当の貯蓄をなし、子弟の教養を高め、どこから見ても他にまさりこそすれ、劣るところのない堂々たる五島カトリックとならなければならぬ。

もとより清貧は美徳である。信者たるものは、断じて金銭の奴隷たるべきではない。我らは宝を天に蓄え、常に天を仰いで、その宝のあるところに心を置かなければならぬ。それは主の御教えであって、我らがいつになっても忘れてはならないところではあるが、しかし諸君の立場を考えると、どうしても奮励一番相当の地位を築かなくては、ただに諸君の不名誉となるのみならず、またカトリック全体の名折れともなる。五島カトリック信者諸君、請う、造次にも（いそがしい時にも）顛沛《てんぱい》にも（つまずきたおれる場合にも）祖先の遺した赫々たる歴史の跡を忘れず、しょっちゅう彼らの熱烈なる信仰を仰ぎ、たえず感激の情に胸を躍らせ、腕打ちさすり、力足ふみならして奮起し給え。「精神一到何事か成らざらんや」だ。

五島キリシタン史　終

著者略歴

浦川和三郎（うらかわ・わさぶろう）

1876（明治９）年、長崎県長崎市生まれ。

カトリック司祭、文筆家。洗礼名ミカエル。長崎公教神学校卒。

大浦協会主任司祭、長崎公教神学校教授、同校校長、のち仙台教区長、同司教などを歴任する。国内のキリシタンに関する著作を多く著した。

1955（昭和30年）年没。

五島《ごとう》キリシタン史《し》

2019年11月20日　初版第一刷発行

著　者　浦《うら》川《かわ》和《わ》三《さぶ》郎《ろう》

発行者　佐藤今朝夫

〒174-0056　東京都板橋区志村 1-13-15

発行所　株式会社　国書刊行会

TEL.03(5970)7421（代表）FAX.03(5970)7427

http://www.kokusho.co.jp

落丁本・乱丁本はお取替いたします。

印刷・株式会社エーヴィスシステムズ　製本・株式会社ブックアート

ISBN978-4-336-06555-1